Michael Theobald
Mit den Augen des Herzens sehen

Michael Theobald

Mit den Augen des Herzens sehen

Der Epheserbrief als Leitfaden für Spiritualität und Kirche

Mit einem Beitrag von Renate Pillinger

echter

Die Deutsche Bibliothek – CIP-Einheitsaufnahme

Theobald, Michael:
Mit den Augen des Herzens sehen : der Epheserbrief als
Leitfaden für Spiritualität und Kirche / Michael Theobald. –
Würzburg : Echter, 2000
ISBN 3-429-02278-9

© 2000 Echter Verlag Würzburg
Umschlag: Felix Kunkler, Düsseldorf
Umschlagillustration: Paulusporträt aus Ephesus
Foto: Renate Pillinger
Satz: Echter Druck GmbH, Würzburg
Druck und Bindung: Friedrich Pustet KG, Regensburg
ISBN 3-429-02278-9

Inhalt

Vorwort 9

Hinführung 11

1. Warum gerade der Epheserbrief?
   Zur Aktualität des Schreibens 11
2. Der Epheserbrief – ein »pseudepigraphisches«
   Schreiben 15
3. Aufbau und »Sitz im Leben« des Schreibens 21
4. Welche Intentionen verfolgte der Autor
   des Epheserbriefs? 26
5. Mit den Augen des Herzens sehen.
   Anlage und Zielsetzung des Kommentars 29

Der Eingangsgruß
Zuspruch von Friede und Gnade (1,1f.) 34

Die erste Briefhälfte (1,3–3,21)
Wer sind wir? Das Geheimnis der Berufung Gottes
in Jesus Christus 38

1. Brieferöffnender Lobpreis. Auch die Vernunft will
   beten! (1,3–14) 38
2. Danksagung und Fürbitte. Mit erleuchteten Augen
   des Herzens (1,15–23) 49
   Exkurs: Planeten, Gestirne und andere kosmische
   Mächte. 61
3. Erinnerung an die Taufe. Frei vom Sog des Zeitgeists
   (2,1–10) 65

Exkurs: Von den »herankommenden Äonen« 76
4. Erinnerung tut not. Die eine Kirche aus Juden und Heiden (2,11–22) 81
5. Erinnerung an Paulus. Der Apostel als Offenbarungsvermittler (3,1–13) 98
6. Fürbitte. Die Gabe eines verständigen und starken Glaubens (3,14–19) 107
7. Lobpreis auf den Deus semper maior (3,20f.) 112

Die zweite Briefhälfte (4,1–6,17)
Was sollen wir tun? Die dem Ruf Gottes entsprechende Lebensführung 115

1. Einheit – nicht Einförmigkeit. Die Grundlegung der ethischen Weisung (4,1–6) 115
2. Die Gaben Christi. Um der Mündigkeit der Gläubigen willen (4,7–16) 122
Exkurs: Das Amt in der Kirche 133
3. Das ethische Grundanliegen: Unterscheidung des Christlichen (4,17–24) 142
4. Kirchliches Miteinander. Zu beherzigende Grundregeln (4,25–32) 146
5. Köstlicher Wohlgeruch. Eine Theologie der Liebe (5,1–2) 151
6. Licht statt Finsternis. Katalogartige Mahnungen (5,3–14) 154
7. Kauft die Zeit aus! Zum christlichen Gottesdienst (5,15–20) 161
8. Das Haus der Christen (5,21–6,9) 164
Exkurs: Was ist eine »Haustafel«? 165
8.1 Weisung an Mann und Frau (5,21–33) 169
  Exkurs: Grundzüge einer Ehe-Theologie 175
8.2 Kindererziehung christlich (6,1–4) 179
8.3 Sklaven und Herren. Ein überholtes Problem? (6,5–9) 182
9. Die Waffenrüstung Gottes. Eine zusammenfassende Schlussermahnung (6,10–17) 186

Der Briefschluss

1. Mahnung zum Gebet und briefliche Schlussnotiz
   (6,18–22) 195
2. Segenswunsch (6,23–24) 198

Epilog
Das Evangelium vom Frieden 201

1. Eine Kurzformel des Glaubens 201
2. Israel – der bleibende Horizont der Kirche 203
3. Das »Mysterium des Evangeliums« (Eph 6,19) 204
4. Der »dreifaltige« Gott – bergende Heimat des
   Menschen 207
5. Der Epheserbrief – ein ökumenisches Manifest 208

Renate Pillinger
Wandmalereien und Graffiti als neue Zeugnisse der
Paulusverehrung in Ephesus 213

Anhang

Abkürzungen 227
Literaturhinweise 228
Stellenregister 229
Autorenregister 233
Sachregister 235

Vorwort

Grundstock dieses Buches ist meine Auslegung des Epheserbriefs, die 1999 in der katholischen Wochenzeitschrift »Christ in der Gegenwart« von Februar bis November erschienen ist (Jg. 51, Nr. 6–49). Der Charakter des Textes, der ein breiteres, bibeltheologisch interessiertes Publikum ansprechen wollte, wurde bewahrt, doch fand er eine gründliche Überarbeitung und Erweiterung in Gestalt von thematischen Exkursen sowie zahlreichen Anmerkungen, die zu einer vertieften Beschäftigung mit diesem faszinierenden Schreiben der frühen Kirche anleiten möchten. Stellt es ein sehr zeitiges literarisches Zeugnis der Paulusverehrung in Kleinasien dar, so gilt Ähnliches auch für das erst jüngst in einer Höhle von Ephesus aufgefundene Paulusfresko, das den Umschlag dieses Buches schmückt. Seine Entdeckerin, Frau Univ.-Prof. Dr. Renate Pillinger, Institut für Klassische Archäologie der Universität Wien, hat den Fund in ihrem eigens für diesen Kommentar verfassten Beitrag sachkundig erläutert. Für die Bereicherung, die das Buch damit erfahren hat, sei ihr an dieser Stelle herzlich gedankt.
Zu danken habe ich bei Abschluss dieser Arbeit vielfach: meiner Sekretärin, Frau Waltraud Glock, für die sorgfältige Erstellung der Druckvorlage am PC, den stud. Mitarbeiterinnen Luitgard Feneberg und Bettina Stauber für ihre Unterstützung beim Lesen der Korrekturfahnen und beim Erstellen der Register sowie meinem Assistenten, Herrn Dipl.-Theol. Hans-Ulrich Weidemann, für zahlreiche Hilfen.
Widmen möchte ich das Büchlein meiner Familie. Ohne ihren Erfahrungshintergrund hätten manche Zeilen auf den folgenden Seiten einen anderen Ton.

Tübingen, 3. August 2000　　　　　　　　　　*Michael Theobald*

Hinführung

*1. Warum gerade der Epheserbrief?
Zur Aktualität des Schreibens*

Es gibt gute Gründe, in der gegenwärtigen Stunde der Kirche sich gerade auf den Epheserbrief zu besinnen und seine Botschaft zu hören. Trifft man in den christlichen Gemeinden vor Ort nicht selten auf eine erstaunlich lebendige, oft selbstverständlich praktizierte Ökumene, so mehren sich andererseits Zeichen der Ratlosigkeit, wie es angesichts noch längst nicht eingelöster Erwartungen, etwa in der Frage der Abendmahlsgemeinschaft, in Zukunft weitergehen könnte. Gewiss ist die am Reformationstag 1999 in Augsburg erfolgte Unterzeichnung der sogenannten »Gemeinsamen Erklärung zur Rechtfertigungslehre«[1] durch die Vertreter des Lutherischen Weltbundes und der Katholischen Kirche ein Zeichen der Hoffnung, das nicht zerredet, sondern ernst genommen werden sollte; es nimmt die verantwortlichen Kirchenleitungen in die Pflicht, auf dieser Basis nun auch die Folgeprobleme wie die Frage nach einem gemeinsamen Verständnis des kirchlichen »Amtes« beherzt in Angriff zu nehmen[2]. Doch die Angst um die Einbuße der je eigenen konfessionellen Identität dämpft nach wie vor den ökumenischen Elan. In solch einer diffusen Stimmungslage meldet sich der Epheserbrief zu Wort, wenn er uns mit seiner Theologie der Einheit jegliche Lethargie in Sachen Ökumene energisch untersagt: »*ein* Leib und *ein* Geist, wie ihr auch zu *einer* Hoffnung durch den Ruf an euch berufen wurdet.

---

[1] Den Text dieser Erklärung samt Zusatzdokumenten und einem knappen Kommentar findet man in: *P. Lüning/R. Miggelbrink/H. J. Urban/ J. Wanke,* Zum Thema: »Gerechtfertigt durch Gott – die gemeinsame lutherisch/katholische Erklärung«. Eine Lese- und Arbeitshilfe (Handreichung für Erwachsenenbildung, Religionsunterricht und Seelsorge »Zum Thema«), Paderborn 1999. Wichtige Reaktionen von *E. Jüngel, W. Kasper, K. Lehmann* und *W. Pannenberg* bieten die »Stimmen der Zeit« Bd. 217 (1999), Heft 1.
[2] Der Beitrag, den der Epheserbrief zu dieser Frage leistet, kommt unten im Exkurs »Das Amt in der Kirche« ausdrücklich zur Sprache.

Ein Herr, *ein* Glaube, *eine* Taufe; *ein* Gott und Vater aller, der über allen und durch alle und in allen ist« (4,4–6).
Und ein Zweites: Am Ende dieses Jahrhunderts, eines Jahrhunderts voller Schrecken, fragen sich tief bewegt viele Christen: Wohin hat es geführt, dass man in der Kirche über Jahrhunderte hinweg Israel als abgestorbene »Wurzel« behandelt und dabei verdrängt hat, was man an geistlichem Erbe dieser »Wurzel« verdankt (Röm 11,16.18)?!³ Da hilft der Epheserbrief weiter, der auch uns aufrüttelt, wenn der Apostel aus *Israel*, dessen Stimme hier laut wird, seinen Adressaten, Christen aus der *heidnischen* Welt (2,11; 3,1), zuruft: Ihr seid nicht irgendeiner geschichtslosen neuen Sekte im römischen Imperium beigetreten, sondern der Kirche, die ihre Würde nicht unwesentlich von daher bezieht, dass sie im Horizont Israels, des altehrwürdigen Gottesvolks, steht (2,11ff.). Dessen Geschichte im Rücken zu wissen, die Geschichte der Verheißungen Gottes (2,12) – das macht den großen Atem aus, der die Kirche trägt!
Und ein Drittes: Dank der immensen Fortschritte von Humanwissenschaften und Technik haben sich die Gestaltungsräume menschlichen Daseins heute enorm geweitet; entsprechend drängend ist der Ruf nach ethischer Orientierung im Umgang mit den neu gewonnenen Freiheiten. Den Christen stellt sich hier besonders die Frage nach ihrer Identität bzw. nach dem Beitrag, den sie in das öffentliche Ethik-Gespräch einzubringen haben. Auch an dieser Stelle fordert

---

³ Das Dokument, in dem das Umdenken der Christen gegenüber dem Judentum im Raum der römisch-katholischen Kirche seinen ersten Niederschlag fand und das fortan maßgeblich zur Orientierung in diesem Umkehr-Prozess dient, ist ohne Zweifel die »Erklärung über das Verhältnis der Kirche zu den nichtchristlichen Religionen« des Zweiten Vatikanischen Konzils vom 28.10.1965, deren Nr. 4 dem Verhältnis der Kirche zum Judentum gewidmet ist. Dort fällt auch das gewichtige Wort vom »gemeinsamen geistlichen Erbe«; der Satz lautet: »Da also das Christen und Juden gemeinsame geistliche Erbe (patrimonium spirituale Christianis et Iudaeis commune) so reich ist, will die Heilige Synode die gegenseitige Kenntnis und Achtung fördern, die vor allem die Frucht biblischer und theologischer Studien sowie des brüderlichen Gespräches ist« (Das Zweite Vatikanische Konzil. Dokumente und Kommentare Teil II [LThK²], Freiburg 1967, 493). Eine lesenswerte bibeltheologische Entfaltung dieses Satzes bietet *F. Mußner*, Traktat über die Juden, München ²1988, 88–175 (»Das große Glaubenserbe Israels«).

uns der Epheserbrief heraus, wenn er seine ehemals heidnischen Adressaten insbesondere auf ihren neuen Lebensstil in Christus anspricht, durch den sie sich vor ihrer Umgebung auszeichnen sollten. Dabei macht das von ihm propagierte Ethos der Gemeinschaftsfähigkeit und Liebe (Agape) gerade die Attraktivität aus, deren sich die frühe Kirche in der Umwelt des römischen Reiches wohl erfreuen durfte: Eine ökumenische Gemeinschaft, in welcher die immer schon ersehnte *Versöhnung* zwischen Juden und Heiden wenigstens an einem Ort dieser Erde möglich sein sollte (2,11ff.), in welcher das *Eins-Sein in der Liebe* bis hinein in den Alltag der antiken Hausgemeinschaft von Mann und Frau, Eltern und Kindern, Herren und Sklaven (5,21–6,9) erfahrbar werden konnte! Ist das nicht der Raum, in dem der »*Friede*« (1,2; 2,14.15.17; 4,3; 6,15.23), von dem das erste Jahrhundert im Zeichen der *Pax Romana* träumte, Wirklichkeit zu werden versprach?[4] Wir werden sehen, wie sich diese drei Linien im Schreiben zu einem beeindruckenden Muster zusammenfügen.

Wer sich heute dem Epheserbrief zuwendet, wird dankbar vermerken, was die exegetische Arbeit an ihm in den letzten Jahrzehnten auch an ökumenischer Frucht erbracht hat. H. Schlier konnte mit seinem grandiosen Epheser-Kommentar von 1957 noch die eigene Konversion zum Katholizismus begründen, da er im Epheserbrief die ontologische Sicht der Kirche als des fortlebenden Christus wiederfand[5]. Deshalb lag ihm auch so sehr an der Verfasserschaft des Paulus, denn

---

[4] Den Epheserbrief als gezielten Gegenentwurf gegen die bedrängende Wirklichkeit des Imperium Romanum zu lesen, schlägt *E. Faust*, Pax Christi et Pax Caesaris. Religionsgeschichtliche, traditionsgeschichtliche und sozialgeschichtliche Studien zum Epheserbrief (NTOA 24), Göttingen 1993, mit guten Beobachtungen und Argumenten vor. Ein Schlüsseltext in dieser Hinsicht ist der Epilog Eph 6,10–17 (dazu vgl. unten). Einen Blick auf die Situation der miteinander wetteifernden Städte Kleinasiens – trotz ihres Ideals der ὁμόνοια / concordia (= Einmütigkeit) – bietet zuletzt *J.P. Lotz*, The *Homonoia* coins of Asia Minor and Ephesians 1:21: TynB 50 (1999) 173–188.

[5] *H. Schlier*, Der Brief an die Epheser. Ein Kommentar, Düsseldorf ⁶1968. E. Käsemann charakterisiert in seiner Besprechung des Kommentars (»Das Interpretationsproblem des Epheserbriefes« [1961]) die Vorstellung H. Schliers von der Kirche folgendermaßen: »Die Kirche untersteht zwar ihrem Haupt Christus, ist aber zugleich Christus, sofern sie ihn in

mit ihr ließ sich sicherstellen, dass des Apostels Rechtfertigungslehre im Licht der Lehre von der Kirche seiner Spätschrift zu lesen sei. Inzwischen ist aber die Herkunft des Schreibens aus der späteren Paulusschule Allgemeingut der Forschung[6]. Gleichzeitig sieht man historisch genauer, wie die nachapostolische Generation – zu ihr ist unser Autor zu zählen – über das Wesen der Kirche nachdenken musste (Apostolizität, Einheit und Heiligkeit), wollte sie sich der Kontinuität mit den Anfängen vergewissern. Vor allem aber zeichnet sich ein Konsens darüber ab, dass die Lehre von der Kirche im Eph die Christologie keineswegs an den Rand gedrängt hat[7]. Auch wenn der Autor die Rechtfertigungs- und Kreuzestheologie des Paulus nicht einfach nachspricht,

---

der Welt und weltweit repräsentiert, in ihm das ›Prinzip‹ ihres Wachsens und ihrer Ergänzung hat«. Kritisch fügt er hinzu: »Muss man nicht überlegen, ob der als Prinzip oder Ergänzung der Kirche bezeichnete Christus noch Herr im neutestamentlichen Sinne oder nicht bestenfalls bloß ein bedeutsames überirdisches Phänomen ist? ... Ich werde niemals zugeben, dass nach Paulus oder den Deuteropaulinen Kirche anders Christus ›sei‹ und ›repräsentiere‹ als in ihrem Gehorsam. Eben darin erweist sie sich als sein Glied oder, wenn man so will, sein Rumpf, bleibt er ihr gegenüber als Haupt und Herr selbständig« (*E. Käsemann*, Das Interpretationsproblem des Epheserbriefes, in: ders., Exegetische Versuche und Besinnungen II, Göttingen ³1968, 253–261: 257). – Eine Darstellung der Epheserbrief-Deutung durch H. Schlier bietet *R. von Bendemann*, Heinrich Schlier. Eine kritische Analyse seiner Interpretation paulinischer Theologie (BEvTh 115), München 1995, 192–203. 216–227. Vgl. auch *W. Löser*, Heinrich Schlier. Zum 100. Geburtstag: Communio 29 (2000) 181–189.

[6] In diesem Sinn alle unten im Anhang aufgelisteten Kommentare zum Epheserbrief, abgesehen von dem *H. Schliers*. – Im Folgenden werden Kommentare (die genauen bibliographischen Angaben im Literaturverzeichnis) lediglich mit dem Namen ihres Verfassers, der Abkürzung *Eph* und der Seitenzahl zitiert.

[7] Dazu zwei Stimmen, die erste von einem katholischen Exegeten, die zweite von einem evangelischen: »Die theologische Unsicherheit, ob nicht die Einschaltung der Kirche als ›Instrument‹ oder ›Sakrament‹ des Heils ... die einmalige Heilsmittlerschaft Christi verdrängt oder verdunkelt, kann und muss im Licht der Ekklesiologie dieses Briefes überwunden, der legitime Ort der Kirche wieder entdeckt werden. Wenn nur das eine gesehen wird, dass die Kirche so eng an Christus gebunden ist, dass sie ohne ihn gar nicht existiert und ohne gänzliche Hinordnung auf ihn (4,12.15) und Unterordnung unter ihn (4,23) ihren Sinn verfehlt, wird dieses Bedenken wegfallen« (*R. Schnackenburg*, Eph 357). Und bei *U. Luz* liest man: »Der Epheserbrief denkt m. E. wie Paulus theozen-

so erweist er sich aufgrund seiner Treue zum Primat der Christologie doch als guter paulinischer Theologe!

2. Der Epheserbrief – ein »pseudepigraphisches« Schreiben

Für ein historisches Verständnis des Epheserbriefs ist es unumgänglich, ihn in der Landschaft der frühchristlichen Literatur möglichst genau zu situieren; nur so kann man hoffen, die Intention des Schreibens wirklich zu erfassen. Die These lautet: Der Epheserbrief stammt nicht von Paulus; er ist das Dokument eines frühchristlichen »Lehrers« (vgl. 4,11) der nachapostolischen Generation[8], den wir uns wohl in Kleinasien beheimatet denken müssen, wahrscheinlich in der Provinzhauptstadt Ephesus, in der auch schon Paulus selbst mehrere Jahre lang gewirkt hat[9]. Unter Rückgriff auf die von ihm geprägte Form eines apostolischen

---

trisch und christozentrisch, aber nicht auf den einzelnen Menschen, sondern auf die Welt und die Kirche hin« (Eph 109).

[8] Eine Datierung des Briefes bleibt schwierig, sie kann nur vage ausfallen (*Mußner*, Eph 36: »zwischen 80–90 n. Chr.«). Folgende Momente sind wohl zu berücksichtigen: 1) Eph schreibt Kol weiter, dieses gleichfalls pseudepigraphische Schreiben setzt aber den Tod des Apostels (62/64 n. Chr.?) voraus (*M. Gese*, Das Vermächtnis des Apostels. Die Rezeption der paulinischen Theologie im Epheserbrief [WUNT 2/99], Tübingen 1997, 267: »Vielleicht kann man in Kol 1,24 einen ersten Versuch erkennen, den Märtyrertod des Paulus theologisch zu verarbeiten«). Da aber der Epheserbrief Kol als ein inzwischen bekanntes Schreiben des Apostels selbst behandelt, dürften einige Jahre seit dessen Abfassungszeit verflossen sein. – 2) Die nach dem Eph vorauszusetzenden Spannungen zwischen Juden- und Heidenchristen weisen eher in eine Zeit nach 70 n. Chr. (vgl. unten S. 27f.). – 3) Auf eine Verfolgung der Gemeinde deutet im Schreiben nichts hin, auch nicht Eph 6,10–20. Also wird es aus der Zeit *vor* der domitianischen Verfolgung der Christen in Kleinasien 96 n.Ch. stammen. – 4) Die »präsentische Eschatologie« des Schreibens (vgl. S. 78ff.) sowie seine Theologie der Ämter (vgl. S. 133ff.) deuten in jedem Fall auf eine spätere Zeit hin.

[9] So heißt es in der Abschiedsrede des Paulus, die Lukas den Apostel bei seinem letzten Aufenthalt in Kleinasien im benachbarten Milet an die Ältesten der Gemeinde von Ephesus halten lässt: »Seid also wachsam, und denkt daran, dass ich *drei Jahre lang* Tag und Nacht nicht aufgehört habe, unter Tränen jeden einzelnen zu ermahnen«. Zu diesen »drei Jahren« vgl. *J. Becker*, Paulus. Der Apostel der Völker, Tübingen 1989, 160–197 (»Paulus in Ephesus und in der Asia«).

Briefs verfasst dieser »Lehrer« eine Mahnrede an Heidenchristen[10], indem er gleichsam in die Maske des Apostels hineinschlüpft und sich von ihm die Autorität für sein Schreiben leiht[11].

An moralischen Maßstäben sollte man eine solche »Fälschung« nicht messen[12]. Ganz abgesehen davon, dass in der antiken Literatur das in sich vielschichtige Phänomen der »Falschzuschreibung« von Schriften (»Pseudepigraphie«) nicht selten war – man denke etwa an die in ihrer Mehrzahl unechten Platonbriefe! –, für unseren »Lehrer« war entscheidend: Er wollte Theologie gerade *nicht* im eigenen Namen treiben, sondern sich ganz der apostolischen Autorität des *Paulus* unterstellen. Dieser sollte in neuer geschichtlicher Situation neu zur Sprache kommen – ein Ausdruck für die Überzeugung von der Lebendigkeit der apostolischen Tradition!

Nun muss diese These sich im Einzelnen bei der Auslegung des Textes bewähren, doch seien zu ihrer Begründung vorweg schon drei Beobachtungsreihen genannt, zumal diese geeignet sind, ein erstes ungefähres Bild vom Charakter unseres Schreibens zu vermitteln.

(1) Sein Autor hat nicht einfach frei formuliert, sondern sich literarisch eng an den Kolosserbrief angelehnt, den er offensichtlich für einen authentischen Paulusbrief hielt (auch hier

---

[10] Nicht ausgeschlossen scheint mir, dass unser Autor – der Fiktion seines Schreibens gemäß – ein Judenchrist war; 2,15a muss dem nicht widersprechen, wie die Auslegung unten (S. 95 mit Anm. 124) zeigen wird.

[11] Dass dies für die Frage nach dem Amt in der Kirche nicht ganz bedeutungslos ist, werden wir unten im Exkurs zu Eph 4,7–16 sehen.

[12] Vgl. auch *J. Roloff*, Art. Pseudepigraphie: NBL III (1997) 214f.: Weder kann die Pseudepigraphie »pauschal als moralisch verwerfliche, mit dem Wahrheitsanspruch der Hl. Schrift unvereinbare Täuschung gelten (ein Urteil, das häufig zu ihrer gewaltsamen apologetischen Bestreitung führte), noch lässt sie sich als ein angeblich in der Antike allgemein akzeptiertes Stilmittel bagatellisieren. Maßgeblich für die Beurteilung der einzelnen Texte sollten theologische Sachkriterien sein. So ist der hinter der Verfasserschaftsfiktion stehende Anspruch der pseudepigraphischen Briefe des NT, legitime Entfaltung des apostolischen Zeugnisses der ersten. Generation zu sein, jeweils durch kritischen Vergleich mit diesem zu verifizieren«. Das soll hier für den Epheserbrief geschehen. Ebd. 215 findet man auch die wichtigste Literatur zur Pseudepigraphie zusammengestellt.

urteilt die Forschung heute anders!)[13]. Wer den Kolosserbrief kannte – so rechnete unser Autor –, musste dessen Tonfall im Epheserbrief wiedererkennen und diesen somit gleichfalls für ein paulinisches Schreiben halten[14].

Übrigens hat unser Autor die Polemik gegen judenchristliche »Irrlehrer« Kol 2,8–23 nicht rezipiert, was seinem irenisch-ökumenischen Bild von der *einen* Kirche aus Juden

---

[13] Der erste, der das literarische Verhältnis zwischen Epheser- und Kolosserbrief einer eingehenden Untersuchung unterzogen hat, war wohl *H. J. Holtzmann*, Kritik der Epheser- und Kolosserbriefe. Aufgrund einer Analyse ihres Verwandtschaftsverhältnisses, Leipzig 1872; außerdem vgl. *J. Schmid*, Der Epheserbrief des Apostels Paulus. Seine Adresse, Sprache und literarischen Beziehungen (BSt[F] 22, 3–4), Freiburg 1928. Aus der jüngeren Literatur vgl. *H. Merklein*, Eph 4,1–5,20 als Rezeption von Kol 3,1–17. Zugleich ein Beitrag zur Problematik des Epheserbriefes, in: P.G. Müller/W. Stenger (Hg.), Kontinuität und Einheit (FS F. Mußner), Freiburg 1981, 194–210, und zuletzt *Gese*, Vermächtnis a.a.O. (S. 15 Anm. 8) 39–52 (»Die Orientierung am Kolosserbrief«). Einen Beitrag im Kontext der jüngsten Diskussion um den *canonical approach* genannten Zugang zur Schrift bieten *S.E. Porter/K.D. Clarke*, Canonical-Critical Perspective and the Relationship of Colossians and Ephesians: Bib. 78 (1997) 57–86. – Einen guten Überblick über die sog. Einleitungsfragen zu Kol und Eph bietet *U. Schnelle*, Einleitung in das Neue Testament (UTB 1830), Göttingen ²1999, 297–329.

[14] Zu Recht bemerkt *R. Kampling*, Innewerden des Mysteriums. Theologie als traditio apostolica im Epheserbrief, in: K. Scholtissek (Hg.), Christologie in der Paulus-Schule. Zur Rezeptionsgeschichte des paulinischen Evangeliums (SBS 181), Stuttgart 2000, 104–123, 111: Die »nicht unwichtige Frage, die für die Rezeption aller pseudepigraphischen Briefe gilt, nämlich wie den intendierten Lesern glaubhaft vermittelt wurde, dass ein bisher unbekannter Brief des Apostels plötzlich auftauchte und nun publiziert wurde, findet auch bei der Interpretation des Eph wenig Beachtung«. Wenn man die Hinweise auf die Gefangenschaft des Paulus in 3,1.13; 4,1; 6,20 nicht nur metaphorisch, sondern im Anschluss an Kol 1,24 auch real deutet (gegen *Kampling*, ebd. 112), könnte man in ihnen eine gezielte Erinnerung an die letzte Gefangenschaft des Paulus in Rom erkennen, was dem Schreiben Vermächtnischarakter verleihen würde (vgl. *Gese*, a.a.O. [Anm. 8]). Dass dieses erst einige Jahre nach dem Martyrium des Apostels auftauchte, ließ sich aufgrund der mutmaßlichen Umstände seiner Entstehung durchaus plausibel machen. Freilich: um mehr als eine Hypothese handelt es sich dabei nicht. – *Kampling*, ebd. 111f., scheint ein pseudepigraphisches Manöver überhaupt in Abrede zu stellen, wenn er meint, dass der Autor selbst sich hinter dem Namen des Apostels nicht verstecken wollte und auch keine »pia fraus« beabsichtigt hätte.

und Heiden nur entspricht[15]. Dafür hat er in Kenntnis authentischer Paulusbriefe (Röm und wohl auch 1Kor)[16] den Kolosserbrief mit seiner markanten kosmischen Christologie (Kol 1,15–20!) derart kreativ weitergeschrieben, dass dabei auch das genuin paulinische Erbe wieder stärker in Erinnerung gebracht wird, was etwa die Formeln der paulinischen Rechtfertigungslehre in Eph 2,5.8f. zeigen[17].

(2) Eine lebendige briefliche Kommunikation, wie sie Paulus in seinen Schreiben gepflegt hat, seine konkreten Adressaten mit ihren Konflikten, Sorgen und Wünschen stets vor Augen, sucht man im Epheserbrief vergeblich; entsprechend ermangelt sein Stil auch der Unmittelbarkeit, die den frisch und temperamentvoll schreibenden Paulus so sehr auszeichnet. Das Bild, das unser Autor vom Apostel vermittelt, ist beinahe das einer Ikone, die ihn als den privilegierten Mittler göttlicher Offenbarung (3,2f.8f.) und als den »Gefange-

---

[15] Nur einmal, in 4,14b.c, wo unser Autor von »windigen Lehren« spricht, durch die er seine Adressaten gefährdet sieht, wird er polemisch. An was für »Lehren« er hier konkret denkt, ist nicht ersichtlich; aber zumindest das eine lässt sich sagen, dass er wohl abweichende *christliche* Lehren meint, keine heidnischen.

[16] Unten, bei unserer Auslegung, werden wir des Öfteren auf Indizien stoßen, die eine solche Kenntnis wahrscheinlich machen. *U. Luz*, Überlegungen zum Epheserbrief und seiner Paränese, in: H. Merklein (Hg.), Neues Testament und Ethik (FS R. Schnackenburg), Freiburg 1989, 376–396: 390 Anm. 56f., meint, »neben dem Römerbrief (Kap. 12!)« gehöre »auch der 1. Korintherbrief zu denjenigen Paulustexten, die der Verf. einmal gelesen haben könnte, vgl. neben 15,9 = Eph 3,8 auch 4,12 = Eph 4,28«; »gegen Ende des ersten Jahrhunderts sind Kleincorpora paulinischer Briefe in verschiedenen Gemeinden vermutbar«. Doch bleibt das im Einzelnen umstritten. Vgl. auch *Gese*, Vermächtnis, a.a.O. (S. 15 Anm. 8), 54–85 (»Die Zitate und Anspielungen aus den Paulusbriefen«).

[17] Gewiss lebt auch der »pseudepigraphische« Kolosserbrief aus paulinischer Überlieferung. Doch was in ihm an Paulus erinnert, stammt aus lebendiger mündlicher Weitergabe paulinisch geprägter Verkündigungs- und Lehrinhalte, nicht aus wirklicher Kenntnis der *literarischen* Hinterlassenschaft des Apostels (so zuletzt überzeugend *A. Standartinger*, Studien zur Entstehungsgeschichte und Intention des Kolosserbriefes [NT.S 94], Leiden 1999, 91–152). Demgegenüber bezieht der Epheserbriefautor sich verstärkt und gezielt auf die *Briefe* des Paulus, womit er seinem Anspruch Nachdruck verleiht, *paulinische* Theologie zu vermitteln; einen Nachweis dafür findet man bei *H. Merklein*, Paulinische Theologie in der Rezeption des Kolosser- und Epheserbriefes, in: ders., Studien zu Jesus und Paulus (WUNT 43), Tübingen 1987, 409–453.

nen Christi Jesu« zeigt (3,1; vgl. 3,13; 4,1; 6,20). Hier schaut jemand aus der Distanz der nachapostolischen Generation auf die Gründergestalt Paulus zurück, wie ja nach 2,20 die »Apostel und (frühchristlichen) Propheten« insgesamt als »Fundament« der Kirche gelten (vgl. auch 3,5; 4,11). Paulus selbst ist zum Garanten der »apostolischen« Tradition geworden.

Was die anvisierten Empfänger des Briefs betrifft, so bleiben diese merkwürdig schemenhaft. Der Apostel scheint sie persönlich nicht zu kennen, von ihrem Glauben und ihrer Liebe hat er nur »gehört« (1,15)[18]. Akute Fragen und Konflikte spielen keine Rolle, was die Frage nach der Intention des Schreibens um so dringlicher werden lässt. Offenkundig richtet der Brief sich nicht an eine einzelne Ortsgemeinde, sondern trägt Züge eines Rundschreibens. Sollte die Adresse nach Ephesus ursprünglicher Bestandteil des Textes sein, was ich trotz aller Bedenken annehmen möchte (siehe zu 1,1f.), dann hätte man sich als den intendierten Empfängerkreis des Schreibens zumindest auch die heidenchristlichen Gemeinden im Umland der kleinasiatischen Metropole vorzustellen, die ja wohl Tochtergründungen der dortigen Gemeinde waren[19].

---

[18] Dies ist auch der Grund, warum eine ganze Reihe von Forschern heute meinen, die handschriftlich nicht sehr gut bezeugte Adresse des Briefs an die Heiligen *in Ephesus* (1,1c[1]) sei, textkritisch besehen, sekundär (dazu vgl. unten S. 35). Denn wie sollte der Apostel, der drei Jahre in Ephesus gewirkt hat, die Adressaten persönlich nicht gekannt haben? Auch ein fiktives Schreiben mit der Ephesus-Adresse hätte auf diesen Tatbestand Rücksicht nehmen müssen. Doch lässt sich das textkritische Problem von 1,1c[1] auch anders sehen: vgl. unten S. 36f.

[19] Zu solchen Tochtergründungen gehörten die Gemeinden im Tal des Lykos, eines Seitenflusses des Mäander, nämlich Hierapolis (vgl. Kol 4,13), Laodizea (Offb 3,14–22; Kol 4,13.15f.) und Kolossä (zu dem, was man heute dort noch sehen kann, lese man den schönen Reisebericht von *F. Schröger*, Zu Fuß von Passau nach Jerusalem, Passau ²1985, 133–137). Die Gemeinde von Kolossä wurde laut Kol 1,7; 4,12 von Epaphras gegründet, der auch von dort stammt, also nicht von Paulus (was wohl auch für die übrigen Gemeinden im Lykostal gilt). Von daher könnte dann auch eine Formulierung wie die von Eph 1,15, der Apostel habe vom Glauben und der Liebe seiner Adressaten nur »*gehört*«, verständlich werden – vorausgesetzt, das Schreiben richtet sich insgesamt an die »Kirchenprovinz« von Ephesus. – Zu Ephesus selbst wie zur Geschichte der Christen dort vgl. *W. Elliger*, Ephesus. Geschichte einer antiken

(3) Am wichtigsten sind die theologischen Merkmale, die den veränderten geschichtlichen Standort des Epheserbriefs gegenüber Paulus signalisieren. Drei Punkte seien hervorgehoben:
Meint Paulus, wenn er von der *ekklesia* (= Kirche) spricht, fast ausnahmslos die Kirche vor Ort, also die Ortsgemeinde[20], so steht der Begriff im Kolosser- (1,18.24) und verstärkt im Epheserbrief für die Kirche als ganze[21]. Nicht nur hat das gesamtkirchliche Bewusstsein zugenommen, der gewachsene geschichtliche Abstand zu den Anfängen der Kirche erforderte auch ein eigenständiges Nachdenken über ihr Wesen.

Ein Zweites: Für Paulus war das, was Gott in Kreuz und Auferweckung Jesu zum Heil der Menschen unverbrüchlich gewirkt hat, ganz in das Licht der in naher Zukunft zu erwartenden Parusie Christi getaucht: Dessen endzeitliche Ankunft sollte die Rettung bringen, die Überwindung des Todes (1Kor 15,54–56), womit der Glaube seine ihm dann nicht mehr zu bestreitende weltöffentliche Bewahrheitung finden würde. Anders der Epheserbrief! Die Parusieerwartung, also das Sich-Ausstrecken nach dem Ende der Zeit, ist in ihm zurückgetreten (vgl. nur 4,30), der Blick des Glaubens nach oben gerichtet, in die himmlischen Bereiche, wo

---

Weltstadt (Urban-Taschentücher 375), Stuttgart 1985; *M. Günther*, Die Frühgeschichte des Christentums in Ephesus (ARGU 1), Frankfurt 1995; *H. Köster* (Hg.), Ephesos. Metropolis of Asia (HThS), Valley Forge (P.A.) 1995; W. *Thiessen*, Christen in Ephesus. Die historische und theologische Situation in vorpaulinischer und paulinischer Zeit und zur Zeit der Apostelgeschichte und der Pastoralbriefe (TANZ 12), Tübingen 1995.

[20] Das wird vor allem an den Eröffnungen der paulinischen Briefe, also ihren »Präskripten«, ersichtlich, wo es in der Regel heißt: Paulus »an die ἐκκλησία (= Kirche) der Thessalonicher bzw. in Korinth etc.«. Wenn der Kolosser- und der Epheserbrief den Kirchenbegriff gerade nicht in ihre Präskripte übernommen haben, dann liegt das daran, dass sie ihn für die *Gesamt*kirche reserviert sehen wollten. – Eine vorbildliche Darstellung des sprachlichen und theologischen Befunds zu ἐκκλησία (= Kirche) bei Paulus bietet *J. Hainz*, Ekklesia. Strukturen paulinischer Gemeinde-Theologie und Gemeinde-Ordnung (BU 9), Regensburg 1972, 229–255.

[21] Insgesamt 9 mal begegnet hier ἐκκλησία (= Kirche): 1,22; 3,10.21; 5,23.24.25.27.29.32.

[22] Dazu vgl. den Exkurs »Grundzüge einer Ehe-Theologie« S. 175–179.

die »Erbschaft« des Heils schon *gegenwärtige* Gabe ist (1,14.18; 2,4–6).
Und ein Drittes, was sich zum Bisherigen fügt: Paulus war ehelos, er sah seine Lebensform unter dem Vorzeichen: »die Gestalt dieser Welt vergeht« (1Kor 7,31); für die Ehe brachte er kein besonderes Verständnis auf (vgl. 1Kor 7,1f.6–8.26. 32–38). Anders aber der Autor des Epheserbriefs: Er entwickelt eine Theologie der Ehe (5,21–33), nach der die eheliche Gemeinschaft von Mann und Frau das Geheimnis Christi und der Kirche abbildet, also leibhaftiges Zeichen für die *Gegenwart* der rettenden Liebe Gottes unter den Menschen ist[22]. Hier hat unser anonymer »Lehrer«, der vielleicht selbst verheiratet war, sein großes Vorbild nun wirklich »umgeschrieben«[23]. Sollte man noch daran zweifeln, dass der Epheserbrief ein nachpaulinisches Schreiben ist?

3. Aufbau und »Sitz im Leben« des Schreibens

Was ein guter Stadtplan wert sein kann, das weiß man. Beim Rundgang durch die fremden Straßen bietet er Orientierung und hilft, den eigenen Standort zu bestimmen. Bei unserem Schreiben wollen wir es ähnlich halten: Ein Grundriss seiner Kapitel vorweg mag verdeutlichen, wohin die Lektüre uns führt, wird aber auch unterwegs von Nutzen sein, damit wir uns im Text nicht verlieren. Gleichzeitig verrät ein solcher Grundriss auch schon einiges über den »Sitz im Leben« und die Absicht unseres Schreibens.
Zwei große Teile hat der Epheserbrief, einen ersten *lehrhaften* (1,3–3,21) und einen zweiten *mahnenden* (4,1–6,9). Das erinnert sehr an den Römerbrief des Paulus, was wohl beabsichtigt ist[24]. Eph 6,10–17 bietet dann noch eine zusammen-

---

[23] So auch *U. Luz*, Eph 110: »Die einzige Ausnahme von seiner Paulustreue ist sein Verständnis der Ehe (5,22–33), das sich m.E. direkt gegen das paulinische richtet«.
[24] Man vergleiche nur die drei folgenden Parallelen, die jeweils demselben Kontext angehören:

Eph 4,1	Röm 12,1
Ich ermahne euch also im Herrn	*Ich ermahne euch also* ... durch das Erbarmen Gottes

fassende Schlussmahnung[25]. Ein knapper brieflicher Rahmen mit Zuschrift und Segenswunsch am Anfang (1,1f.) sowie Schlussgruß und einer kurzen Mitteilung am Ende (6,21–24) verklammert das ganze Schreiben.

Die Unterabschnitte der *ersten Briefhälfte* (1,3–3,21) sind offenkundig spiegelbildlich um ein Zentrum herum angeordnet[26]. Das zeigt schon, was dem Autor besonders am Herzen liegt und wie er seine Leser lenken will:

A. Feierlicher Lobpreis (Eulogie): 1,3–14
  B. Danksagung mit Fürbitte: 1,15–23
    C. Erinnerung der Adressaten an die in ihrer Taufe geschehene Rettung: 2,1–10
    D. Erinnerung der Adressaten an ihre Eingliederung in die *eine* Kirche aus Juden und Heiden: 2,11– 22
    C'. Erinnerung an die dem Apostel vor Damaskus zuteil gewordene Offenbarung des Mysteriums Christi: 3,1–13
  B'. Fürbitte: 3,14–19
A'. Kurzer Lobspruch (Doxologie): 3,20–21

Es überrascht, wie stark diese Kapitel vom Gebet geprägt sind. Mit einem feierlichen Lobpreis (= A) eröffnet Paulus seine lehrhaften Erörterungen und mit einer Doxologie (= A') schließt er sie ab. Danksagung (= B) und Fürbitte (= B')

Eph 4,4	Röm 12,5
Ein Leib und ein Geist	So sind wir, die Vielen, *ein Leib* in Christus
Eph 4,7 (vgl. 4,16b)	Röm 12,3
Einem jeden von uns wurde die *Gnade gegeben*	Denn ich sage kraft der *Gnade*, die mir *gegeben* wurde, zu *einem jeden* unter euch ... einem jeden,
gemäß dem *Maß* Christi.	wie Gott (ihm) das *Maß* des Glaubens zugeteilt hat

---

[25] Das entspricht rhetorischen Konventionen, nach denen eine Rede an ihrem Ende einen kurzen Schlussteil (peroratio) oder eine Zusammenfassung (conclusio) enthalten soll. Dazu vgl. unten zu 6,10–17 (S. 187)!

[26] Nach G. *Sellin*, Die Paränese des Epheserbriefes, in: E. Brandt u. a. (Hg.), Gemeinschaft am Evangelium (FS W. Popkes), Leipzig 1996, 281–300: 282 Anm. 11, 297 (zur zweiten Briefhälfte).

für die heidenchristlichen Adressaten rahmen die mittleren Stücke, wobei Paulus schon in 3,1 zur Fürbitte ansetzt, sie dann aber bis 3,14 aufschiebt, um zunächst an die grundlegende Einsicht in das Heilsmysterium Christi zu erinnern, die ihm von Gott in seiner Berufung zum Apostel der Heiden – *diesen* zugute – einst geschenkt worden war (= C').
Das Zentrum der Komposition (= D) bildet der Abschnitt 2,11–22, die Erinnerung an das, was den Adressaten aus der Völkerwelt durch ihre Eingliederung in die *eine* Kirche aus Juden und Heiden zuteil geworden war; das ist das Herzstück der lehrhaften Kapitel 1–3. Eingerahmt wird es von zwei weiteren Rückblenden: die eine thematisiert Konversion und Taufe der Adressaten (= C), die andere, wie schon gesagt, die Berufung des Paulus zum Apostel der Heiden. »*Erinnerung*« ist also das Geschehen, das die mittleren Abschnitte zusammenbindet und auch den Ort benennt, an dem das theologische Nach-Denken einsetzt. Führt die Erinnerung einerseits zur Danksagung, andererseits zur Fürbitte, so ist die damit gegebene Einbettung der »lehrhaften« Kapitel in Gebetsvollzüge höchst aufschlussreich für das Denken unseres Autors: Er sieht die Rede *vom* Gott Jesu und seinem Heilshandeln an den Menschen nicht losgelöst von der Rede *zu* ihm; um »Erkenntnis« im Glauben, die an erinnerte Erfahrung anknüpft, hat man auch zu beten (1,16–18; 3,18f.).

Auch die *zweite Briefhälfte* dürfte konzentrisch, das heißt um eine zentrale Mittelachse herum spiegelbildlich angelegt sein:

A. Die *Einheit* des Leibes Christi: Grundlegende Mahnung samt Unterweisung zu den Ämtern in der Kirche: 4,1–6.7–16
  B. Der *alte* und der *neue Mensch*: 4,17–24
    C. Katalogartige Mahnungen: 4,25–32
      D. Das Prinzip des christlichen Ethos: Nachahmung Gottes am Modell Christi: 5,1–2
    C'. Katalogartige Mahnungen: 5,3–14
  B'. Das törichte Leben des *alten* und das geisterfüllte Leben des *neuen* Menschen: 5,15–20
A'. Die Familie als Zelle und Bild der *Einheit*: 5,21–6,9

Im Zentrum der zweiten Briefhälfte (= D) steht eine knappe Weisung, die im Kern eine ganze Theologie der Liebe enthält. Gerahmt wird sie von Mahnungen (= C/C'), die schon aufgrund ihrer Form, einer katalogartigen Auflistung, miteinander verwandt sind. Was der erste Briefteil mit Blick auf die Taufe in Erinnerung ruft, nämlich den dort in Christus vollzogenen Wandel von einem *alten* zu einem *neuen* Menschen, das setzen die Mahnungen B/B' der zweiten Briefhälfte in konkrete ethische Weisungen um. Aufschlussreich sind die Bezüge zwischen der grundlegenden Mahnung A und der Weisung an die Glieder der Familie gegen Ende der zweiten Briefhälfte in A': Beidesmal geht es um gelebte Einheit, dort in der Kirche, hier im Kleinen in der Familie[27].

Was das Gebetsthema betrifft, so tritt es in den Kapiteln 4–6 hinter den zahlreichen Mahnungen zwar zurück, doch bleibt es gegenwärtig. So hört man in Teil B' zum Gottesdienst der Gemeinde: »Lasst euch durch den Geist erfüllen. Sprecht einander zu mit Psalmen, Hymnen und geistererfüllten Liedern, mit eurem Herzen singt und lobsingt dem Herrn, allezeit dankt für alles im Namen unseres Herrn Jesus Christus Gott dem Vater!« (5,18–20). Und am Ende des Schreibens, in 6,18f., mahnt der Apostel noch einmal ausdrücklich zur Ausdauer im Gebet, bevor er in 6,23f. dann den Schlusssegen spricht, der mit seinen beiden Leitworten »Friede« und »Gnade« den Eröffnungsgruß von 1,2 in umgekehrter Reihenfolge wiederaufnimmt, den Brief damit rahmend.

Was kann man aus den voranstehenden Beobachtungen zum Grundriss unseres Schreibens über seinen »*Sitz im Leben*« lernen? Schon Paulus hatte in seinem ältesten uns bekannten Brief, dem an die Thessalonicher, angeordnet, dieser »sollte allen Brüdern und Schwestern [wohl in ihrer Vollversammlung] vorgelesen werden« (1 Thess 5,27f.)[28]. Nun verrät die liturgische Stilisierung unseres Schreibens, die seinen brief-

---

[27] Wie die sozialen Rollenverteilungen im antiken Haus sich auch auf die Strukturen in den Gemeinden auswirken, werden wir unten im Exkurs zum Amt in der Kirche im Einzelnen sehen.

[28] Vgl. auch Kol 4,16: »Wenn der Brief bei euch vorgelesen worden ist, sorgt dafür, dass er auch in der Gemeinde von Laodizea bekannt wird, und den Brief an die Laodizener lest auch bei euch vor!«

lichen Charakter mehrfach in eine feierliche Tonlage transponiert, dass dieses ganz gezielt für die Verlesung im Gottesdienst geschaffen wurde. Auch hier macht sich wieder der schon beobachtete geschichtliche Abstand zu Paulus bemerkbar, dem jetzt als dem von Gott beglaubigten Apostel in der gottesdienstlichen Versammlung das autoritative Wort eingeräumt wird. Genaueres lässt sich über den »Sitz im Leben« des Schreibens nicht sagen. Immerhin fällt auf, dass es ausdrückliche Hinweise auf eine eucharistische Feier seines Auditoriums nicht enthält[29], dafür aber die Erinnerung an die Taufe als die entscheidende Wende im Leben der Gläubigen laufend wachruft[30]. Deshalb ist unser Schreiben aber noch keine Taufpredigt[31]. Vielmehr zeigt das nur, was für ein auch sozial tief einschneidendes Ereignis Konversion und Taufe für die frühen Christen waren, dass sie von *hierher* ihr Leben im Glauben bleibend geprägt sahen – im Unterschied zu uns, die wir, in der Regel noch im Säuglingsalter getauft, den Empfang dieses Sakraments nicht als den unser Leben bestimmenden Einschnitt erfahren.

---

[29] Zwar meint das *Schlier*, Eph 248, wenn er 5,19f. so übersetzt: »Sprecht einander zu ... singet und psallieret ..., indem ihr danksagt ...«. »Dann wären die geistlichen Lieder als Gesänge bei dem εὐχαριστεῖν [= danksagen] verstanden und dieses selbst in vollem Sinn als Darbringung des Dankgebetes beim Herrenmahl zu interpretieren«. Doch bestehen Zweifel angesichts einer so spezifischen Deutung des »danksagen« (vgl. unten S. 163 f.). Eher lässt sich 6,24 ein Hinweis auf die Eucharistiefeier als »Sitz im Leben« unseres Schreibens entnehmen (siehe unten zur Stelle), auch die traditionelle Blutformel (1,7; 2,13) sowie die Rede vom Leib Christi könnten eucharistischen Hintergrund haben.

[30] Ausdrücklich ist zwar von der Taufe nur einmal die Rede, nämlich in 4,5 («*ein* Herr, *ein* Glaube, *eine* Taufe«); doch wird auf sie mehrfach angespielt, sei es durch Gebrauch spezifischer Tauf-Sprache (1,13: »ihr seid mit heiligem Geist *versiegelt* worden«, vgl. 4,30; 5,8.14: Licht-Terminologie), sei es durch Hinweis darauf, von welch radikaler Lebenskehre die Adressaten herkommen (2,4ff.; 4,20ff.), womit nur die Taufe gemeint sein kann. Vgl. aber auch 5,26 (Christus »hat sie [die Kirche] gereinigt durch das Wasserbad im Wort«).

[31] Mit guten Gründen spricht *J. Gnilka*, Eph 33, von einer »liturgischen Homilie«, die »in die Form eines Briefes gekleidet« sei; sie richte sich nicht an Täuflinge, denn dazu sei »das theologische Niveau zu hoch«.

4. Welche Intentionen verfolgte der Autor des Epheserbriefs?

Bevor wir uns auf den Weg der Auslegung begeben, sollten wir uns noch ein ungefähres Bild von der *Absicht* verschaffen, die der Autor des Epheserbriefs mit seinem Schreiben im Blick auf seine Hörerschaft verfolgt hat. Jene zu kennen bewahrt uns vor Fehleinschätzungen des Schreibens. Drei Beobachtungsreihen bieten sich an:

Ersten Aufschluss erteilt der eben vorgelegte Bauplan des Schreibens: Wenn sein *lehrhafter* Teil in einen vom Umfang her zumindest gleichwertigen *mahnenden* Teil einmündet, dann darf man daraus schließen, dass alles »Lehrhafte« der drei ersten Kapitel nicht Selbstzweck ist, vielmehr der Grundlegung der ethischen Weisungen in der zweiten Briefhälfte dient. Bestätigt wird das dadurch, dass die leitenden Ideen der ersten Briefhälfte in der zweiten wieder aufgenommen werden, jetzt im Blick auf das, was zu tun ist[32]. Mit anderen Worten: Unser Schreiben ist keine theoretische Abhandlung über die Kirche, sondern ist ganz von der Absicht beseelt, den Hörern und Hörerinnen den Christus gemäßen »Wandel in der Liebe« (5,1; vgl. 4,1f.17; 5,15) als ein sinnerfülltes Projekt konkreter Lebensgestaltung vor Augen zu führen; dabei geht es weniger um den Einzelnen als vielmehr um den Lebensstil der Glaubenden als Gemeinde.

In der älteren Auslegung hatte man alles Gewicht auf den ersten Briefteil gelegt und in dessen Licht das Schreiben z. B. eine »Weisheitsrede« genannt oder eine »Meditation der Weisheit des Mysteriums Christi selbst«[33]. Inzwischen ist das Pendel umgeschlagen und man stellt das ethische Interesse unseres Autors in den Mittelpunkt[34]. Aber vielleicht

---

[32] Man verfolge nur die wichtigsten Themen durch das Schreiben: Einheit der Kirche: 2,14–18/4,1–6.13; Christus, das Haupt der Kirche: 1,22f./4,15f.; 5,23ff.; der neue Mensch: 2,15/4,13.24.

[33] So *Schlier*, Eph 21f. *Lindemann*, Eph 13f., nennt den Epheserbrief »eine Art theologische ›Abhandlung‹«, die der Verfasser als eine »Grundsatzerklärung« des Paulus ausgibt.

[34] So vor allem *Luz*, Eph 108, der auf »die Länge des ethischen Teils Kap. 4–6« hinweist, die »gegenüber anderen Paulusbriefen« auffällig sei. »Dieser zweite Teil war für den Verfasser offenbar außerordentlich wichtig«.

wird man hier die Alternativen nicht zu scharf sehen dürfen. Die Frage: Was *sollen* wir tun? hängt doch entschieden von der anderen ab, *wer wir sind*. Wenn wir erkennen, woher wir kommen, und den Horizont wahrnehmen, auf den hin unser Leben ausgespannt ist, dann bestimmt sich auch von daher der innere Richtungssinn unseres Tuns. So begreift man gut, warum unser Autor seine Hörer und Hörerinnen zunächst auf ihre *Biographie* hin anspricht: Er *erinnert* sie an das, was sie vor ihrer Taufe gewesen sind (2,1–3.11–12.19a), und welche Sinn-Räume sich ihnen in Christus, mit dem zusammen sie in der Taufe aus dem Tod erweckt und in die »himmlischen Bereiche« Gottes versetzt worden sind (2,6), erschlossen haben. Um diesen Grund der eigenen Existenz in Gottes Liebe (2,4) zu wissen, bestimmt und erleuchtet jetzt auch ihr Handeln, ja dieses ist der sichtbare Ausweis dessen, was durch Christus in dieser Welt an neuen Perspektiven aufgebrochen ist. Erst so wird auch klar, dass die ethischen Weisungen des zweiten Briefteils, auf die das Schreiben zuläuft, nichts von einem angestrengten Sollen oder Müssen an sich haben, vielmehr ein befreites »Ihr könnt und ihr dürft!« verkünden.

Und ein *Zweites*: Die auf ihren neuen Lebensstil hin angesprochenen Adressaten sind, wie schon angeklungen, ehemalige »Heiden«; das gibt der erste Briefteil (2,11; 3,1), aber auch der zweite (4,17) deutlich zu verstehen. Allerdings kommen sie als solche in den beiden Briefteilen aus jeweils unterschiedlicher Perspektive in den Blick, deren Zusammenhang nicht unmittelbar einleuchtet. Im ersten Briefteil baut unser Autor die Fiktion auf: Hier spricht der Apostel aus Israel, also ein *Judenchrist*, zu den *Heidenchristen* Kleinasiens und erinnert sie daran, was sie dem durch die Kirche vermittelten Erbe Israels alles zu verdanken haben. Wahrscheinlich ist das nicht ohne konkrete *Absicht* gesagt. Aus anderen Quellen wissen wir, dass es in kleinasiatischen Städten nicht nur ein ausgeprägtes jüdisch-synagogales Leben gab[35], sondern auch, verstärkt durch Einwanderung

---

[35] *P. Trebilco*, Jewish Communities in Asia Minor (SNTS MS 69), Cambridge 1991; *D.E. Aune*, Revelation 1–5 (World Biblical Commentary Vol. 52), Dallas 1997, 168–172 (»Excursus: Anatolian Jewish Communities and Synagogues« mit Lit.).

aus Palästina infolge des jüdischen Kriegs (66–70 n. Chr.), beachtliche jüdische Minoritäten in den christlichen Gemeinden[36]; das führte in diesen wohl zu Spannungen. Nun hat unser Schreiben möglicherweise heidenchristlichen Dünkel oder gar Antijudaismus im Blick, der auf dem Boden der »gesetzesfreien« paulinischen Mission gewachsen sein könnte, den unser Autor aber vor allem in 2,11–21 im Anschluss an den Römerbrief des Paulus zu bekämpfen sucht[37].

In den ethischen Weisungen der zweiten Briefhälfte spricht unser Autor seine Adressaten nicht mehr als solche an, die zur Kirche aus Juden und Heiden hinzukommen durften, sondern als Christen, die sich von ihren ehemaligen heidnischen Mitbürgern durch ihren christlichen Lebensstil zu unterscheiden hätten; dieser Kontrast wird jetzt bestimmend. Möglicherweise hängt das mit der Perspektive des ersten Briefteils so zusammen, dass das hier zugesprochene hohe Ethos der Liebe im Zeichen des jüdisch-christlichen Monotheismus (vgl. 4,6) auch als Erbe Israels gesehen wird, für das die Heidenchristen gleichfalls dankbar sein sollten; immerhin zitiert unser Autor (im Unterschied zum Kolosserbrief) des Öfteren das Alte Testament, gerade im mahnenden Briefteil, z. B. das Elterngebot des Dekalogs in Eph 6,2f. oder Ps 4,5 in Eph 4,26[38].

Und ein *Drittes*: Unterscheidungsmerkmal der Kirche in ihrer heidnischen Umwelt ist nicht nur das ihr zugesprochene hohe Ethos der Liebe. Unser Schreiben sieht die Kirche im Wissen um die österliche Herrschaft ihres »einen Herrn« (4,5) auch als den *angstfreien* Raum an, in dem die »Mächte und Gewalten« dieser Erde, vor denen sich die heidnischen

---

[36] Zeugnis dafür ist z. B. die Offenbarung des Johannes: vgl. *H. Giesen*, Die Offenbarung des Johannes (RNT), Regensburg 1997, 40.

[37] Vgl. bereits die indirekte Mahnung von Eph 2,9: »*dass niemand sich rühme*«, mit Röm 11,17f.: »Wenn ... einige Zweige [aus dem edlen Ölbaum] herausgebrochen wurden und wenn du als Zweig vom wilden Ölbaum eingepfropft wurdest und damit Anteil erhieltest an der Kraft seiner Wurzel, so *rühme dich nicht gegenüber den anderen Zweigen*. Wenn du es aber tust, sollst du wissen: Nicht du trägst die Wurzel, sondern die Wurzel trägt dich.« Im Einzelnen vgl. unten zu 2,12–21, insbesondere S. 93 Anm. 120f.!

[38] Insgesamt vgl. unten S. 204 Anm. 5!

Zeitgenossen durch Magie, Astrologie, aber auch die Einweihung in Mysterienkulte zu schützen suchten, ihren Einfluss auf die Menschen endgültig eingebüßt haben[39]. Dies den Adressaten aus der heidnischen Welt als befreiendes Moment ihres Christusglaubens zu verdeutlichen, wird die Absicht unseres Schreibens wesentlich mitbestimmt haben.
Will man die genannten Aspekte bündeln, dann kann man sagen: *Die Absicht unseres Schreibens zielt ganz offenkundig dahin, das kirchliche Selbstverständnis der Heidenchristen Kleinasiens abzuklären und zu stärken.* Angesichts der übermächtigen heidnischen Stadtkultur war ein deutliches Profil der christlichen Gemeinden gefragt. Dem hatte aber auch ihr innerer Zusammenhalt zu entsprechen; dies um so mehr, als die nachapostolische Generation der Neuorientierung bedurfte.

5. Mit den Augen des Herzens sehen
Anlage und Zielsetzung des Kommentars

Bei unserer Auslegung des Schreibens wollen wir es so halten, dass wir seine einzelnen Abschnitte in jeweils drei Schritten kommentieren: *Teil A* bietet Hinweise zu Form, Aufbau und Gattung des Textes, verweist gegebenenfalls auf Parallelen im Kolosserbrief und liefert, wenn nötig, weitere Informationen zum Zweck einer *ersten Orientier*ung im Text. *Teil B* skizziert die inhaltlichen Grundlinien des jeweiligen Abschnitts mit der Intention, Schritt für Schritt, von Perikope zu Perikope, die *Theologie* des Schreibens, das heißt seine Vorstellung von der Offenbarung Gottes in Jesus Christus, vor den Augen der Leser erstehen zu lassen. *Teil C* schließlich gibt Gelegenheit, bestimmte Aspekte des Textes zu vertiefen oder auch ausdrücklich nach seiner *Bedeutung für uns* heute zu fragen.
Der Auslegung vorangestellt ist jeweils der auszulegende Abschnitt des Briefs in einer Übersetzung, die bewusst nicht frei ist, sondern sich dem griechischen Original anzuschmiegen sucht, ohne deswegen dem Deutschen Gewalt anzutun.

---

[39] Im Einzelnen vgl. unten zu 1,20f.; 2,2f.; 3,10; 6,11ff.

Sie ist in Sinnzeilen gegliedert, die es dem Leser erleichtern sollen, den oft genug in liturgischem oder feierlichem Sprachgestus daherschreitenden Text in seiner dennoch detailgenauen Formgebung wahrzunehmen und zu würdigen. Nur über eine exakte Lektüre des Textes erschließt sich sein Sinn.

Eingangs war von der Aktualität des Schreibens für uns heute die Rede. Seine Fremdheit sollte darüber aber nicht verschwiegen werden, kann es auch gar nicht, denn eigentlich ist dies der erste Eindruck, der sich jedem Leser aufdrängt, der nur einen flüchtigen Blick in das Schreiben wirft: »Alles ist geheimnisumwittert und seltsam verschwommen. Der Leser weiß nicht, ob der Brief die Absicht hat, Verhülltes zu offenbaren oder Offenbartes zu verhüllen«[40]. Andererseits ist man immer wieder überrascht, wie genau der Autor seine Worte zu setzen vermag. Von seinem zuweilen barock anmutenden Stil darf man sich nicht täuschen lassen; er weiß, was er will. Fremd dünkt uns aber noch manch anderes, nicht nur der Stil. Wer wollte zum Beispiel heute noch, wie der Epheserbriefautor, von Planeten und anderen Gestirnen ernsthaft als von feindlichen Mächten reden, die das Tun und Lassen der Menschen zum Bösen hin bestimmen? Oder vom »Herrscher über den Luftbereich« (2,2), dem »Teufel« (6,11), der in der Atmosphäre dieser Erde angeblich sein Unwesen treibt, aber nicht nur dort? Doch wen wundert es, dass das Weltbild[41] dieses nun schon über neunzehnhundert Jahre alten Schriftstücks nicht mehr das unsere ist. Das sollte einen nicht davon abhalten, sich mit

---

[40] *Ernst*, Eph 245. Zitiert bei *Kampling*, Innewerden, a.a.O. (S. 17 Anm. 14) 105. Er selbst vertritt die These: »Der Eph benützt die Rätselhaftigkeit als Stilmittel und als Signum seiner Theologie. Der Eph will enigmatisch sein, weil das, was er zu sagen hat und sagen will, selbst Geheimnis ist und offengelegt werden muss ... Auch der Mitteilung des Geheimnis eignet Geheimnischarakter, wie der Brief bis in die Sprache hinein belegt«. Zum Eph muss »Fremdheit nicht erst im Akt der Rezeption hergestellt werden«, er begegnet immer schon »in einer relativen Fremdheit« (107). Allerdings darf man das unten S. 196 mit Anm. 2 Gesagte nicht aus den Augen verlieren.

[41] Hilfreich zum Verständnis des dem Brief zugrunde liegenden Weltbildes (dazu vgl. unten S. 55 f.) sind die Exkurse bei *Gnilka*, Eph 63–66; *Mußner*, Eph 21 f., außerdem *ders.*, Christus, das All und die Kirche. Studien zur Theologie des Epheserbriefs (TThSt 5), Trier ²1968, 9–39.

Geduld auf seinen tiefen und gehaltvollen Wortlaut einzulassen mit der Aussicht, dafür mit lauter überraschend neuen Einsichten in den alten Christus-Glauben belohnt zu werden. Der Epheserbrief erschließt sich nicht im Handstreich, er sucht Leser, die neugierig sind, mit einem ihnen zunächst fremden Text ins Gespräch zu treten.

Der Autor des Epheserbriefs selbst benutzt die wunderbare Metapher von den »*Augen des Herzens*«, um deren Erleuchtung er betet (1,18)[42]: Glaubenserkenntnis ist Sache des *ganzen* Menschen, Herz und Verstand sind gefragt. Nach der biblischen Anthropologie[43] ergreift Gott den Menschen in der Tiefe seiner Person[44], ohne dass mit dieser vielfach variierten Überzeugung einem Irrationalismus das Wort geredet würde: Auch und gerade das Herz hat Augen, oder anders gesagt: Dem Menschen werden zuweilen Einsichten geschenkt, die ihm in seiner *Personmitte* einleuchten, die er mit seinem Verstand aber nur annäherungsweise einzuholen imstande ist. Dennoch baut er auf sie und lebt aus ihnen.

Der Vertiefung der Glaubenseinsicht, dass die Offenbarung Gottes in Christus den Menschen, will er sich recht begreifen, *unbedingt* angeht, möchte die hier vorgelegte Auslegung des Epheserbriefs auf ihre Weise dienen. Sie begreift das Schreiben überdies als *Leitfaden für Spiritualität und*

---

[42] Vgl. unten S. 60 mit Anm. 53!
[43] Nach wie vor als Hinführung hilfreich: *H.W. Wolff*, Anthropologie des Alten Testaments, München ⁶1994 (zum im Deutschen oft mit »Herz« wiedergegebenen, aber semantisch viel reicheren hebräischen Begriff vgl. ebd. 68–95: »lēb(āb) – der vernünftige Mensch«). Zur Vertiefung empfiehlt sich die Lektüre der Artikel zu *lb* (= Herz) in den einschlägigen Lexika: THAT I 861–867 (F. Stolz); ThWAT IV 413–451 (H.J. Fabry); NBL II 137–141 (J. Wehrle, R. Kampling). Informativ ist überdies der Beitrag von *W. Biesterfeld* zur begrifflichen, metaphorischen und »realen« Rolle von »Herz« in der Geschichte von Philosophie, Religion, Theologie und Medizin in: HWPh 3 (1974) 1100–1112.
[44] Zutreffend *Biesterfeld*, a.a.O. (Anm. 43) 1104: Im Neuen Testament gewinnt H. »weit mehr als im Alten Testament die Bedeutung eines den Menschen verborgenen, nur Gott offenbaren Zentrums, in dem das innerste Wesen der Person beschlossen liegt, so dass H. letztlich synonym mit ›Seele‹ gebraucht wird. In diesem Sinne kann differenziert werden zwischen Lippenbekenntnis zu Gott und im H. sichtbar werdender wirklicher Liebe (Mt 15,8) oder zwischen Schein der Gerechtigkeit vor der Welt und tatsächlicher Ungerechtigkeit im H. (Lk 16,15)«.

Kirche, will sagen für ein Verständnis eines Lebens aus dem Glauben, das dieses immer schon in den Weg der Gemeinschaft der Glaubenden, also der Kirche, eingebettet sieht[45]. Meint das heute viel bemühte Schlagwort »Spiritualität«, biblisch besehen, nichts anderes als weitergegebenes wie selbsterworbenes Erfahrungswissen bei der Umsetzung von Glaube, Liebe und Hoffnung, dieser paulinischen Trias[46], in die eigene Lebens- und Zeitsituation, so wird man sich vor einer individualistischen Verengung der damit bezeichneten »Frömmigkeit« hüten. Wie eine solche immer auch das Leben der kirchlichen Gemeinschaft einbegreift, so ist dann auch der Anspruch, der sich von ihr her an die »Institution« Kirche richtet, nicht als Kritik am Peripheren oder Ablenkung vom Wesentlichen abzutun, sondern ernst gemeinter Ausdruck der angezielten *kirchlichen* Spiritualität. Gerade der Epheserbrief hilft hier weiter, wenn er zeigt, wie das große Haus der Kirche und das kleine der Lebensgemeinschaften der Gläubigen vor Ort – Ehe, Familie, Hausgemeinschaften, Gemeinden – in gegenseitiger Bezogenheit und Verwiesenheit aufeinander existieren. »Privatisieren« kann so wenig die Lösung sein wie das Denken in »Institutionen«. Einheit der Kirche als Thema des Epheserbriefs ist auch keine Sache, die man an die Fachleute der Ökumene delegieren könnte, denn sie will auf *allen* Ebenen kirchlicher Wirklichkeit gelebt werden. Was Einheit »in Christus« ist, muss freilich immer wieder neu gelernt werden, wozu der Autor des Epheserbriefs sich als erfahrener Lehrmeister anbietet.

Zur Textgestalt des Kommentars sei noch folgendes angemerkt: Wer Freude am Epheserbrief gewinnt und seine

---

[45] Eine »geistliche« Auslegung ausgewählter Texte aus dem Epheserbrief bietet jüngst auch *M. Josuttis*, »Unsere Volkskirche« und die Gemeinde der Heiligen. Erinnerungen an die Zukunft der Kirche, München 1997. Doch gibt das weder der Untertitel des Buches zu erkennen noch bietet dieses ein Register, über welches die jeweiligen Passagen des Schreibens leicht auffindbar wären.

[46] Zu ihr vgl. *T. Söding*, Die Trias Glaube, Hoffnung, Liebe bei Paulus. Eine exegetische Studie (SBS 150), Stuttgart 1992. Zu 4,2–5, wo die Trias in V. 2.4.5 auftaucht, vgl. ebd. 180f.; auch begegnet sie, freilich charakteristisch transformiert, noch in 1,15.18 (Glaube/ Liebe/ Hoffnung), worauf Söding nicht eingeht: dazu vgl. unten S. 50f.

gewonnenen Erkenntnisse vertiefen möchte, der sei auf die Anmerkungen verwiesen. Hier findet er ausgewählte neuere Literatur, was bei einer immer unübersehbarer werdenden Forschungslandschaft, vor allem für Studierende der Theologie, hilfreich sein mag[47]. Außerdem bieten die Anmerkungen Gelegenheit, auf Quellentexte vor allem aus der frühjüdischen Literatur hinzuweisen, die bei der Deutung des Epheserbriefs weiterhelfen. Zur unmittelbaren Veranschaulichung des religionsgeschichtlichen Milieus, aus dem dieses Schreiben stammt[48], sollen sie ausgiebig zu Wort kommen. Wer will, kann die Anmerkungen bei der Lektüre des Buches (zunächst) auch beiseite lassen; der Haupttext ist so, dass man für sein Verständnis auf die dort gebotenen weiterführenden Hinweise nicht angewiesen ist. Im Übrigen hat der Kommentar nur ein einziges Ziel, nämlich zum Schrifttext hinzuführen, ihn zur Geltung und einem heutigen Verstehen näher zu bringen.

---

[47] Die Abkürzungen für Zeitschriften, Reihen und Sammelbände findet man in *S. Schwertner*, Abkürzungsverzeichnis (TRE), Berlin-New York ²1992. Jüdisches Schrifttum der Zeit wird in der Regel zitiert nach *W.G. Kümmel*, Jüdische Schriften aus hellenistisch-römischer Zeit (JSHRZ), Gütersloh 1973ff., Philo v. Alexandrien nach *L. Cohn* u. a. (Hg.), Philo von Alexandria. Die Werke in deutscher Übersetzung, 7 Bd., Berlin ²1962.1964.

[48] *Schnackenburg*, Eph 33, charakterisiert unseren Autor so: Da seine »Schriftanspielungen meist der Septuaginta folgen, weil ferner manche Konzeptionen Berührungen mit Philo von Alexandrien aufweisen (vgl. Pleroma, Haupt und Leib, Makro-Anthropos) und die Paraklese auch Einflüsse der griechisch-stoischen Ethik zeigt .., wird man näherhin an einen hellenistisch gebildeten Judenchristen zu denken haben, der für die geistige Umwelt aufgeschlossen war. In jener Zeit des Synkretismus können sich ihm mancherlei Gedanken aufgedrängt haben, auch Vorstellungen, die in der Gnosis stärker entfaltet wurden; aber er hat sie alle in einem genuin christlichen Sinn verarbeitet«. Die Bedeutung des durch Philo von Alexandrien repräsentierten hellenistischen Judentums für Eph hat vor allem *C. Colpe* herausgearbeitet: Zur Leib-Christi-Vorstellung im Epheserbrief, in: U. Eltester (Hg.), Judentum, Urchristentum, Kirche (FS J. Jeremias) (BZNW 26), Berlin 1964, 172–187; umfassend und weiterführend in dieser Richtung ist die wichtige Studie von *Faust*, Pax, a.a.O. (S. 13 Anm. 4). Dazu lese man die Rez. von *A. Lindemann*, ThLZ 119 (1994) 641–645.

Der Eingangsgruß
Zuspruch von Friede und Gnade (1,1f.)

1a   Paulus,
1b   Apostel Christi Jesu durch den Willen Gottes,
1c¹ an die Heiligen,
     die sind [in Ephesus],
1c² und Gläubigen in Christus Jesus:
2a   Gnade euch und Friede von Gott unserem Vater
2b   und dem Herrn Jesus Christus.

A. *Form, Aufbau und älteste Gestalt des Textes:* Eph 1,1–2 ist eine Neufassung von Kol 1,1–2¹. Dabei hält sich unser Autor in Form und Stil streng an die Eröffnungen der originalen Paulusbriefe mit ihrem zweiteiligen Aufbauschema²: Vorweg stehen Absender (1a.b) und Adressaten (1c) in dritter Person (»Paulus ... an *die Heiligen* in Ephesus«); es folgt, in Vers 2, ein feierlicher Segenszuspruch in zweiter Person (»Gnade *euch* und Friede ...«) (vgl. 1 Thess 1,1f.; 1 Kor 1,1–3 u. ö.). Was man zu Beginn eines profanen Briefs dem Empfänger an Gesundheit, Glück und Wohlergehen wünschte, das ist schon bei Paulus – der Sitte jüdischer Briefschreiber gemäß³ – zum Zuspruch göttlichen Segens vertieft worden.

---

¹ Dort lautet der Eingangsgruß: »Paulus, Apostel Christi Jesu durch den Willen Gottes, und Timotheus, der Bruder, an die Heiligen in Kolossä und die gläubigen Brüder in Christus: Gnade euch und Friede von Gott unserem Vater.«
² Dazu und zu weiteren Fragen des paulinischen Briefformulars vgl. die informative Arbeit von *F. Schnider/W. Stenger,* Studien zum neutestamentlichen Briefformular (NTTS 11), Brill 1987.
³ Vgl. z. B. syrBar 78,1.2: »Dies sind die Worte des Briefes, den Baruch, Sohn des Neria, an die neuneinhalb Stämme sandte, die jenseits des Flusses (Eufrat) [in der Verbannung] waren. Folgendes steht darin geschrieben: ›So spricht Baruch, der Sohn des Neria, zu den Brüdern, die gefangen weggeführt worden sind: *Gnade und Friede sei mit euch!*‹ ...«.

Im Epheserbrief hat der Zuspruch dem »Sitz im Leben« des Schreibens gemäß[4] liturgischen Klang.

Problematisch ist die Adresse des Schreibens. In den ältesten Handschriften, dem Papyrus 46 (ca. 200 n. Chr.), dem Sinaiticus (4. Jh.) und dem Vaticanus (4. Jh.), fehlen die beiden Worte »in Ephesus«; erst vom 5. Jh. an sind sie in den Bibelabschriften bezeugt. Das erklärt, warum heute eine wachsende Anzahl von Forschern dazu neigt, sie nicht für ursprünglich zu halten[5]. Dennoch ist Vorsicht angeraten. Fest steht, dass unser Schreiben seit dem Ende des 2. Jh.s nach dem Zeugnis verschiedener Kirchenväter – Irenäus v. Lyon, Tertullian, Clemens von Alexandrien – als Schreiben des Apostels nach Ephesus gilt; dem entspricht, dass es seit seiner Aufnahme in die Sammlung der Paulusbriefe, also gewiss schon im 2. Jh., mit der dem Text voranstehenden *inscriptio* (= Überschrift) »An die Epheser« versehen ist. Daraus lässt sich nun aber nicht die Ursprünglichkeit der beiden Wörter »in Ephesus« im Text selbst (1c[1]) ableiten. Möglich bleibt die Hypothese, dass die Adresse des Rundschreibens bewusst mit einer Lücke arbeitete (»an die Heiligen, die sind ...«), in welche der Ort der Empfängergemeinde jeweils einzutragen war[6]. Spätere Abschreiber des Briefs bzw. diejenigen, die ihn in die Sammlung der Paulusbriefe aufgenommen haben, hätten dann die Adresse nach Ephesus erschlossen; immerhin stammt der in 6,21 erwähnte Tychikus laut Apg 20,4 aus Kleinasien[7] und gehört nach 2 Tim 4,12 des Näheren nach

---

[4] Vgl. oben S. 24f.

[5] Z. B. *Schnackenburg*, Eph 37f.; *Pokorný*, Eph 49; *Luz*, Eph 115; *Hübner*, Eph 129f. (neigt trotz Schwierigkeit aller Lösungen eher zur Tilgung der Ephesus-Adresse).

[6] So z. B. *Schlier*, Eph 31f.

[7] Auf seiner letzten Reise von Griechenland über Mazedonien nach Syrien und Jerusalem nimmt Paulus laut Apg 20,4 sieben Männer mit, deren Herkunft Lukas genau vermerkt: »Dabei begleiteten ihn Sopater, der Sohn des Pyrrhus, aus Beröa, Aristarch und Sekundus aus Thessalonich, Gaius aus Derbe und Timotheus sowie *Tychikus* und Trophimus aus der Provinz Asien«. Welche Funktion dieser »Begleitschutz« für Paulus hatte, sagt uns Lukas nicht. Da es sich wohl um Repräsentanten der genannten Gemeinden handelt (bei der zuletzt genannten Provinz Asien dürfte Lukas konkret an Ephesus denken), ist es gut möglich, dass sie bei der Überbringung der von Paulus in Griechenland und Kleinasien organisierten Kollekte für die Jerusalemer Christen die Spender-Gemeinden vertreten sollten.

Ephesus[8]. Doch halte ich diese Rekonstruktion der Textgeschichte nicht für durchschlagend. Zum einen sind mit einer Lücke in der Adresse operierende Rundschreiben in der Antike meines Wissens nicht belegt; vor allem hat Paulus sich eines solchen Mittels nie bedient, und unser Autor wollte doch im Anschluss an den Kolosserbrief ganz gezielt die Fiktion eines Paulusbriefs erstellen. Zweitens lässt sich die nachträgliche Tilgung der Ephesus-Adresse in der Textgeschichte durchaus erklären, nämlich von der Absicht her, dass man so den allgemeinen, d. h. »katholischen« Charakter des an alle Gemeinden gerichteten Schreibens herausstreichen wollte; den sich dadurch ergebenden Kurztext (»an die Heiligen, die auch gläubig sind in Christus«), der keinesfalls ursprünglich sein kann[9], nahm man dabei in Kauf. Vergleichbares lässt sich im Übrigen auch an der Adresse des Römerbriefs beobachten, wo ebenfalls Abschreiber des Textes, allerdings nur vereinzelt, die Rom-Angabe (Röm 1,7) weggebrochen haben[10]. So scheint es, auch wegen des engen Bezugs des Epheserbriefs zu dem an die Kolosser, doch die bessere Lösung zu sein, ihn mit dem Namen der kleinasiatischen Hauptstadt ursprünglich verbunden zu sehen[11], wobei seine zweistufige Adresse (1c^1 und c^2) zu verstehen gibt, dass er

---

[8] 2 Tim 4,12, eine Notiz aus den persönlichen Mitteilungen am Ende des pseudepigraphen Schreibens, lautet: »Tychikus habe ich nach Ephesus geschickt«.

[9] Denn was für einen Sinn sollte dieser Kurztext haben? *Pokorný*, Eph 50, der ihn für ursprünglich hält, meint: Es soll »gesagt werden, dass es nach Meinung des Verfassers unter den Heiligen auch solche gibt, die in Jesus Christus nicht wirklich glauben, etwa in der paulinischen Auffassung des Glaubens, der die Gnade aufnimmt (2,8) und zur Einheit führt (4,13). Im Vergleich mit Kol 1,2 ist das ein Unterschied, der jedoch dem Anliegen des Epheserbriefs entspricht«. Doch gibt der ansonsten völlig unpolemische Brief eine solche Frontstellung nicht zu erkennen. Überzeugen kann aus sprachlichen Gründen auch nicht die Lösung von *G. Sellin*, Adresse und Intention des Epheserbriefs, in: M. Trowitzsch (Hg.), Paulus, Apostel Jesu Christi (FS G. Klein), Tübingen 1998, 171–186: 177f. (an die Heiligen, das heißt: *an die Gläubigen in Christus Jesus*).

[10] Heißt es im ursprünglichen Text Röm 1,7: »An alle in Rom, die von Gott geliebt sind ...«, so liest die lateinische Übersetzung: »An alle, die in der Liebe Gottes sind ...«.

[11] So auch *Gnilka*, Eph 1–7; *Lindemann*, Eph 19f.; ders., Bemerkungen zu den Adressaten und zum Anlass des Epheserbriefes: ZNW 67 (1976) 235—251.

nicht nur an die Christen in Ephesus selbst, sondern auch an die »Gläubigen in Christus Jesus« jenseits der Hauptstadt der Provinz gerichtet ist.

B. *Inhalt und Auslegung des Textes:* Obwohl konventionell formuliert, bergen unsere Verse wie im Brennglas gebündelt schon die Botschaft des Schreibens in sich. Deren Überbringer ist einzig und allein der Apostel Paulus. Führen seine authentischen Schreiben (abgesehen vom Römerbrief!) stets Mitabsender auf (auch der Kolosserbrief, der noch den Timotheus nennt[12]), so ist in Eph 1,1 der alleinige »Absender« Paulus gewiss beabsichtigt: Er ist »nach dem Willen Gottes« (1b), und das heißt für unseren Autor: gemäß seinem von Ewigkeit her feststehenden Heilsplan (vgl. 1,5.9.11; 3,11), *der* Apostel, dem das Mysterium der Kirche aus Juden und Heiden geoffenbart wurde, wie es das Schreiben unter Berufung auf seine Autorität entfalten wird (vgl. 2,11–3,13). Die Adressaten des Schreibens sind die »Heiligen« (vgl. 1,4.15; 3,18; 4,12; 6,18), also die »Gläubigen«, die »in Christus« in Gottes heiligen Lebensraum versetzt sind (2,4ff.). Werden sie in 1c noch nicht als Heidenchristen angesprochen, so enthält der Zuspruch von Vers 2 doch schon das *Herzwort* des ganzen Schreibens – »*Friede*« –, das das Anliegen unseres Autors, die Versöhnung von Juden und Heiden in der einen Kirche, auf den Punkt bringt. Spricht er in 6,15 vom »Evangelium des Friedens« (vgl. auch 2,17), so zeigt dies: Friede ist für ihn der Inbegriff des Evangeliums, die vollgültige Bezeichnung seines Inhalts.

C. *Bedeutung für heute:* »Friede« ist eine Gabe *Gottes*, die in Christus Wirklichkeit wird. Vor jedem Friedensmanagement, vor allen Konsensbemühungen in den eigenen Reihen werden wir also als Kirche Friede und Versöhnung zunächst als *Zuspruch* an uns im Evangelium zu entdecken haben. Bei aller Zerbrechlichkeit dessen, was Menschen Friede nennen, kann solcher Zuspruch befreiend und ermutigend wirken: Wenn dieser Friede uns im Evangelium angeboten wird, dann lässt er sich auch zwischenmenschlich herstellen. Friede ist möglich!

[12] Vgl. oben S. 34 Anm. 1!

Die erste Briefhälfte (1, 3–3, 21)
Wer sind wir?
Das Geheimnis der Berufung Gottes in Jesus Christus

1. Brieferöffnender Lobpreis
Auch die Vernunft will beten! (1,3–14)

3a Gepriesen (sei) der *Gott* und *Vater* unseres Herrn Jesus Christus,
3b der uns gesegnet hat mit allem *geistlichen* Segen in den Himmeln *in Christus*,

4a wie er uns erwählt hat *in ihm* vor Grundlegung der Welt,
4b dass wir heilig und untadelig seien vor ihm,
5a (er,) der uns in Liebe vorherbestimmt hat zur Sohnschaft durch Jesus Christus auf ihn hin,
5b gemäß dem Ratschluss seines Willens,
6a zum Lob der Herrlichkeit seiner Gnade,
6b die er uns geschenkt hat *in dem Geliebten*;

7a *in ihm* haben wir die Erlösung durch sein Blut,
7b den Nachlass der Sünden,
7c gemäß dem Reichtum seiner Gnade,
8a die er überreich kommen ließ auf uns in aller Weisheit und Einsicht,
9a (er,) der uns kundgetan hat das Geheimnis seines Willens
9b gemäß seinem Ratschluss,
9c den er zuvor gefasst hatte in ihm
10a zur Durchführung der Fülle der Zeiten:
10b das All zusammenzufassen in Christus,
10c das in den Himmeln und das auf der Erde *in ihm;*

11a *in ihm* erhielten wir auch den Losanteil,
11b vorherbestimmt gemäß dem Vorsatz dessen, der alles bewirkt,
11c gemäß dem Ratschluss seines Willens,

12a damit wir zum Lob seiner Herrlichkeit seien,
12b die wir (schon) zuvor gehofft haben *in Christus;*

13a *in ihm* habt auch ihr das Wort der Wahrheit gehört,
13b das Evangelium von eurer Rettung,
13c[1] *in dem* ihr auch,
13c[2] als ihr zum Glauben kamt,
13c[3] versiegelt wurdet mit dem verheißenen Heiligen Geist,
14a der das Angeld unseres Erbes ist,
14b zur Erlösung, der Inbesitznahme (des Erbes),
14c zum Lob seiner Herrlichkeit.

A. *Form, Funktion und Bauplan des Textes:* Paulus eröffnet seine Briefe in der Regel mit einer Danksagung, nur einmal, in 2 Kor 1,3ff., bietet er an deren Stelle eine so genannte Eulogie, also ein Gotteslob, das mit der jüdischen Gebetsformel einsetzt: »Gepriesen (griechisch: eulogetós) sei Gott [, der dies alles ... an uns getan hat]«[1].
Auch der Autor des Epheserbriefs hält sich an die paulinische Sitte der brieferöffnenden Danksagung (1,15–23), kombiniert diese aber mit dem feierlichen Lobpreis 1,3–14, wobei er sich am 2. Korintherbrief orientiert[2]. Damit ergreift

---

[1] Im Alten Testament und in der frühjüdischen Literatur begegnet diese Gebetsformel des Öfteren; nach dem hebräischen Wort, das im Griechischen mit eulogetós (εὐλογητός) wiedergegeben wird, pflegt man sie eine *Berakah* zu nennen. Eine solche kommt als kurzer ehrfurchtsvoller Ausruf vor, den man in die Rede einflicht, wenn diese auf Gott zu sprechen kommt (»der Höchste, gepriesen sei er«) (vgl. Röm 1,25), oder sie eröffnet ein längeres Gebet. Ein Beispiel für die Kurzformel bietet Gen 14,20, wo Melchisedek in einem Segen über Abraham sagt: »Gepriesen sei der höchste Gott, der deine Feinde in dich ausgeliefert hat«. Längere Fassungen, die sich dadurch auszeichnen, dass sie die Begründung des Lobspruchs breit entfalten, finden sich in den Lobliedern von Qumram, allerdings mit der Besonderheit, dass hier die anredende Form überwiegt: »Gepriesen seist du, Herr! Denn du hast nicht verlassen die Waise und den Geringen nicht verachtet. Denn deine Macht ist unerforschlich und deine Herrlichkeit ohne Maß ...« (1 QH V, 20ff.). Für das Neue Testament sei auch das *Benedictus* des Zacharias verwiesen (Lk 1,68–79), dem gleichfalls die Gattung einer ausgeführten *Eulogie* zugrunde liegt: »Gepriesen sei der Herr, der Gott Israels! Denn er hat sein Volk besucht und ihm Erlösung geschaffen ...«.

[2] Mit V. 3a vgl. 2 Kor 1,3a (»Gepriesen sei der *Gott* und *Vater* unseres Herrn Jesus Christus, der *Vater* der Barmherzigkeit und *Gott* allen Tro-

er die Gelegenheit, seinem Schreiben eine liturgisch klingende *Ouvertüre*[3] voranzustellen, die nicht nur wichtige Themen und Motive vorweg einspielt, sondern vor allem auch eines seiner Herzensanliegen aufgreift: Menschliches Dasein ist als ein erfülltes immer »Dasein zum Lob der Herrlichkeit« Gottes (12a)[4]. Nur vermittelt er das nicht theoretisch, sondern praktisch, nämlich so, dass er seinen Hörern und Hörerinnen mit der Eulogie einen realen Raum des Lobpreises bereitstellt, in den diese einschwingen können.

Wer das tut – und es gelingt nur, wenn man den Text *hört* und nicht nur *leise* liest –, der wird die Erfahrung machen, wie von Wellen eines Flusses mitgenommen und von ihnen getragen zu werden. Dabei darf er sich aber – wie auch sonst in unserem Schreiben – von dessen zuweilen überschwänglich und barock anmutendem Stil nicht täuschen lassen. Wer die Baugesetze der Eulogie durchschaut, wird erstaunt zur Kenntnis nehmen, wie genau und überlegt hier Theologie in Gebet umgesetzt ist. Der folgende Bauplan der Eulogie[5], der dem Leser zur Orientierung dienen möge, kann das belegen; von »Strophen« ist in ihm nur in Anführungszeichen die Rede, da der im Griechischen aus nur einer einzigen (!) Satzperiode bestehende Text keine Einschnitte kennt, vielmehr in teilweise parallelen Wellenbewegungen voranschreitet.

Bauplan der Eulogie

Themasatz (V. 3):
Gott hat uns *in Christus* an seinem *Geist* (dem Segen, an dem alles gelegen!) Anteil geschenkt.

---

stes«), mit V. 13c[3].14a vgl. 2 Kor 1,22 (»[Gott], der uns auch *versiegelt* hat und das *Angeld des Geistes* in unser Herz gegeben hat«)!

[3] Ähnlich schon C. *Maurer*, Der Hymnus von Eph 1 als Schlüssel zum ganzen Brief: EvTh 11 (1951/52) 151–172.

[4] *Luz*, Eph 119: »Leben ist von Gott her und auf Gott hin, was könnte es für einen anderen Sinn haben als Ausdruck des Gotteslobes zu sein, in das alles Leben mündet? Man muss begreifen, wie theozentrisch der Verfasser denkt, um zu ahnen, dass die Gebetsform unseres Textes nicht zufälliges literarisches Genre ist.«

[5] Dazu vgl. v.a. *H. Krämer*, Zur sprachlichen Form der Eulogie Eph 1,3–14: WuD NF 9 (1967) 34–46.

Erste »Strophe« (V. 4–6)
Die Erwählung *Gottes* vor aller Zeit zum Heil
(das heißt: zur Sohn- oder Kindschaft Gottes [5a])

Zweite »Strophe« (V. 7–8/9–10)
Die Erlösung *in Christus*
a) anthropologisch:
als Vergebung der Sünden
(durch das »Blut« Christi – seinen Tod)
b) kosmisch:
als Zusammenfassung des Alls
(unter der Herrschaft des an Ostern erhöhten Christus)

Dritte »Strophe« (V. 11–12)
Die Erwählung *Gottes* vor aller Zeit
zu einem »Dasein zum Lob seiner Herrlichkeit« (12a)
(Rekapitulation der ersten »Strophe«)

Finale (V. 13–14)
a) Die Einbindung der Eulogie in die Situation des Schreibens:
Auch die Heiden (vertreten durch die Adressaten des Briefs) haben Anteil an der Rettung erhalten!
b) Die »eschatologische« Dimension christlicher Existenz: Ausgerichtet auf die »Erlösung« (das heißt: »die Inbesitznahme des [himmlischen] Erbes« [14b])

Themasatz der Eulogie ist Vers 3. Mit seiner »trinitarischen« Struktur (*Gott* – *geist*licher Segen – in *Christus*) enthält er die ganze Heilsdynamik des Textes bereits in sich. Auf die Bedeutung des »trinitarischen« Gedankens für die Theologie des Schreibens werden wir im Verlauf unserer Auslegung noch des Öfteren zu sprechen kommen[6].
Von Vers 3 bis 12 einschließlich spricht ein »*wir*« und verkündet, was Gott »in Christus« alles an ihm getan hat; Vers

---

[6] Alle relevanten Stellen des Briefs mit einer »trinitarischen« Struktur sind unten auf S. 207 Anm. 9 aufgelistet. Wir setzen hier das Adjektiv »*trinitarisch*« in Anführungszeichen, um damit zu signalisieren, dass die spätere Debatte um die Verehrung des *einen* Gottes in *drei* »Personen« von unserem Text noch fernzuhalten ist. Freilich gehören »triadische« Formeln (Gott – Christus – Geist) zu den Elementen des Neuen Testaments, welche die spätere dogmengeschichtliche Entwicklung entscheidend mitbefruchtet haben. – Im »Finale« der Eulogie, in V. 13f., sind in Entsprechung zu ihrem Anfang, dem »Themasatz« V. 3, die drei Größen, diesmal in umgekehrter Reihenfolge (Christus – Geist – Gott), noch einmal in einen inneren Zusammenhang zueinander gebracht, wodurch sich eine

13 blickt dann auf die Adressaten und bezieht sie ausdrücklich in den Lobpreis der Heilstaten Gottes mit ein (»auch *ihr*«!). Wer sind die »wir«? Spricht »Paulus« es im Namen *aller* Christen[7] oder nur für einen *Teil* von ihnen? Dann aber für welchen? Und wer sind die »ihr«? Zu welchen Adressaten lässt unser Autor hier »seinen« Paulus sprechen? Dies klar zu erkennen ist wichtig für das Verständnis des ganzen Schreibens, denn in der Eulogie werden die Weichen für die Kommunikation gestellt, die sich dann zwischen »Paulus« und seinen Adressaten im Schreiben selbst abspielen wird.

Des Rätsels Lösung enthält Vers 12b: »*wir, die wir (schon) zuvor* in Christus gehofft haben«![8] Also spricht »Paulus« hier im Namen der *Erstberufenen*, Christen aus Israel, die bereits als Juden in der Hoffnung auf den Messias Christus gelebt (vgl. 2,12) bzw. vor denen aus der Völkerwelt, den *Spätberufenen* (»auch ihr«[9]), das Heil in Christus empfangen haben[10]. Gestützt wird diese Auslegung dadurch, dass die Adressaten im Schreiben immer deutlicher als ehemalige Heiden apostrophiert werden (2,11; 3,1) und man annehmen darf, dass dies von Anfang an gilt. Demnach spricht die Eulogie in ihrem Hauptteil, »Strophe« 1–3, aus *juden*christlicher Perspektive, die sich in Vers 13, dem »Finale«, dann zu

---

Rahmung des Textes ergibt: »In ihm« (V. 13a.c[1]) – »versiegelt mit dem verheißenen Heiligen Geist« (V. 13c[3]) – »zum Lob seiner (d. h. Gottes) Herrlichkeit« (V. 14c[3]).

[7] So die meisten Ausleger!

[8] Manche Kommentatoren verstehen die Vorsilbe »voraus« (ρπο-) als semantische Verstärkung der Verbalaussage »hoffen«, doch spricht für die temporale Deutung des προ-, dass dieses auch in 4a.5a.9c.11b einen solchen Sinn besitzt. »προελπίζειν = *vorher hoffen* scheint außer in der christlichen Lit(eratur) nur durch Posidipp (3. Jh. v. Chr.) bei Athen(aeus) IX 20 (377c) bezeugt zu sein« (*R. Bultmann*, ThWNT II 531), was der Thesaurus Graecae Linguae bestätigt. Das deutet auf bewusste Wortbildung durch den Autor des Epheserbriefs hin.

[9] Das »(in ihm) auch ihr« (ἐν ᾧ καὶ ὑμεῖς) von 1,13, mit dem der Autor die Adressaten einbezieht, entspricht genau dem ἐν ᾧ καὶ ὑμεῖς von 2,22, wo eindeutig die Adressaten als *Heiden*christen apostrophiert sind.

[10] In diesem Sinne deuten auch *Mußner*, Eph 49f., und zuletzt mit ausführlicher Begründung *Faust*, Pax, a.a.O. (S. 13 Anm. 4) 212–217. Das erinnert übrigens an die Themaangabe des Römerbriefs, Röm 1,16, wo es heißt: Das Evangelium ist eine »Kraft Gottes zur Rettung für jeden der glaubt, *dem Juden zuerst* und auch *dem Griechen*«. Vgl. auch Mk 7,27; Apg 3,26; 13,46.

den *heiden*christlichen Adressaten hin öffnet; an den Rändern der Eulogie, im »Themasatz« Vers 3 und in Vers 14a, ist das »wir« dagegen übergreifend: Hier schließt der Apostel aus Israel, »Paulus«, sich mit seinen heidenchristlichen Adressaten zusammen. Diese These muss sich bei der Lektüre des Textes im Einzelnen bewähren.

Gott »*in Christus*«! Diese Formel bietet das Gliederungsprinzip der Eulogie, da jede »Strophe« einschließlich »Themasatz« in sie einmündet (3b.6b.10c.12b) bzw. bei ihr einsetzt (4a.7a.11a.13a). Am Ende der ersten (6a), dritten (12a) und letzten »Strophe« (14c) steht überdies die gottesdienstliche Formel »*zum Lob seiner Herrlichkeit*«, die das *Ziel* allen Heilshandelns Gottes benennt; dieses Ziel bringt die zweite »Strophe« im Zentrum der Eulogie inhaltlich auf den Punkt (10a–c). Was Gott sich aber in der »Fülle der Zeiten« als *Ziel* gesetzt hat, das entspricht seinem Ratschluss von *Anfang* an, wie die drei jeweils mit »gemäß ...« eingeführten Formeln in 5b.9b.c und 11c refrainartig wiederholen.

Die drei ersten »Strophen«, in denen die »wir« sprechen, sind konzentrisch angeordnet: In der Mitte steht die Christus-Strophe zum Thema »Erlösung« (7–10); gerahmt wird sie von zwei »Strophen«, die die Erwählung der Glaubenden durch Gott *vor aller Zeit* zum Gegenstand haben (4–6/11f.). Die Christus-Strophe ist zweigipflig (7f./9f.): Sie spricht von der Heilsfrucht seines *Todes* (7a: Blut), dann aber von seiner *österlichen Erhöhung*, die als »Zusammenfassung« oder Aufgipfelung des Alls in Christus gedeutet wird (10b.c). Das ist das »Geheimnis« (9a), um dessen Erkenntnis der Epheserbrief insgesamt ringt, und so hat es auch im *Zentrum* der Eulogie seinen passenden Ort!

B. *Inhalt und Auslegung des Textes:* Das Gotteslob *1,3–14* ist, wie gesagt, die *Ouvertüre* zum Schreiben; die Motive und Themen, die wir hier zu hören bekommen, werden später entfaltet und vertieft. Das gilt schon vom ersten Akkord Vers 3, der erst in 2,4–7 aufgelöst wird. Denn was heißt das: Gott hat »uns gesegnet mit allem geistlichen Segen *in den Himmeln* in Christus«? Was nützt uns der Segen »in den Himmeln«, wo wir seiner hier auf Erden bedürfen? Doch unser Autor will beim Wort genommen werden.

Nach 2,7 hat uns Gott (in der Taufe) »mit Christus (aus einem verfehlten, ja todgeweihten Leben) auferweckt und uns zusammen mit ihm einen Platz *im Himmel* gegeben«. Also ist an uns eine wirkliche Ortsveränderung vollzogen worden, unsere Heimat ist jetzt woanders. Dass damit nach dem Epheserbrief auch eine neue Perspektive auf diese Erde sozusagen aus heilsamer Distanz zu ihr, von einem Standpunkt außerhalb ihrer, möglich wird, das werden wir später sehen. Entscheidend ist hier, dass wir im auferweckten und in den Himmel versetzten Christus Anteil am Segen Gottes erhalten haben, seinem Geist, der eben jene Grenzen zwischen Erde und Himmel zerbricht[11]. Erfahrbar wird das im Lobpreis des »Vaters unseres Herrn Jesus Christus«, in dem die Gemeinde auf Erden schon bei Gott ist, also im Gebet, das die Welt transzendiert[12].

Schaut der »Themasatz« der Eulogie Vers 3 also auf den österlichen »Herrn Jesus Christus« und erfasst so das Ganze des christlichen Glaubens bereits auf einen Blick, so entfalten das die nachfolgenden »Strophen«. Wieder befleißigt sich unser Autor einer radikalen Grenzüberschreitung, diesmal in zeitlicher Hinsicht: »*Vor Grundlegung der Welt*« hat Gott uns in Christus erwählt (4a), »*vorher*bestimmt« in Ewigkeit, wie es in der ersten (5a.b) und korrespondierend dazu in der dritten »Strophe« (11b.c) heißt. Das ist judenchristlich gedacht, denn was jüdische Quellen sonst von *Israel* sagen, dass nämlich Gott es »auserwählt« habe, »bevor die Welt wurde«[13], das lässt unser Autor hier »sei-

---

[11] Wenn nach dem »Themasatz« die Gläubigen im (auferweckten) Christus in die himmlischen Bereiche versetzt sind, dann bedeutet das: Was an Christus geschieht, betrifft unmittelbar auch diejenigen, die an ihn glauben. Dies übersetzt dann unser Autor später in das Bild vom Leib und seinem Haupt: Was am Haupt geschieht, geschieht gleichzeitig auch an seinem Leib. Vgl. unten zu 1,22f.

[12] Auf den Begriff der »Transzendenz« hat *Schlier* die räumliche Vorstellung von den »himmlischen Bereichen« gebracht: Was ist unter diesen zu verstehen? »Offenbar das über die Erde und das Irdisch-Begrenzte, das Sichtbare, das Greifbare, Berechenbare überhaupt Hinausgehende, das Transzendente oder die Transzendenz ... Sie ist es, die den irdischen Menschen den sein lässt, dem von vornherein ›Himmel‹ eingeräumt sind, in die hinein und von denen her er lebt« (Eph 46).

[13] Joseph und Aseneth 8,10 (vgl. unten S. 68 Anm. 65); 4Esr 5,26f.: »Aus allem geschaffenen Vieh hast du dir das *eine* Schaf schon *im Voraus* aus-

nen« Paulus im Namen der Judenchristen bekennen: An uns, die Gott vor der Zeit dazu ausersehen hat, »heilig und untadelig« vor ihm zu leben, hat sich der Weg Israels erfüllt. Das aber ist nicht zum eigenen Ruhm gesagt, sondern zum Lobpreis der Gnade Gottes (6a): Was wir sind und sein sollen, das verdanken wir einzig und allein seiner Erwählung »in Christus«[14].

Die Kirche aus Juden und Heiden – letztere sind nach Vers 13 in das Geschehen der »Rettung« miteinbezogen (vgl. 2,13.19; 3,6)! – ist also keine Gemeinschaft, die der Zufall in der Geschichte hervorgebracht hat, sondern sie kommt aus der Ewigkeit Gottes, ist von ihm vor Grundlegung der Welt schon vorgesehen, und zwar »in Christus« (4a). Um das zu verstehen, wird man zunächst sehen, dass die Wirklichkeit dieses »Christus« sich für unseren Autor keinesfalls mit dem geschichtlichen Auftreten Jesu von Nazareth deckt, sondern weit darüber hinausragt: Wie Christus an Ostern »über alle Himmel hinaufgestiegen ist« (4,10), so stammt er auch schon aus der Welt Gottes (4,9.10), war prä-existent, wie die Theologen sagen, das heißt: Schon »vor Grundlegung der Welt« (4a) war er bei Gott (vgl. Kol 1,15–17)[15]. Woher unser Autor die

---

ersehen, aus all den vielen Völkern hast du dir das *eine* Volk erworben ...«. Weitere Belege bei *K. Koch*, Zur Geschichte der Erwählungsvorstellung in Israel: ZAW 67 (1955) 205–226; *O. Hofius*, Erwählt vor Grundlegung der Welt (Eph 1,4): ZNW 62 (1971) 123–128: »›Erwählung‹ meint im Alten Testament nirgends einen überzeitlichen Ratschluss Gottes, sondern streng und ausschließlich sein geschichtliches Heilshandeln. Der Glaube an eine *electio ante mundi constitutionem* hat jedoch Parallelen im antiken Judentum« (124). »Spricht das antike Judentum von einer vorzeitlichen und vorweltlichen Erwählung Israels, so zielt dies letztlich darauf, die unvergleichliche Würde und Vorrangstellung des auserwählten Volkes zu bekunden, – jenem Satz vergleichbar, dass die Welt um Israel willen geschaffen sei«.

[14] *Hofius*, Erwählt, a.a.O. (Anm. 13) 128: »Einzig und allein Gottes freie und souveräne Gnade, die jede menschliche Leistung und Würdigkeit radikal ausschließt, ist Grund der die Kirche konstituierenden Erwählung. So bringt das Bekenntnis zur Erwählung ›vor Grundlegung der Welt‹ in einzigartiger Weise die *sola gratia* des Erlösungsratschlusses und Heilshandeln Gottes zur Sprache«.

[15] Alle Grenzüberschreitung, die dem Menschen im Glauben möglich wird, gründet also vorrangig in der Gestalt Christi selbst, über dem sich die Himmel öffnen (vgl. die Tauferzählung des Markusevangeliums, Mk 1,10): Er stammt von dort her, besitzt also seine wahre Heimat bei Gott.

Plausibilität einer solch erhabenen – wir würden vielleicht sagen: gewagten – christologischen Aussage bezog, sei hier noch dahingestellt[16]. Jetzt kommt es nur auf die Feststellung an, dass Gott in diesem Christus das *Ziel* schon festgesetzt hatte, das er mit den Menschen von Anfang an vorhatte: ihnen nämlich in der Gemeinschaft mit seinem »geliebten Sohn«[17] die Würde von Töchtern und Söhnen Gottes zu verleihen (5a)[18], in Erfüllung ihrer geschöpflichen Daseinsweise ihnen also seine besondere, von Liebe (5a.6b) bestimmte *Nähe* zu schenken[19].

[16] Dazu vgl. unten S. 56–58. 127–130.
[17] Worauf sich die Wendung »in dem Geliebten« (V. 6b) bezieht, lässt sich nicht eindeutig sagen. Erwogen wird ein Bezug auf die synoptische Tauferzählung, wo Jesus in Aufnahme von Ps 2,7 »mein geliebter Sohn« genannt wird. Doch näher liegt aufgrund des in Eph 1,6b verwendeten Partizips »der Geliebte (ἠγαπημένος)« anstelle des Verbaladjektivs ἀγαπητός der synoptischen Tauferzählung eine Erinnerung an Texte der griechischen Bibel, die das Prädikat in jener partizipialen Form Abraham (Dtn 3,35), Mose (Sir 45,1), Samuel (Sir 46,13) u. a., vor allem aber Israel selbst, dem geliebten Gottesvolk, beilegen (Dtn 32,15; 33,5.26; Jes 44,2). Am nächsten steht unserem Text die absolute Verwendung des Wortes (ohne ein Personalpronomen: *mein* Geliebter) in Dtn 33,26, wo die griechische Bibel liest: »Keiner ist wie der Gott des Geliebten« (»der Geliebte« ist hier Übersetzung des hebräischen *Jeschurun*, eines schwer zu deutenden Ehrennamens für Israel). Schlier, Eph 56f.: »In diesem Ehrennamen verdichtet sich natürlich die Aussage, die öfter zu lesen ist, dass Gott sein Volk liebt, und dass Israel das von Gott geliebte Volk ist«. »Angesichts dieses Befundes lässt sich wohl sagen, dass ἠγαπημένος eine Übertragung des auf Israel bezogenen messianischen Titels auf Christus ist«.
[18] Auch diese metaphorische Rede, welche Rettung und Heil als Aufnahme in ein *Kindschaftsverhältnis zu Gott* beschreibt, besitzt einen *Israel-Horizont* und unterstützt folglich die Auslegung der Verse auf »Paulus« als Repräsentanten der zuerst zum Glauben gelangten *Judenchristen*. Aufmerken lässt schon Röm 9,4, wo der Begriff der »Sohnschaft (υἱοθεσία)«, der im Epheserbrief nur an unserer Stelle, in 1,5, begegnet, von Paulus zu den Privilegien Israels gerechnet wird. Da unser Autor Röm 9,4f. nachweislich kennt und benutzt (vgl. zu 2,11ff.), könnte er den Begriff von dorther übernommen haben. Blickt man ins Alte Testament, dann fallen die folgenden Kernsätze ins Auge: Israel ist nach Ex 4,22 Gottes »*erstgeborener Sohn*«. In Hos 11,1 heißt es: »Als Israel jung war, gewann ich es lieb. Aus Ägypten rief ich meinen *Sohn*«. In einem frühjüdischen Text, Jub 1,24f., liest man: »Ich werde ihnen Vater sein, und sie werden meine Kinder sein. Und sie alle werden genannt werden Kinder des lebendigen Gottes«.
[19] Das greift unser Autor in der Mitte der zweiten Briefhälfte, in 5,1f., auf, um es dort paränetisch zu entfalten.

Konkreter wird das Heilsziel Gottes in der zweiten »Strophe« der Eulogie, ihrer christologischen Mitte (7–10). Zwei Hälften hat sie, eine rückwärts- und eine vorwärtsgewandte: Jene beinhaltet die Erinnerung daran, welche Last mit unseren *Sünden* durch *Jesu Sühnetod* (Blut) von uns genommen wurde (7–8), diese zeichnet die *Perspektiven*, die sich durch *Jesu Auferweckung*, seine österliche Erhöhung (dazu 1,20ff.), für die Welt ergeben (9–10)[20]: In der »Fülle der Zeiten« verwirklicht Gott jetzt seinen uranfänglichen Plan, »das All in Christus *zusammenzufassen*«. Im entsprechenden griechischen Verb klingt das Wort »Haupt« an, weshalb *Heinrich Schlier* übersetzt: »unter ein Haupt zu fassen das All in Christus«. Gemeint ist: Unter der Herrschaft des österlich erhöhten Christus findet die zerbrochene Welt wieder zu ihrer Einheit, was zwei Aspekte besitzt: einen himmlisch-*kosmischen* und einen irdisch-*menschlichen* (10c). Einerseits steht jetzt Christus herrschaftlich über den kosmischen Mächten wie den Planeten und Gestirnen der himmlischen Sphären (vgl. 1,21; 3,10), zum anderen verwirklicht sich in ihm die Einheit geschichtlich-konkret in der Versöhnung von Juden und Heiden in der Kirche[21]. Letztere, so könnte man über den Text hinaus sagen, bildet auf Erden ab, was das Ziel Gottes mit den Menschen überhaupt ist: ihre Befriedung unter dem *einen* Haupt Christus. *Dieser* ist die von Gott vorgesehene Quelle der Einheit, die kirchliche Gemeinschaft der Ort, an dem sie auf Erden sichtbar wird. Das alles wird das Schreiben dann im Einzelnen entfalten, hier begnügt »Paulus« sich damit, das ihm in seiner Berufung kundgetane »Geheimnis« Gottes (9a) – der Ouvertüre gemäß – in einem ersten Akkord aufklingen zu lassen.

---

[20] Die soteriologischen Formeln von V. 7, den Tod Jesu betreffend (»Erlösung durch sein Blut«, »Nachlass der Sünden«), gehören zum frühchristlichen Sprachschatz (vgl. Mt 26,28; Lk 24,47; Apg 2,38 etc.; Röm 3,24f.; Kol 1,14), sind also traditionell. Die Osterdeutung von V. 10, die sich an Kol 1,20a.c anlehnt, stellt demgegenüber die eigentliche christologische Innovation unseres Schreibens dar.

[21] Das dürfte V. 10c zum Ausdruck bringen, wo beide Aspekte der Zusammenfassung des Alls, der kosmische und irdische, ausdrücklich (jeweils mit einem Artikel versehen) nebeneinander gestellt sind: »das in den Himmeln und das auf der Erde«.

C. *Bedeutung des Textes für heute:* »Wir müssen wieder lernen, dass nicht nur das Herz, sondern auch der Geist beten soll. Die Erkenntnis selbst soll in Gebet übergehen, indem die Wahrheit zur Liebe wird«, so schrieb Romano Guardini 1944 im Vorwort zu seinen »Theologischen Gebeten«[22]. Ein solches ist in seiner Art auch Eph 1,3–14[23]. Wer es nur als schwärmerisches Lob Gottes hören würde, bei dem sein Autor sich in eine andere Welt, in himmlische Bereiche, hineinsteigert und dabei den irdischen Boden unter den Füßen verliert, der hätte es missverstanden. Was es theologisch auszeichnet, ist sein Mut, eine Sinndeutung der Welt als *ganzer* anzubieten. Das freilich ist für uns heute provokant genug, wo man doch nur noch unterschiedliche Standpunkte aus begrenzter Perspektive kennt, die alle ihr relatives Recht besitzen, aber nicht mehr die Wahrheit schlechthin[24]. Doch hören wir genau zu: Der Autor verordnet keinen Sinn, er lädt dazu ein, ihn als Gabe der Orientierung »in Christus« im Lobpreis des einzigen Gottes zu entdecken. Dabei stellt das lobpreisende oder rühmende Gebet, in dem der Sprecher von sich selbst absieht, um bei der »Gnade« Gottes (Eph 1,6a.7c.8a) zu verweilen, die ihn im Dasein hält, einen Sprechakt dar, der schon als solcher das gewöhnliche Sprechen von Mensch zu Mensch *unterbricht*. So ist der Lobpreis der Ort, an dem die Durchbrechung der Grenzen zwischen Himmel und Erde, von der dann auch theologisch zu reden ist, in erster Instanz zur Sprache kommt, ja in ihm Sprache wird: im Vollzug des Aufblickens zu Gott und des Rühmens seiner Heilstaten »in Christus«[25].

---

[22] *R. Guardini*, Theologische Gebete, Frankfurt ⁷1963.
[23] Unübertroffen und Maßstäbe setzend sind im deutschen Sprachraum die geistlichen Lieder *Martin Luthers*. Sie übersetzen Theologie und Glauben ins Gemeindelied und schöpfen dabei aus tiefer poetischer Inspiration. Leicht zugänglich z. B. in: Martin Luthers geistliche Lieder. Mit Luthers Vorrede zum Waltherschen Chorgesangbüchlein. Auswahl und Nachwort von C. Hofer, Frankfurt ⁴1983 (Insel-Bücherei Nr. 144).
[24] *O. Marquard*, Abschied vom Prinzipiellen. Philosophische Studien (Reclam: Universal-Bibliothek Nr. 7724 [2]), Stuttgart 1987.
[25] Man lese aus *R. Schaeffler*, Das Gebet und das Argument. Zwei Weisen des Sprechens von Gott. Eine Einführung in die Theorie der religiösen Sprache, Düsseldorf 1989, seine Analyse des »Magnificat« (S. 163–206).

2. Danksagung und Fürbitte
Mit erleuchteten Augen des Herzens (1,15–23)

15a Deshalb,
15b da auch ich vom Glauben bei euch im Herrn Jesus und von der Liebe zu allen Heiligen gehört habe,
16a höre ich nicht auf, für euch zu danken,
16b wenn ich in meinen Gebeten (euer) gedenke:

17a Dass der Gott unseres Herrn Jesus Christus,
17b der Vater der Herrlichkeit,
17c euch gebe den Geist der Weisheit und Offenbarung zu seiner Erkenntnis,
18a erleuchtete Augen eures Herzens,
18b damit ihr wisst,
18c was die Hoffnung seiner Berufung ist,
18d was der Reichtum seines herrlichen Erbteils unter den Heiligen ist[26] und
19a^1 was die überwältigende Größe seiner Macht an uns ist,
19a^2 den Glaubenden,
19a^3 gemäß der Wirksamkeit der Kraft seiner Stärke;

20a sie ließ er wirksam werden in Christus,
20b indem er ihn von den Toten auferweckte
20c und sitzen ließ zu seiner Rechten in den Himmeln
21a^1 – über jeglicher Hoheit und Gewalt
21a^2 und Macht und Herrschaft
21a^3 und über einem jeden Namen, der angerufen wird[27] –
21b^1 nicht nur in dieser Weltzeit,
21b^2 sondern auch in der kommenden[28];
22a und alles hat er unter seine Füße gelegt,
22b und ihn hat er als Haupt-über-alles der Kirche gegeben,
23a die sein Leib ist,
23b die Fülle dessen, der das All in allem erfüllt.

[26] V. 18d knüpft an 1,14a an.
[27] Wörtlich: »genannt wird«.
[28] Der syntaktische Bezug von V. 21b ist unklar. Teils verbinden die Übersetzer den Versteil mit der voranstehenden Aussage (z. B. *Gnilka*, Eph 87: über »jeden Namen, der nicht bloß in diesem Äon, sondern auch im kommenden genannt wird«), teils mit der übergeordneten von V. 20c

A. *Form, Aufbau und Vorlagen des Textes:* An den eröffnenden Lobpreis 1,3–14 schließt sich mit *1,15–23* ein weiterer von gottesdienstlicher Sprache geprägter Abschnitt an. Obwohl im Griechischen wieder ein einziger Satz, lässt er sich dennoch leicht in drei Unterabschnitte gliedern: in das *Dankgebet Vers 15f.*, die *Fürbitte Vers 17–19*, die mit ihrem rhetorischen Überschwang besonders feierlich gestaltet ist, und schließlich das *christologische Bekenntnis Vers 20–23*, das nach Art eines Credo bezeugt, was Gott »in Christus« (20a) alles zum Heil der Menschen gewirkt hat.

Den Grundriss des Textes – die Abfolge von Danksagung und Fürbitte – hat unser Autor aus den Paulusbriefen[29], doch steht ihm hier wieder vor allem der Kolosserbrief vor Augen[30]. Wie eigenständig er diesen Grundriss in seinem Text ausgefüllt hat, verrät die folgende Beobachtung: *Glaube, Liebe, Hoffnung* – so lautet die bekannte Trias, mit der Paulus das Wesen christlichen Lebens auf eine fassliche Formel gebracht hat[31]! Gerade in den brieferöffnenden Danksagungen begegnet sie, in 1 Thess 1,3; Phlm 1,5 (Liebe – Glaube), Kol 1,4f. und so auch in unserem Schreiben (15b.18c). Doch hat sie sich hier in bemerkenswerter Weise gewandelt: Beachtet man nämlich die Struktur unseres Textes, dann zeigt sich, dass die *Erkenntnis* (17c–18a) der jetzt nachgeordneten Hoffnung (18c) den Rang abgelaufen hat, weshalb die Formel hier lauten müsste: *Glaube – Liebe – Erkenntnis!*

(z. B. *Lindemann*, Eph 26f.; so auch oben!). Letzteres liegt deshalb näher, weil andernfalls gesagt wäre, »dass die ›Namen‹ nicht nur in dieser, sondern auch in der kommenden Weltzeit angerufen« würden. »Aber eine solche Aussage über die zukünftige Verehrung der von Christus doch bereits besiegten Mächte würde dem Sinn des ganzen Textes natürlich zuwiderlaufen« (ebd. 31).

[29] Vgl. Phil 1,3ff./9–11; Phlm 1,4f./6.
[30] Kol 1,3–8: Danksagung; Kol 1,9–11: Fürbitte.
[31] Ihre beiden frühesten Belege finden sich in 1 Thess 1,3: »unablässig erinnern wir uns vor Gott, unserem Vater, an das Werk eures *Glaubens*, die Mühe eurer *Liebe* und an die Geduld eurer *Hoffnung* auf unseren Herrn Jesus Christus«, und 5,8: »wir aber, die dem Tag gehören, wollen nüchtern sein, angetan mit dem Panzer des *Glaubens* und der *Liebe* und dem Helm der *Hoffnung* auf das Heil«. Zu einer Formel vereint sind die drei (mit der Liebe an der letzten, betonten Stelle) dann in 1 Kor 13,13: »nun aber bleiben *Glaube, Hoffnung, Liebe* – diese drei; am größten aber von diesen ist die Liebe«.

Tatsächlich haben spätere Theologen wie z. B. Clemens von Alexandrien (2./3. Jh.) die paulinische Formel in diesem Sinne umgebildet (Stromata III 69,3: Erkenntnis [Gnosis], Glaube, Liebe). Bei unserem Text hat das eine doppelte Bewandtnis, eine mehr formale und eine inhaltliche:
Formal gesehen ist das Stichwort »Erkenntnis« in Vers 17c Dreh- und Angelpunkt unseres Abschnitts. So hat die Fürbitte allein diese zum Gegenstand: Gott möge den Glaubenden »den Geist der Weisheit und Offenbarung schenken, der in seiner *Erkenntnis* besteht«. Anderseits dient dann alles, was bis zum Ende des Textes Vers 23 noch folgt, nur dazu, den Inhalt dieser Gotteserkenntnis zu umschreiben. Das geschieht in den drei *Was*-Sätzen Vers 18c, 18d und 19, die von Mal zu Mal länger und überschwänglicher werden, dabei aber zunächst eher unbestimmt bleiben (»was das Hoffnungsgut ..., was der Reichtum ..., was die Größe seines Wirkens ist«); dann aber wird das kleine Credo Vers 20–23 deutlicher, das konkret aufzählt, was Gott »in Christus« alles gewirkt hat. So kann man sagen: Die »*Erkenntnis*«, die den Glaubenden von Gott geschenkt werden möge, ist ihre *Einsicht in das Glaubensbekenntnis*. Dieses im Gottesdienst nur mit den Lippen nachzusprechen, nützt nichts; mit Herz und Verstand (18a) will es ergriffen werden.
Inhaltlich gesehen bedeutet die Vorordnung der »Erkenntnis« (17c) vor die »Hoffnung« (18c) folgendes: Gemeint ist in V. 18c nicht die Hoffnung als Einstellung des Menschen zur Zukunft[32], sondern das erhoffte Heilsgut selbst, von dem mit Kol 1,6 gilt, dass es *jetzt schon* in Christus »im Himmel« für die Glaubenden »bereitliegt«[33]. Streng genommen müsste man V. 18b.c also übersetzen: »damit ihr wisst, was das Hoffnungs*gut* der von ihm (Gott) her kommenden Berufung ist«[34]. Mit anderen Worten: Was wir hier beobachten, ist ein tiefgreifender Wandel im Glaubensverständnis.

---

[32] Bezeichnenderweise fehlt im Kolosser- wie im Epheserbrief (abgesehen von Eph 1,12b) das Verb »hoffen«.

[33] Vgl. *G. Bornkamm*, Die Hoffnung im Kolosserbrief – Zugleich ein Beitrag zur Frage der Echtheit des Briefes, in: Studien zum Neuen Testament und zur Patristik (FS E. Klostermann) (TU 77), Berlin 1961, 56–64.

[34] Ganz ähnlich ist 4,4 zu verstehen: »wie ihr auch *berufen* wurdet zu *einer Hoffnung* (in) eurer *Berufung*«. Ansonsten begegnet der Begriff der »Hoffnung« im Epheserbrief nur noch in 2,12.

Die Hoffnung als das Sich-Ausstrecken nach der Zukunft der kommenden Gottesherrschaft, deren sichtbaren Anbruch in dieser Welt der Glaubende sehnlichst erwartet, tritt jetzt zurück[35]; der Blick richtet sich dafür *nach oben* oder auf das, was Gott an Christus österlich schon gewirkt hat. Der Glaube wird damit zur Glaubens*erkenntnis* vertieft, die im geistgewirkten Wissen das einholt, was der Akt der Hoffnung als noch ausstehend durchtragen müsste.

Bestätigt werden diese Veränderungen im Glaubensverständnis, wenn man das kleine Credo in den Versen 20–23 mit 1 Kor 15,24–28 vergleicht, einem Kapitel des Paulus, das unserem Autor offenkundig vor Augen stand. Beide Texte enthalten Anspielungen auf Ps 110,1 (»Setz dich zu meiner Rechten, bis ich deine Feinde zum Schemel deiner Füße mache«) und Ps 8,7 (»alles hast du ihm unter seine Füße gelegt«)[36], beide beziehen diese Anspielungen auf die Mäch-

---

[35] Ja, man muss sagen, unser Autor rechnet überhaupt nicht mehr mit einer zukünftigen Erscheinung und Realisierung des Gottesreiches *auf Erden*, von einer solchen (apokalyptisch bestimmten) Vorstellung hat er sich offenkundig freigemacht. Allerdings gibt unser Schreiben hinsichtlich der Zukunft der Welt und der Menschheit kaum etwas, um nicht zu sagen: nichts, zu erkennen; dazu vgl. unten den Exkurs »Von den herankommenden Zeiten«!

[36] Dass diese beiden Psalmen, obwohl sie ganz Verschiedenes besagen – Ps 110 spricht von der Einsetzung des priesterlichen *Königs auf dem Zion*, Ps 8 von der erhabenen Stellung des *Menschen in der Schöpfung* –, hier miteinander verbunden und ineins gelesen werden, ist keine Willkür, sondern geschieht auf der Grundlage jüdischer Schrifthermeneutik. Nach der von den Rabbinen »Gezera schawa« (= »gleiche Verordnung« oder »Setzung«) genannten Auslegungsregel dürfen zwei Sätze der Bibel dann in einen Analogieschluss aufeinander bezogen werden, wenn in ihnen dieselben Ausdrücke vorkommen (vgl. *H.L. Strack/G. Stemberger*, Einleitung in Talmud und Midrasch, München ⁷1982, 28f.). Das trifft auf Ps 110 und Ps 8 zu, denn beide sprechen von einer Unterwerfung »unter die Füße« eines Höhergestellten durch Gott: im einen Fall der Schafe und Rinder, Vögel und Fische etc. unter die Herrschaft des Menschen (Ps 8,7–9), im anderen der Feinde unter das Zepter des Zion-Königs. Für unseren Autor ist die Analogie von Ps 110, den er nach alter christlicher Tradition (vgl. unten S. 54 Anm. 39) auf die österliche Erhöhung und Inthronisation des Messiaskönigs Jesus bezieht, zu Ps 8 von großer Bedeutung. Sie zeigt ihm, dass Christi österliche Inthronisation seine Bekleidung mit der Herrschaft über die Schöpfung (»*alles* hat er unter seine Füße gelegt«) notwendigerweise mit einschließt. Erlösung und Schöpfung gehören zusammen!

te und Gewalten, die Christus unterworfen werden, und beide gebrauchen schließlich die Formel »alles in allem«: 1 Kor 15,28 von Gottes *zukünftiger* Herrschaft, Eph 1,23b vom *gegenwärtigen* Christus. Damit ist dann aber auch schon angedeutet, was Eph 1,20ff. von 1 Kor 15 unterscheidet: Unser Text streckt sich nicht auf die Zukunft hin aus, die nach Paulus erst am Ende eines *Prozesses* die Unterwerfung aller »Feinde« unter Christus bringen wird, zuletzt den Sieg über den Tod (1 Kor 15,25f.); nein, er blickt ausschließlich auf Ostern, an dem die reale Entthronung aller Mächte und Gewalten nach Meinung des Epheserbriefautors schon erfolgt ist[37]. Dass dies für den Glaubenden dann auch den Gewinn konkreter Freiheitserfahrung einschließt und in welchem Sinn, das werden wir sehen.

B. *Inhalt und Auslegung des Textes:* Erst der Dank, dann die Fürbitte! Dass Menschen *glauben* und *lieben* können (15b), ist Grund genug, Gott Dank zu sagen (16a). Doch darf man dabei nicht stehen bleiben. Im Leben gibt es keinen Stillstand, nur Wachstum oder Niedergang. So gesellt »Paulus« zur Danksagung die Fürbitte: Gott möge die Adressaten in seiner Erkenntnis wachsen lassen (17b), ihr Glaube soll zu

---

[37] Wenn es heißt, Gott habe Christus über alle Mächte und Gewalten gesetzt, »nicht nur in dieser Weltzeit, sondern auch in der zukünftigen«, dann erinnert diese Redeweise zwar an die apokalyptische Vorstellung von einer zukünftigen, qualitativ anderen und neuen Welt, in der »es den Tod nicht mehr geben wird, auch keine Trauer, keine Klage, keine Mühsal« (Offb 21,4), doch ist diese Vorstellung hier offenkundig durch ihren Kontext zerbrochen: Die Wende hin zum qualitativ Neuen ist bereits in der Inthronisation Christi an Ostern erfolgt, weshalb V. 21b lediglich als »formelhafte Näherbestimmung« für »die unbegrenzt fortdauernde Herrschaft Christi« zu verstehen ist (*Schnackenburg*, Eph 78). So »sagt der Verfasser gerade das Gegenteil dessen, was der Apokalyptiker erwartet: Zwischen beiden Äonen [das heißt: der bösen Gegenwart und der von Gott heraufgeführten neuen vollendeten Weltzeit] gibt es überhaupt keine Differenz; denn Christi Machtstellung bleibt ja unverändert dieselbe« (*Lindemann*, Eph 31). Zu der Frage, warum der Autor des Epheserbriefs die von ihm sonst nicht mehr benutzte Redeweise vom gegenwärtigen und kommenden Äon an unserer Stelle überhaupt benutzt, meint Lindemann: »Vielleicht hat der Verfasser des Epheserbriefes hier gerade deshalb in überkommener, ›konservativer‹ Sprache schreiben wollen, weil der Inhalt dessen, was er hier zu sagen hatte, alles andere als ›konservativ‹ war« (ebd. 31).

einem verstehenden, *wissenden* Glauben werden (18b)! Worin soll er wissend werden?
Gott möchten sie erkennen (17c)! Das meint keine philosophische Erkenntnis seines Wesens an sich, sondern bezieht sich auf das, was Gott in der Geschichte gewirkt hat – an Christus (20–23) und an »uns, die wir glauben« (19a). An seinen *Taten* soll man Gott erkennen! Nun spricht aber das kleine Credo (20–23) – dem Stil eines Bekenntnisses gemäß – in objektiver Manier zunächst nur von dem, was Gott an *Christus* gewirkt hat (alles steht hier in der Vergangenheitsform!); doch schon die Verse 18c–19 signalisierten, dass dies auch uns betrifft. 2,1–10 wird dann zeigen, wie auch wir *selbst* in diesem Credo vorkommen.
Nicht mit dem Kreuz Jesu setzt dieses ein[38], sondern mit seiner Auferweckung »aus den *Toten*« (20b). Das deshalb, weil an ihr sich unüberbietbar die Macht Gottes erwiesen, der so das Stärkste überhaupt, das ihm entgegenzustehen scheint, von innen her aufgebrochen hat: den Tod. Doch eilt das Credo gleich weiter zu einer zweiten Aussage, die – das verrät ihre ausladende Erläuterung in Vers 21a.b – einen ersten Höhepunkt bringt: Nach seiner Auferweckung hat Gott den Christus zu seiner Rechten im himmlischen Bereich Platz nehmen lassen, was im Anschluss an Ps 110,1 meint: Jetzt ist dieser Christus für immer (V. 21b) zum vollgültigen Repräsentanten Gottes inthronisiert worden, darf als seine »rechte Hand« gelten. Diesen alten Bekenntnissatz[39] aktualisiert

---

[38] Ein Hinweis auf den Tod Jesu fehlt hier (wie auch in 2,1–11), was auffällt. Wie 1,7 und 2,16 zeigen, versteht unser Autor diesen traditionell als Sühntod (vgl. das Stichwort »Blut« in 1,7 und 2,13), durch den Gott in seiner Liebe die Schuld der Menschen beiseite geräumt hat; sieht ihn also eher in einer rückwärtsgewandten Perspektive, die auf das gerichtet ist, was im Christusereignis *überwunden* wurde, wohingegen seine Rede von der Auferweckung und Inthronisation Christi, bei der sein theologisches »Herz« eigentlich schlägt, das aus jener Erlösungstat Christi erwachsende *Neue* zum Ausdruck bringt, die Aufgipfelung des Alls, wie er in 1,10 schon programmatisch formuliert hat. Vgl. auch oben S. 47 Anm. 20!

[39] Vgl. Apg 2,33: »*Zur Rechten Gottes wurde er erhöht*«; Röm 8,34: »Christus Jesus, der gestorben ist, vielmehr auferweckt wurde, *der auch zur Rechten Gottes ist*«. Dazu vgl. *M. Hengel*, »Setze dich zu meiner Rechten!«. Die Inthronisation Christi zur Rechten Gottes und Psalm 110,1, in: M. Philonenko (Hg.), Le Trône de Dieu (WUNT 69), Tübingen 1993, 108–194.

unser Autor sogleich im Rahmen seines Weltbildes: Bei den Mächten und Gewalten, die er sich in den kosmischen »Luft«-Räumen (2,2) zwischen dem Thronsaal Gottes »über allen Himmeln« (4,10) und »den Niederungen der Erde« (4,9) vorstellt (vgl. 3,10; 6,12), denkt er wohl an *Gestirne* und *Planeten,* die nach verbreiteter Anschauung die Menschen in ihren Bann ziehen und versklaven[40], aber auch an sonstige böse Geister, welche in großer Zahl die Himmelsregion bevölkern[41]. Und wenn er von »Namen« spricht, »die ange-

---

[40] Die *Bezeichnungen* für die »Mächte und Gewalten«, die unser Autor hier im Anschluss vor allem an Kol 1,16 benutzt, entstammen der Vorstellungswelt der jüdischen Apokalyptik über die Engel, wie die folgenden Textbeispiele zeigen. ÄthHen 61,10: »Und er wird das ganze Heer der Himmel rufen und alle Heiligen in der Höhe und das Heer Gottes und die Kerubim, Serafim und Ophanim und alle Engel der *Gewalt* und alle Engel der *Herrschaften,* den Erwählten und die anderen *Mächte,* die auf dem Festland (und) über dem Wasser (sind), an jenem Tage«; slavHen 20,1: »Und ich sah dort (im siebten Himmel) ein über alle Maßen großes Licht, und alle feurigen Heerscharen der großen Erzengel und der körperlosen *Kräfte* und *Herrschaften,* der *Obrigkeiten* und *Mächte,* der Kerubim und Seraphim, der *Throne* und Vieläugigen, zehn Scharen, den leuchtenden Stand der Ophanim«; Test XII Levi 3,4–8: »Im (Himmel) über allen [vgl. Eph 1,21] verweilt die große Herrlichkeit, hoch über jeder Heiligkeit. Im nächsten (darunter) sind die Erzengel, die Dienst tun und zum Herrn Sühne darbringen für alle (unwissentlichen) Verfehlungen der Gerechten ... in dem (Himmel) darunter sind Engel, die Antworten bringen den Engeln des Angesichts des Herrn. Im nächsten (darunter) gelegenen (Himmel) sind *Throne* und *Gewalten* [vgl. Kol 1,16;]. In ihm werden beständig Hymnen Gott dargebracht«. Wo von sieben Erzengeln die Rede ist (z. B. Tob 12,15; äthHen 87,2f.; 90,21), da versteht man diese als die Regenten über die sieben Planetensphären bzw. Himmel. *Philo,* De aeternitate mundi 46, spricht von den Planeten und Fixsternen als »dem so großen Heer der sichtbaren *Gottheiten,* das von alters her für glücklich gehalten wurde« (vgl. auch De opificio mundi 27); *Ovid,* Metamorphosen I 73, nennt die Sterne »Gestalten der Götter (formae deorum)«, was dem Denken der meisten griechischen Philosophen entspricht. – Allerdings handelt es sich im Unterschied zu den oben genannten apokalyptischen Texten bei den »Mächten und Gewalten« in Eph 1,21 nicht um Kräfte, die dem einen Gott dienen, sondern ihm entgegenarbeiten, um widergöttliche Mächte, was sich wohl so erklärt: Der Autor spricht hier in *jüdischer* Terminologie zu ehemaligen *Heiden* von deren Erfahrung kosmischer Mächte, welche er im Licht der biblisch-jüdischen Tradition nur als widergöttliche Kräfte qualifizieren kann, obwohl das die Terminologie von ihrer apokalyptischen Prägung her selbst nicht nahelegte .

[41] Wie die *Vierzahl* von Bezeichnungen in V. 21a^1 und a^2 zeigt, liegt dem Autor hier nicht an einer Spezifizierung und Konkretisierung der »Ho-

rufen werden« (21a³), dann hat er wohl Zauberei und Magie im Blick, die gerade in Ephesus blühten⁴². Aber warum sollten die Menschen jetzt noch alle möglichen Praktiken ersinnen, um sich jener bösen kosmischen Mächte zu erwehren, wo doch Christus an Ostern »*über*« sie alle gestellt wurde? Es ist beachtlich, wie hier einem alten Glaubenssatz, dem von der Inthronisation Christi zur Rechten Gottes, vom Autor im Blick auf die Ängste und Zwangsvorstellungen seiner Zeit zu neuer Aussagekraft verholfen wird.

Der dritte Satz des Credo (22a) fasst mit Worten aus Ps 8,7 die österliche Herrschaftsstellung Christi in der Schöpfung ins Auge. Christus ist »das Haupt über alles« (22b), er

---

heiten und Gewalten, Mächte und Herrschaften«. Denn »da in den vielen Listen [der apokalyptischen Literatur] mit Engelnamen Zahlen eine Rolle spielen«, wird die Vier auch hier *symbolische* Bedeutung haben. Wird sie »gern für die Ausdehnung der Erde oder des Himmels gebraucht (vier ›Ecken der Erde‹, vier Himmelsrichtungen)«, so könnte sie als »eine Art ›kosmische‹, die Weite und wiederum die Begrenztheit der geschöpflichen Welt versinnbildende Zahl« gemeint sein (*Schnackenburg*, Eph 76f.).

[42] So heißt es in Apg 19,17–19 in Reaktion auf die Wundertaten des Paulus in Ephesus: »*Der Name des Herrn Jesus* (!) wurde hoch gepriesen. Viele, die gläubig geworden waren, kamen und bekannten offen ihre (früheren) Werke. Und nicht wenige, die Zauberei getrieben hatten, brachten ihre Zauberbücher herbei und verbrannten sie vor aller Augen. Man berechnete den Wert der Bücher auf 50 000 Silberdrachmen.« Kurz zuvor ist von umherziehenden jüdischen Exorzisten die Rede, »die versuchten, den *Namen des Herrn Jesus* über den von bösen Geistern Besessenen anzurufen, wobei sie sagten: Ich beschwöre euch bei dem Jesus, den Paulus verkündigt« (Apg 19,13). Die hier verwendete Formel »*den Namen* (von jemandem) *anrufen*«, die der von unserem Autor in Eph 1,21a³ benutzten entspricht, begegnet z. B. auch in den griechischen Zauberpapyri (Papyri Graecae Magicae 61,2), wie dort überhaupt die Rede von den »Namen« ziemlich oft begegnet. So verweist Eph 1,21 in ein heidnisches oder synkretistisches Milieu, in dem Beschwörungen im Namen von dämonischen Kräften und auch Engelmächten gang und gäbe waren (vgl. *C.E. Arnold*, Ephesians: Power and Magic. The Concept of Power in Ephesians in Light of Its Historical Setting [MSSNTS 63], Cambridge 1989). Danach enthält Eph 1,21 für die damaligen Menschen eine sehr pointierte Botschaft: Jesu Name *allein* reicht aus, um allen Mächten des Bösen die Stirn zu bieten; denn auch über diese, die von Menschen vergeblich angerufen werden, ist Christus an Ostern gesetzt worden. – Zu Apg 19,11–20 vgl. *H.-J. Klauck*, Magie und Heidentum in der Apostelgeschichte des Lukas (SBS 167), Stuttgart 1996, 112–117.

»erfüllt das All in allem« (23b⁴³). Im Hintergrund solcher Formulierungen steht die verbreitete Vorstellung, die Welt sei ein riesiger Organismus, der von einem »Haupt« regiert und zusammengehalten wird, wie der Leib von seiner Seele⁴⁴. Ein antiker griechischer Hymnus sieht im Göttervater Zeus das »Haupt« der Welt und preist diesen so: »Zeus ist das Haupt, aus Zeus hat alles sein Dasein ... Alles [Feuer, Wasser, Erde und Luft, Nacht und Tag etc.] liegt in dem einen großen Leib des Zeus«.⁴⁵ Jüdische Philosophen (vor allem Philo von Alexandrien) haben derartige Vorstellungen auf den LOGOS übertragen, also auf das machtvolle WORT Gottes, mit dem dieser die Welt erschaffen hat (vgl. Gen 1,3: »Gott sprach ...«): Dieses Wort, so meinten sie, sei der Inbegriff der Kraft und Weisheit Gottes; es erfülle die Welt und halte sie im Dasein⁴⁶. Christen haben dann diesen LOGOS mit

---

[43] Wie die Parallele 4,10b zeigt, bezieht diese Wendung sich auf Christus (anders *Luz*, Eph 124). Im Alten Testament wird sie auf Gott, seinen Geist oder die Herrlichkeit Gottes etc. bezogen: Jer 23,24: »Kann sich einer in Schlupfwinkeln verstecken, so dass ich ihn nicht sehe? – Spruch des Herrn. Bin ich nicht es, *der Himmel und Erde erfüllt?*«; Weish 1,7: »Der Geist des Herrn *erfüllt den Erdkreis*«.

[44] Einer der ältesten Belege dafür findet sich bei *Platon*, Timaios 30b: »Diese geordnete Welt ist als ein *beseeltes* und in Wahrheit *vernunftbegabtes* Wesen aufgrund der Vorsorge des Gottes entstanden«. Wichtig wird diese Vorstellung dann für die Stoa: »der Kosmos, der in seiner Vielheit und Mannigfaltigkeit ein Soma (= Leib) ist, lässt die Menschen als Glieder dieses Leibes sich empfinden« (*Gnilka*, Eph 101). So heißt es beim Philosophen Seneca: »Alles, was du siehst, wodurch Göttliches und Menschliches zusammengeschlossen sind, ist eins. *Wir sind Glieder eines großen Leibes*« (Epistulae morales XV 95,52).

[45] Orphischer Hymnus nach *Eusebius,* Praeparatio Evangelica III 9,2 (Datierung?).

[46] *Philo*, Quaestiones in Exodum II 117: »The head (κεφαλή) of all things is the eternal Logos of the eternal God, under which, as if it were his feet or other limbs, is placed the whole world, over which he passes and firmly stands ... Because for its perfect fulness the world is in need of the care and superintendence of the best ordered dispensation, and for its own complete piety, of the divine Logos, just as living creatures (need) a head, without which it is impossible to live« (LCL: aus dem Armenischen übers. von R. Marcus). De plantatione 7–9: ».... die *Welt, der größte Körper*, der die Fülle anderer Körper als seinen eigenen Teil umfängt. Wer der Verlegenheit entgehen will, die aus dieser Schwierigkeit folgt, der erkläre frei, dass kein Stoff stark genug ist, um die Last dieses Kosmos tragen zu können, dass aber *der unvergängliche Logos des ewigen Gottes* die felsenfeste und riesenstarke *Stütze des Alls* bildet. Indem sich

dem für sie einzig wahren Wort Gottes in eins gesetzt: mit Christus, »der das All erfüllt«[47]. Auch unser Autor denkt in diesen Bahnen, doch vermeidet er es bezeichnenderweise, die *Welt* den Leib Christi zu nennen[48]. Dieses Bild behält er der *Kirche* vor, was die Pointe der vierten und letzten Aussage des Credo (22b.23) ist[49]. Inwiefern?
Gegenüber den widerstreitenden »Gewalten und Herrschaften« der Schöpfung ist der österliche Christus zum *Herrscher-Haupt* geworden, das das All mit seiner *Macht* erfüllt (22b). Für die Kirche dagegen ist er zum Haupt geworden, das diese mit göttlichem Leben erfüllt, mit heilenden Kräften der Liebe (4,5f.)[50]. Nur hier, so meint unser Autor, trifft das Bild vom Leib zu, das sehr passend die *Innigkeit* des Mit-Christus-Seins der an ihn Glaubenden zum Ausdruck bringt. Wie Letzteres zu denken ist, das erfahren wir im Anschluss, in 2,1–11.

C. *Bedeutung und Fragen für heute:* In zweifacher Hinsicht gibt uns der Text 1,15–23 zu denken. Zum einen werden wir kritisch gegen ihn einwenden: Das ist nicht mehr unser

dieser von der Mitte (der Welt) bis zu den Enden und von den äußersten Spitzen bis zur Mitte zurückdehnt, vollzieht er den Siegerlauf der Natur und schließt und schnürt alle Teile zusammen; denn zum unzerreißbaren Bande des Alls macht ihn der Vater und Erzeuger«. Zu diesen und weiteren Texten vgl. zuletzt *Faust*, Pax a.a.O. (S. 13 Anm. 4) 32ff.

[47] Diese Aussage setzt die Prä-existenz Christi voraus (vgl. oben S. 45f.). Diese gewinnt für die Adressaten des Schreibens schon auf dem Hintergrund der Logos-Spekulationen des hellenistischen Judentums, wie Philo von Alexandrien sie zu erkennen gibt, eine gewisse Plausibilität. Jedenfalls ist sie dort »vorgedacht«.

[48] Gleiches gilt zu Kol 1,18, wo es heißt: »Und er (Christus) ist das Haupt des Leibes – der Kirche«. Ursprünglich, d. h. im Rahmen der ersten Strophe des vom Autor des Kolosserbriefs übernommenen Hymnus (Kol 1,15–18a), bezog sich diese Aussage auf die Schöpfung, doch korrigierte das der Autor, indem er hinzusetzte: »- der Kirche«. Für ihn ist nicht das All, sondern die Kirche Leib Christi!

[49] Anders *Luz*, Eph 124: »Nur im Vorübergehen macht er (der Autor des Epheserbriefs) eine Aussage über die Kirche, der das Handeln Gottes zugute kommt«. Doch sind V. 22 f. die Klimax des ganzen Abschnitts!

[50] Zu dieser wichtigen Unterscheidung der Relationen: Christus = *Herrscher-Haupt* über den *Kosmos*; Christus = *lebenspendendes Haupt* der *Kirche* als seines Leibes vgl. *Faust*, Pax a.a.O. (S. 13 Anm. 4) 46–54. Er spricht von »einer pointierten Verschränkung von kosmisch-despotischer und kirchlich-soteriologischer Hauptstellung Christi in Eph 1,22b–23a (47). Vgl. auch unten S. 80 Anm. 92.

Weltbild, das uns hier entgegentritt. Planeten und Gestirne sind nach unserer astrophysikalischen Sicht keine »Mächte und Gewalten«, und auch Gottes »Thronsaal«, in den Christus erhöht wurde, können wir nicht in einem räumlichen Jenseits lokalisieren. Ist damit unser Text »erledigt«? Keineswegs. Erstens wird auch er selbst die räumliche Vorstellung (»über alle Himmel«) als Bild für Gottes *absolute Jenseitigkeit* begriffen haben[51], aus welcher dieser von sich aus hervortritt, sich offenbart. Zweitens gehört der Epheserbrief zu den ganz wenigen Texten des Neuen Testaments, die ausdrücklich die Herausforderung angenommen haben, den Gottes- und Christusglauben auch am Weltbild ihrer Zeit zu *bewahrheiten*. Das tut er nicht, indem er Aufklärung betreibt: Was die Menschen als dämonische »Mächte und Gewalten« ansehen, das sind in Wahrheit nur zweckdienliche Elemente im wohlgeordneten Bau des Kosmos, Ausdruck der guten Schöpfung Gottes! Er entmythologisiert die Welt nicht, entdämonisiert oder entzaubert sie auch nicht, sondern unterstellt sie, wie sie tatsächlich erfahren wird, der Herrschaft Gottes und Christi. Damit bleibt er zwar hinter der kritischen Potenz des biblischen Schöpfungsglaubens zurück, nimmt dafür aber die Erfahrung seiner Zeitgenossen ernst. Er nimmt ihnen die Angst, die sie vor der Aggressivität jener »Mächte und Gewalten« erfüllt, indem er deren faktische Unterwerfung unter den inthronisierten Christus behauptet. Damit *bewahrheitet* er aber den Glauben angesichts des herrschenden Weltbilds, was unserer Generation in anderer Weise noch bevorsteht.

Denn nur zögernd tritt das ganze Ausmaß der von der Wissenschaft vollzogenen astrophysikalischen Revolution unserer Tage in das religiöse Bewusstsein der Christen ein. Was bedeutet es für den Glauben an den Schöpfergott, dass unser Sonnensystem nur ein Tropfen ist in einem unendlich sich dehnenden Weltall?[52] Muss das nicht Angst machen? Unser

---

[51] Vgl. auch den oben in S. 55 Anm. 40 zitierten Text aus Test XII Levi 3, der die gleiche Aussageintention verfolgt.
[52] Zur Information lese man *W. Wild,* Die Entstehung des Kosmos. Zum Erkenntnisstand der modernen Physik, in: J. Dorschner (Hg.), Der Kosmos als Schöpfung. Zum Stand des Gesprächs zwischen Naturwissenschaft und Theologie, Regensburg 1998, 15–41. Außerdem *G. Eder,* Evolution des Kosmos. neue Aspekte der Schöpfungsidee, ebd. 42–74.

Autor hat das Problem für sich erkannt, wenn er angesichts des menschlichen Schauderns vor den kosmischen Mächten dies als Anstoß begriffen hat, den Christus- und Gottesglauben auf seine Relevanz für derartige Erfahrungen hin zu befragen. Vermag der Schöpfungsglaube auch heute noch seine lebensweltliche Relevanz angesichts unserer Erfahrungen mit dem Kosmos zu erweisen?

Und ein Zweites sei zum Abschluss festgehalten: Unser Text enthält in Vers 18a das schöne Bild von den »erleuchteten Augen unseres Herzens«[53]. Gemeint ist eine *ganzheitliche* Erkenntnis Gottes durch den Menschen, der in seiner Personmitte, von Gottes Geist »erleuchtet«, die Wahrheit

---

[53] Diese Metapher ist platonischen Ursprungs (*Faust*, Pax, a.a.O. [S. 13 Anm. 4] 21f. So heißt es im Sophistes 254a: »Die Geistesaugen (ψυχῆς ὄμματα) der meisten sind in das Göttliche ausdauernd hineinzuschauen unvermögend«, oder im Symposion 219a: »Das Auge des Geistes (ἡ ... τῆς διανοίας ὄψις) fängt erst an scharf zu sehen, wenn das leibliche von seiner Schärfe schon verlieren will«. *Philo* von Alexandrien hat die Metapher übernommen: »Wie nämlich die Sonne bei ihrem Aufgang die Sterne unseren Augen verbirgt, indem sie die Fülle ihres Lichtes auf sie herabgießt, so kann das Auge der Seele (ψυχῆς καὶ ὀφθαλμοὶ καὶ ὦτα), wenn in ihm die unvermischten, reinen und weithin glänzenden geistigen Strahlen des lichtbringenden Gottes aufblitzen, nichts anderes mehr erblicken; denn sobald ihm einmal das Wissen des Seienden aufleuchtet, überstrahlt es alles so, dass es auch die Dinge verdunkelt, die an sich die hellsten schienen« (De ebrietate 44; vgl. auch De ebrietate 158; De migratione Abrahami 39.48; De mutatione nominum 3; De Abrahamo 70). Da der Mensch Gott nicht schauen kann (De mutatione nominum 7–9), er aber doch das Verlangen danach hat (De opificio mundi 71), ist es nach Philo Gott selbst, der in seiner Gnade dem Menschen sein »Auge der Seele« erhellt (*O. Schwankl*, Licht und Finsternis. Ein metaphorisches Paradigma in den johanneischen Schriften [HBS 5], Freiburg 1995, 70). Im *Corpus Hermeticum* wechselt die Rede von den »Augen des *Herzens*« (οἱ τῆς καρδίας ὀφθαλμοί: IV 11; VII 1) mit der vom »Auge des *Geistes*« (ὁ τοῦ νοῦ ὀφθαλμός: V 2; X 4; XIII 14.17) ab, was auch in der Anthropologie des hellenistischen Judentums möglich ist. Aus der frühchristlichen Literatur vgl. man 1 Clem 36,2: »Durch diesen (Jesus Christus) blicken wir auf zu den Höhen der Himmel, durch diesen schauen wir in einem Spiegel sein (= Gottes) untadeliges und allerhöchstes Antlitz, durch diesen wurden die Augen unseres Herzens (οἱ ὀφθαλμοὶ τῆς καρδίας) geöffnet ...« (vgl. auch 1Clem 59,3). *Schlier*, Eph 80 Anm. 1, meint, »bei der Erleuchtung der Herzen« sei »an den Augenblick der Bekehrung bzw. der Taufe gedacht«; vgl. die Licht-Metaphorik in Eph 5,8–14.

ergreift. Das erinnert an Blaise Pascal und sein Wort: »Das Herz hat seine Gründe, die die Vernunft nicht erkennt, das erfährt man in tausend Fällen« (Pensées Frg. 277).

Exkurs: Planeten, Gestirne und andere kosmische Mächte Auf dem Weg zu einer »Schöpfungsfrömmigkeit«?

Den Glauben an den einzigen Gott, »der das All geschaffen hat« (3,9), teilt unser Autor mit der biblisch-frühjüdischen Tradition. Er beinhaltet für ihn, dass *alles*, ausnahmslos alles (also auch die »Mächte und Gewalten«, von denen in unmittelbarer Nachbarschaft zu 3,9 [in 3,10] die Rede ist), dem Schöpfergott sein Dasein verdankt[54]. Er ist der absolute Seinsgrund alles Wirklichen, dieses ist als das Geschaffene von ihm, dem Schöpfer, zu unterscheiden.

Freilich erfahren die Menschen nach unserem Schreiben die Welt anders, nicht als unter der Herrschaft des einzigen Gottes stehend, sondern als in sich zerrissen, befehligt von einer Vielzahl widergöttlicher Mächte[55]. So bedarf die Welt des befreienden Hoheitsaktes, den 1,10b programmatisch die »Zusammenfassung des Alls« durch Gott unter dem einen Haupt Christus nennt. Dass sich dies in der Erhöhung

---

[54] Auslegungsgeschichtlich interessant ist die möglicherweise auf die Bibel *Marcions* (ungefähr 85–160 n. Chr.) zurückgehende Textvariante zu Eph 3,9, nach der durch Streichung nur eines winzigen Wörtleins (»in«) ein völlig neuer, dem Urtext konträrer Sinn herauskommt: »das Geheimnis (Christi), das seit ewigen Zeiten [in] *dem Gott* verborgen war, der das All geschaffen hat, damit jetzt ... durch die Kirche die vielfältige Weisheit kundgetan werde« (vgl. U. Schmid, Marcion und sein Apostolos. Rekonstruktion und historische Einordnung der marcionitischen Paulusbriefausgabe, Berlin-New York 1995, 112f.). Danach gibt es *zwei* göttliche Prinzipien: den bösen Schöpfergott, den Demiurgen, auf den alle Zerrissenheit dieser Welt, die Kriege und jegliches Leid zurückgehen, und den verborgenen guten Gott der Liebe, der erst in Christus durch die Kirche der Welt kundgetan wird. Ein solcher Dualismus, der den Schöpfergott des Alten Testaments samt seiner Urkunde, der heiligen Schrift, dämonisiert, ist trotz der Zurückweisung der Bibel des Marcion durch die Kirche nicht wirkungslos geblieben.

[55] Wie es dazu gekommen ist, sagt unser Schreiben nicht; einen urgeschichtlichen Mythos erzählt es nicht, es geht vom faktischen Ist-Zustand der Welt aus.

Christi an Ostern vollzieht, ist die Glaubensüberzeugung unseres Autors. Den alten Credo-Satz von der Erhöhung Christi spricht er also nicht einfach nur nach, sondern setzt ihn seiner weltanschaulichen Erfahrung aus, sucht ihn an dieser zu *bewahrheiten*. Allerdings gilt er dann in solch perspektivischer Beleuchtung auch nur in diesem Zeitkontext. Die Relevanz, die er ihm zuspricht, ist zeitbedingt, nicht zeitenthoben.

Wenn wir heute in analoger Weise dazu aufgerufen sind, die Glaubenssätze des Credo zu bewahrheiten, dann kann es dem entsprechend auch nur darum gehen, ihre *Relevanz im Kontext unserer* Weltsicht aufzuzeigen. Den Glaubenssatz vom Schöpfergott (3,9) zu bewahrheiten kann deshalb niemals heißen, seine Wahrheit auf dem Weg naturwissenschaftlicher Erkenntnisse nachweisen zu wollen, was schon aufgrund der Verschiedenartigkeit der beiden Erkenntniszugänge zur Wirklichkeit, des naturwissenschaftlichen und des religiösen, völlig ausgeschlossen ist. Vielmehr geht es bei solcher Bewahrheitung des Schöpfungsglaubens lediglich darum, die Konsequenzen, die er für unser Wirklichkeitsverständnis bereit hält, aufzudecken und zu sagen, was er an Sinnpotential für eine religiöse Daseinsorientierung in sich birgt. Nur so wird man dem Anspruch des Glaubens gerecht, der an der Wirklichkeit als ganzer bewährt werden will.

Nun ist Letzteres gewiss Aufgabe des Theologen[56], der bereit sein muss, jedem Rede und Antwort zu stehen, der von ihm Rechenschaft über den Glauben verlangt (vgl. 1 Petr 3,15). Dennoch vollzieht sich Ähnliches schon in jedem reflexen, seiner selbst bewussten Glaubensvollzug. Menschen unterschiedlichster Herkunft, Kultur, Zeit und Bildung haben angesichts der sie herausfordernden Wirklichkeit ihren Glauben an den Schöpfergott immer schon im Vollzug zu bewahrheiten gesucht. Das möchten zwei Gebetstexte zeigen, die beide aus der Heiligen Schrift schöp-

---

[56] Zur fundamentaltheologischen Grundlegung einer Schöpfungslehre lese man den brillanten Beitrag von *M. Seckler*, Was heißt eigentlich ›Schöpfung‹? Zugleich ein Beitrag zum Dialog zwischen Theologie und Naturwissenschaft, in: *J. Dorschner*, Kosmos, a.a.O. (S. 59 Anm. 52) 174–213 (= ThQ 177 [1997] 161–188).

fen, aber dennoch, je auf ihre Weise, in ihre eigene Gegenwart hineinsprechen. Beim ersten Text handelt es sich um das *Wessobrunner Gebet* aus der Zeit um 800 bzw. der späten Agilolfingerzeit, wahrscheinlich entstanden im Kloster St. Michael/Staffelsee, aufbewahrt in einer Handschrift des Wessobrunner Klosters, die im Jahre 814 abgeschlossen wurde. Es ist das erste christliche Gedicht in althochdeutscher Sprache[57], das uns erhalten geblieben ist[58]. In der Übertragung lautet es:

Etwas vom Dichter (De Poeta)

Das erfuhr ich bei den Menschen als das erstaunlichste Wissen[59]:
dass die Erde nicht war noch das Firmament,
weder Baum [hier fehlt ein Wort] noch Berg,
kein [fehlt wahrscheinlich: Stern] und auch die Sonne nicht schien,
noch der Mond leuchtete und auch das herrliche Meer nicht war.
Als da nichts existierte an Enden und Wenden,
da war der eine allmächtige Gott,
das freigiebigste aller Wesen (manno miltisto)[60]
und bei ihm waren viele herrliche (gute) Geister.
Und Gott [ist?] heilig.

Gott, allmächtiger, der Du Himmel und Erde erschaffen und den Menschen so viel Gutes gegeben hast, gewähre mir in deiner Güte rechten Glauben und guten Willen, Weisheit und Klugheit und

[57] Lateinisch ist die Überschrift sowie das Schlussgebet (ab »Gott, allmächtiger..«).
[58] Erste Informationen bietet *H. Pörnbacher*, Das Wessobrunner Gebet, Lindenberg 1998 (mit dem althochdeutschen Text, Übersetzungen, Erklärungen und der Angabe wichtiger weiterführender Literatur).
[59] »Das *Wessobrunner Gebet* hat ein Mönch verfasst. Wer sonst wäre dazu in der Lage gewesen? Und vermutlich sollte das Gedicht der Mission dienen«. »Die erste Zeile, die aufhorchen lässt und neugierig macht auf ›das größte Wunder‹, legt diese Vermutung nahe. Ein solcher Paukenschlag als Hinführung wäre, diente der Text der ›Privatfrömmigkeit‹, kaum sinnvoll. Auch das Gebet am Ende des Textes legt die Verwendung für die Katechese, für die Mission nahe« (*Pörnbacher*, a.a.O. [Anm. 58] 8). An biblischen Vorlagen kommen in Frage: Ps 90,2; Spr 8,22–31.
[60] Als Wesensmerkmal Gottes wird hier die *milte* genannt, »das ist die Freigebigkeit als fürstliche Tugend, die geradezu grenzenlos ist: ›*manno miltisto*‹ – das freigebigste aller (geistbegabten) Wesen. Hier spürt der moderne Leser, wie sich der Dichter bemüht, verständlich zu sein« (*Pörnbacher*, a.a.O. [Anm. 58] 26).

Kraft, dem Teufel zu widerstehen und das Böse zu meiden und
Deinen Willen zu tun.

Wer seine Sünden nicht bereuen will, der kommt dort hin, wo sie
ihn nicht mehr freuen können und sie ihn nicht länger erröten lassen.

Das zweite Zeugnis stammt aus der Feder von *Johannes
Kepler* (1571–1630). Es ist der große Schlusshymnus aus seinem astronomischen Werk *Mysterium Cosmographicum*
(1596), in dem er Fragen nach Zahl, Größe und Bewegung
der Planetenbahnen behandelt. Es ist beeindruckend, »wie
der von seinem religiösen Schöpfungsglauben durchdrungene Kepler in die Darlegung seiner astronomischen Erkenntnisse wieder und wieder den Lobpreis des Schöpfers und der
Schöpfung eingeflochten hat«[61], und damit auch sein Werk
krönt. Der lateinische Hymnus lautet in deutscher Übersetzung[62]:

GOTT, du Schöpfer der Welt, unser aller ewiger Herrscher!
Laut erschallet dein Lob ringsum durch die Weite der Erde.
Groß fürwahr ist dein Ruhm; er rauschet mit mächtigen Schwingen
durch den herrlichen Bau des ausgebreiteten Himmels.
Schon das Kind verkündet dein Lob; mit lallender Zunge,
satt der Brust seiner Mutter, stammelt es, was du ihm eingibst.
Beugt durch die Kraft seiner Rede den trotzigen Stolz deines Feindes, der Verachtung hegt gegen dich, gegen Recht und Gesetze.

Ich aber suche die Spur deines Geistes draußen im Weltall,
schaue verzückt die Pracht des mächtigen Himmelsgebäudes,
dieses kunstvolle Werk, deiner Allmacht herrliche Wunder.

---

[61] *Seckler*, Schöpfung, a.a.O. (S. 62 Anm. 56) 205. Kepler »bekundet nicht
nur fromme Empfindungen aus einer vagen religiösen Anschauung des
Universums heraus, sondern die Inhalte seiner Wissenschaft sind ihm
zugleich Inhalte einer Glaubenserfahrung. Es handelt sich bei seinem
Schöpfungsglauben um eine durch die Wissenschaft gegenständlich vermittelte Wahrnehmung der göttlichen Mathematik und Physik des Universums ...«.

[62] *Johannes Kepler*, Mysterium Cosmographicum – Das Weltgeheimnis
(übersetzt und eingeleitet von M. Caspar), Augsburg 1923. Der Grundriss des Hymnus ist Ps 8; ihn hat *Kepler* regelrecht neugeschrieben.

Schaue, wie du nach fünffacher Norm die Bahnen gesetzt hast[63],
mitten darin, um Leben und Licht zu spenden, die Sonne.
Schaue, nach welchem Gesetz sie regelt den Umlauf der Sterne,
wie der Mond seine Wechsel vollzieht, welche Arbeit er leistet,
wie du Millionen von Sternen ausstreust auf das Himmels Gefilde.
  Schöpfer der Welt!
Wie vermochte der Mensch aus Adams Geschlechte,
er, der so arm und niedrig, bewohnt die winzige Scholle,
dich zu zwingen, auf dass du dich kümmerst um all seine Sorgen?
Ohne Verdienst ist er; du hebst ihn empor in die Höhe
über der Engel Geschlecht und schenkst ihm Ehre um Ehre,
krönst sein herrliches Haupt mit strahlender Krone,
König soll er sein über alles, was du gemacht hast.
Was zu Häupten ihm ist, die beweglichen Bahnen des Himmels,
seinem Geist unterwirfst du sie. Was die Erde hervorbringt,
Vieh, geschaffen zur Arbeit, bestimmt zum dampfenden Hausherd,
alles andere Getier, das die dunkeln Wälder bewohnet,
alles, was in der Luft mit leichtem Flug sich beweget,
was in den Fluten des Meers und der Flüsse sich tummelt, die Fische,
alles soll er mit Macht und Gewalt regieren, beherrschen.

GOTT, du Schöpfer der Welt, unser aller ewiger Herrscher!
Laut erschallet dein Lob ringsum durch die Weite der Erde!

3. Erinnerung an die Taufe
Frei vom Sog des Zeitgeists (2,1–10)

1a Und *euch*,
1b die ihr tot wart durch eure Übertretungen und Sünden,
2a in denen ihr einst *wandeltet*
2b gemäß dem Äon (= Zeitgott) dieser Welt,
2c gemäß dem Herrscher im Machtbereich der Luft,
2d[1] dem Geist,

---

[63] Hier nimmt Kepler seine eigene Erklärung des Planetensystems in den Hymnus auf. Auf die Frage, wie sich die Abstände der sechs Planetenbahnen (von Merkur, Venus, Mars, Jupiter, Saturn, Erde) zueinander erklären, antwortete er mit seiner Theorie der fünf regelmäßigen Körper, die sich ergeben, wenn man die fünf Zwischenräume der zu Kugelschalen ergänzten Planetenbahnen errechnet (vgl. *M. Lemcke,* Johannes Kepler [rowohlts monographien 129], Reinbek 1995, 33–37).

2d² der jetzt noch in den Söhnen des Ungehorsams wirkt,
3a – unter denen haben *auch wir alle* einst gelebt in den Begierden unseres Fleisches,
3b als wir die Willen(sregungen) des Fleisches und der Gedanken vollführten,
3c und waren von Natur Kinder des Zorns wie auch die übrigen;

4a *Gott* aber,
4b der reich ist an Erbarmen,
4c¹ wegen seiner großen Liebe,
4c² mit der er uns liebte,
5a¹ hat nun *uns*,
5a² die wir tot waren durch Übertretungen,
5a³ zusammen mit Christus lebendig gemacht
5b – durch Gnade seid *ihr* gerettet! –
6a und zusammen auferweckt
6b und zusammen den Thron besteigen lassen in den himmlischen Bereichen in Christus Jesus,
7 damit er in den herankommenden Äonen (= Zeiten) den überragenden Reichtum seiner Gnade erweise durch Güte gegen *uns* in Christus Jesus.

8a Denn durch die Gnade seid *ihr* gerettet durch den Glauben;
8b¹ und das nicht aus euch,
8b² von Gott (ist) das Geschenk,
9a nicht aus Werken,
9b damit niemand sich rühme;
10a denn sein Gebilde sind wir,
10b geschaffen in Christus Jesus zu guten Werken,
10c die Gott im Voraus bereitet hat,
10d damit wir in ihnen *wandeln*.

A. *Form und Aufbau des Textes:* Schon der *Aufbau* unseres Abschnitts ist von einem einzigen Gedanken beherrscht: Was für ein Dasein habt ihr einst als Heiden fristen müssen, sagt unser Autor seinen Adressaten, aber was für heilvolle Lebensaussichten hat die Konversion zur Kirche Christi euch jetzt eröffnet! Welch ein Kontrast von Tod (1b.5a²) und

Leben (5a³), von Dunkel und Hell (vgl. 5,8: »denn einst wart ihr Finsternis, jetzt aber [seid] ihr Licht im Herrn«)! Rufen die *Verse 1–3* die negative Seite der vorchristlichen Existenz in Erinnerung, so sind die *Verse 4–7* dem Gedächtnis dessen gewidmet, was Gott in Christus an den Getauften voll Erbarmen gewirkt hat. Somit verfolgt unser Text *ein* Ziel: Die Hörer und Hörerinnen möchten ihr Leben von der entscheidenden *Kehre* her begreifen, die ihre Taufe bedeutet, es im Licht der mit ihr verbundenen *Wende* vom Tod zum Leben sehen, die allein Gott möglich gemacht hat (4a: »Gott aber«!).

Angesprochen sind folglich ehemalige Konvertiten, die nicht einfach nur Weltanschauung gegen Weltanschauung getauscht haben wie ein altes gegen ein neues Gewand, sondern mit ihrer Konversion doch wohl auch einschneidende soziale Folgen in Kauf genommen, also einen tatsächlichen *Ortswechsel* in ihrem Leben vollzogen haben. Vielleicht erklärt sich von daher ein wenig die uns störende Schwarz-Weiß-Malerei, mit der hier und andernorts im Epheserbrief, vor allem in seiner zweiten Hälfte (vgl. 4,17; 5,6ff.15), der Lebensstil der Christen den »finsteren« Machenschaften der Heiden (5,11), die alle »Söhne des Ungehorsams« (2,2) sind, schroff entgegengesetzt wird. Wer so redet, verfolgt das Ziel, Konvertiten in ihrer einmal getroffenen Entscheidung zu bestärken und ihnen Mut zu machen, ihren Glaubensweg fortzusetzen. Allerdings schöpft das die Tiefe des Textes noch nicht aus.

Dieser spricht nämlich weder von Entscheidungen des Menschen noch von Konversion und Taufe[64], sondern legt alles Gewicht darauf, dass *Gott* jenen Ortswechsel erwirkt und

---

[64] Die Selbstverständlichkeit, mit der die Kommentatoren Eph 2,4–6 auf die *Taufe* beziehen, verstellt den Blick auf eine Besonderheit des Textes, die schon dadurch angezeigt wird, dass unser Autor den ausdrücklichen Bezug auf die Taufe Kol 2,12 (συνταφέντες αὐτῷ ἐν τῷ βαπτισμῷ) nicht übernommen hat: Er denkt nicht von der Taufe der Glaubenden, sondern von der österlichen Erhöhung *Christi* her, in die er die Gläubigen (durch die Taufe) einbezogen sieht. Mit anderen Worten: Vor jeder »Tauflehre« (so aber *R. Schnackenburg*, »Er hat uns mitauferweckt«. Zur Tauflehre des Epheserbriefes: LJ 2 [1952] 159–183) interessiert er sich für die *Christologie*, als deren Implikation er die sakramentale Einbeziehung der Glaubenden begreift.

vollzogen hat⁶⁵. Dabei überträgt er jetzt das Christusbekenntnis von 1,20f. Schritt für Schritt auf die Glaubenden: »er hat uns *Tote* ... mit Christus *lebendig gemacht*« (5a) – er hat uns mit [ihm] *auferweckt*« (6a) – »er hat uns mit [ihm] in den himmlischen Bereichen *auf den Thron gesetzt*« (6b). Mit anderen Worten: Was der Autor in 1,20–23 erst angedeutet hat, das führt er jetzt aus. Er zeigt, *dass* und *wie* die Glaubenden selbst im Christusbekenntnis vorkommen, dass dieses auch von ihnen gilt – »in Christus«!

Auffällig ist dabei der Zwischenruf Vers 5b: »durch Gnade seid *ihr* gerettet!«, mit dem der Autor seine Übertragung des Credo von 1,20f. auf die Glaubenden (»uns«) unterbricht. Warum wendet er sich hier unmittelbar an seine Adressaten? Dass es damit eine besondere Bewandtnis hat, lässt der *Nachtrag* der *Verse 8–10* vermuten, der jenen Zwischenruf Vers 5b wörtlich aufgreift, um ihn dann unter Zuhilfenahme von Parolen aus der paulinischen Rechtfertigungslehre⁶⁶ zu

---

[65] Das entspricht im Übrigen auch jüdischem Denken, wie man sehr schön am Roman *Joseph und Aseneth* ersehen kann. Dort lässt der Autor seinen Joseph folgendermaßen um Konversion und Aufnahme der Aseneth in das Gottesvolk beten:
»Herr, der Gott meines Vaters Israel,
der Höchste, der Starke Jakobs,
der (da) lebendigmachte die (Dinge) alle
und rief von der Finsternis in das Licht
und von dem Irrtum in die Wahrheit
und von dem Tode in das Leben,
du, Herr, segne diese Jungfrau,
und *wiedererneuere sie (mit) deinem Geiste,*
und wiederforme sie (mit) deiner Hand der verborgenen,
und wiederlebendigmache sie (mit) deinem Leben,
und sie esse Brot deines Lebens
und trinke Kelch deines Segens,
und zähle dazu sie deiner Nation,
die du auserwähltest,
bevor wurden die (Dinge) alle,
und sie gehe hinein in deine Ruhe,
die du bereitetest deinen Auserwählten,
und sie lebe in deinem ewigen Leben in die Ewigkeit–Zeit«
(Joseph und Asenet 8,10).
Dieses Gebet dokumentiert, wie verbreitet es war, die Konversion von Heiden zum Gottesvolk als *Neuschöpfung* durch *Gott* zu begreifen.

[66] Vgl. Gal 2,16; Röm 3,27f.; 11,18. Des näheren vgl. *M. Theobald*, Der Kanon von der Rechtfertigung (Gal 2,16; Röm 3,28) – Eigentum des

erläutern[67]: »aus Glauben« – »nicht aus Werken« – »damit sich niemand rühmt (das heißt: sich über andere erhebt)!« Auch diese Vertiefung in den Versen 8f. richtet sich ausdrücklich an die Adressaten (8a: »denn durch Gnade seid *ihr* gerettet«; 8b: »und das *nicht* aus *euch*«). Sollte unser Autor hier seine Hörer und Hörerinnen als ehemalige *Heiden* ansprechen, von denen er erwartet, dass sie sich nicht über ihre *jüdischen* Mitchristen in der Kirche erheben (9b: »sich rühmen«)? Das wird in der Tat schon durch die erste Hälfte unseres Textes (1–3) nahegelegt, wo der Autor gleichfalls seine Adressaten an ihre *heidnische* Vergangenheit erinnert (1f.), gleichzeitig aber festhält, dass »wir *alle*« (3a), also Juden *und* Heiden, einem verfehlten Leben verfallen waren, niemand sich also aus der »Solidarität« der Sünder hinwegschleichen kann.

Eine letzte Besonderheit unseres Textes sei genannt. In antiker Literatur findet sich oft das Stilmittel, einen Abschnitt mit Hilfe eines bestimmten Signalworts zu *rahmen* (= inclusio). Das hat den Zweck, die Hörer und Leser des Textes auf

---

Paulus oder Gemeingut der Kirche? in: T. Söding (Hg.), Worum geht es in der Rechtfertigungslehre? Das biblische Fundament der »Gemeinsamen Erklärung« von Katholischer Kirche und Lutherischem Weltbund (QD 180), Freiburg 1999, 131–192: 174–177. Dass der Autor des Epheserbriefs von »Werken«, und nicht mehr spezifisch von »Werken des *Gesetzes*« (wie Paulus) spricht, liegt m. E. daran, dass er hier *Heiden*christen im Blick hat, nicht aber (wie Paulus) *Juden*christen, denen bedeutet werden musste, dass heidnischen Konvertiten keine »Gesetzeswerke« aufzuerlegen seien; dieses Problem ist zur Zeit des Epheserbrief längst gelöst. Wie man sagen kann: »Im Epheserbrief ist zwar das *sola gratia* aufrechterhalten, aber seine polemische Funktion als Krisis aller menschlicher Selbstansprüche ist verkürzt und in den Antithesen der V. 8f. nur noch rudimentär sichtbar« (so *U. Luz*, Rechtfertigung bei den Paulusschülern, in: J. Friedrich/W. Pöhlmann/ P. Stuhlmacher [Hg.], Rechtfertigung [FS E. Käsemann], Tübingen 1976, 365–383, 375), ist mir unerklärlich; denn unser Autor wendet sich hier doch unter Benutzung der paulinischen Formeln kritisch gegen heidnische »Selbstansprüche«, die angesichts des Evangeliums zerschellen.

[67] Das spricht im Übrigen entschieden gegen die Annahme von *H. Hübner*, Glossen in Epheser 2, in: Vom Urchristentum zu Jesus (FS J. Gnilka), Freiburg 1989, 392–406, bei jenem Zwischenruf V. 5b und seiner Wiederaufnahme in V. 8 handle es sich um Glossen eines Redaktors. Vielmehr sind die Parolen der paulinischen Rechtfertigungslehre hier sehr gezielt in die Situation der heidenchristlichen Adressaten hineingesprochen.

sein Thema aufmerksam zu machen. Diese Technik kommt auch hier zum Einsatz. Das Signalwort lautet: »wandeln« (2a/10d). Thema unserer Verse ist also: Entweder in Sünden wandeln oder in guten Werken![68] Wie Letzteres gelingen kann, das führt unser Autor in den dazwischenliegenden Versen aus.

B. *Inhalt und Auslegung des Textes:* Nur wer Liebe und Glück selbst erfahren hat, kann ermessen, was für ein Leben der führt, der dies alles entbehren muss. Aus einem ähnlichen Kontrast lebt *Eph 2,1–10*: Nur weil die hier angesprochenen Christen Gottes »große Liebe« (4c) in der Kirche selbst erfahren haben, können sie rückblickend nachvollziehen, was der Autor über ihr vorchristliches, heidnisches Dasein in Vers 1f. ausführt: Gemessen an ihrer gegenwärtigen Lage waren sie damals bei lebendigem Leibe »*tot*« (1b.5a^2)! Ihre »Verfehlungen und Sünden« (1b), zum Beispiel Habgier (4,19; 5,3) oder Unwahrhaftigkeit (4,25)[69], waren ihnen nicht äußerlich geblieben, sondern hatten sie in ihrer Personmitte behaftet und diese verändert: Sie waren nicht mehr Herren ihrer selbst, sondern wurden von ihren Begierden getrieben. Solchen Verfall menschlicher Freiheit nennt der Autor *Tod*. Beschreibt er diesen Zustand in Vers 2 aus *mythologischer* Sicht, so stellt er dem in Vers 3 eine *anthropologische* Deutung zur Seite. Beides ist für uns heute nicht mehr unmittelbar nachvollziehbar und bedarf deshalb der Erklärung.

Nach Vers 2 steht ein sündiger Lebenswandel im Einflussbereich böser Mächte. Was unser Autor mit »Äon dieser Welt« (2b) verbindet, ist nicht sicher zu sagen. Meint er, die Adressaten hätten als Heiden einst »dem *Zeitgeist* dieser Welt gemäß« gelebt[70], oder denkt er an die personifizierte

---

[68] Wenn dieses Stichwort in Eph 4–6 zum ethischen Leitwort wird (4,1.17; 5,1.15), dann zeigt das, wie gezielt der Autor den ersten Briefteil im Blick auf den zweiten hin angelegt hat.

[69] Der Autor spricht von »Sünden« in der *Mehrzahl*, Paulus dagegen lieber von der »Sünde« in der *Einzahl*, um ihrem Machtcharakter Ausdruck zu verleihen.

[70] *Mußner*, Eph 59, erklärt die Wendung vom apokalyptischen Sprachgebrauch her (dieser Äon – der kommende Äon): »›Äon‹ behält also hier durchaus seinen zeitlichen Sinn und ist nicht identisch mit dem ›Fürsten der Luftmacht‹«.

Gestalt des *Äon*, den Ewigkeits-Gott, der in der Antike verschiedentlich verehrt wurde, zum Beispiel im Mithraskult unter dem Bild eines löwenköpfigen Gottes, der von einer Schlange umwunden war?[71] Sollte Letzteres der Fall sein, dann hätte er ihn mit der anschließend in Vers 2c genannten satanischen Gestalt des »Herrschers« identifiziert, dessen »Machtbereich« die »Luft« ist; von dort aus treibt dieser sein Unwesen, wo auch die in 1,21; 3,10; 6,12 genannten »Mächte und Gewalten« agieren[72]. Man hat den Eindruck, unser Autor hat alle diese bösen Geister und planetarischen Kräfte hier geballt in dem einen satanischen »Herrscher« verkörpert gesehen. Dessen Unheimlichkeit besteht darin, dass die »Söhne des Ungehorsams« nicht umhin kommen, ihn als den »Herrscher der Luft« gleichsam einzuatmen; als »Geist« dringt er in sie ein und entfaltet in ihnen seine Wirksamkeit (Vers 2d)[73]. Was solche uns fremde *mythologische* Sprache zum Ausdruck bringen will, ist letztlich nichts anderes als jenes »rätselhafte Phänomen eines über dem einzelnen Menschen stehenden, ihn in seiner Handlungsfähigkeit ein-

---

[71] So *Schlier*, Eph 102, und zuletzt *Hübner*, Eph 158f. (»Religionsgeschichtlicher Exkurs: Der Aion und der Herrscher des Machtbereichs der Luft«). Außerdem vgl. G. *Zuntz*, Aion. Gott des Römerreichs: AHAW.PH 2/1989, Heidelberg 1989; C. *Markschies*, Valentinus Gnosticus? Untersuchungen zur valentinischen Gnosis mit einem Kommentar zu den Fragmenten Valentins (WUNT 65), Tübingen 1992, 157–164 (»Exkurs: Zeitgenössische Aion-Vorstellungen und Valentins Aion-Begriff«); *Faust*, Pax, a.a.O. (S. 13 Anm. 4) 469.

[72] Auch nach *Philo*, De gigantibus 7f., ist »die Luft von Lebewesen angefüllt«. »Diese aber sind für uns unsichtbar, da ja auch die Luft selbst für die Sinneswahrnehmung nicht sichtbar ist.« »Es muss nämlich der Kosmos durch und durch beseelt sein, indem ein jeder der ersten und elementaren Teile die ihm eigentümlichen und zukommenden Lebewesen umfasst, *die Erde* die Landtiere, *Meere und Flüsse* die Wassertiere, *das Feuer* die Feuergeborenen – es heißt aber, dass diese hauptsächlich in Makedonien vorkommen –, und der *Himmel* die Sterne. Denn diese sind Seelen, durch und durch rein und göttlich, weshalb sie auch im Kreise, der dem Geiste angemessensten Bewegung, bewegt werden; denn jeder (Stern) ist ganz reiner Geist«. Vgl. auch De plantatione 14; De specialibus legibus I 66; 2,45; De somniis I 140ff.

[73] Eph 2,2d besonders nahe steht eine Formulierung aus den Qumran-Schriften, nämlich 1 QS 3,20f.: »In der Hand des Engels der Finsternis liegt alle Herrschaft über die Söhne des Unrechts ...«.

schränkenden und niederzwingenden Verhängnisses des Bösen«[74].

Was Vers 2 aus mythologischer Sicht sagt, das übersetzt Vers 3 in eine *anthropologische* Sprache: »Einst lebten wir in den Begierden unseres Fleisches, das heißt: wir sind den Willensregungen (heute würden wir sagen: den *Trieben*) des Fleisches und der Gedanken willfährig gewesen« (3a.b). »Fleisch« meint hier den Menschen als sündiges, hinfälliges Wesen, wobei es wichtig ist, dass unser Autor über Vers 3a hinaus in Vers 3b eigens auch die »Gedanken« miteinbezieht: Eine Abwertung des Leiblichen liegt ihm völlig fern[75]. Im Übrigen beachte man, wie in die Formulierung von Vers 3b beides eingegangen ist: die Macht der Triebe, die *versklaven*, und das Tun der Menschen, die sich von ihnen *versklaven lassen*. Kurzum: wir alle waren »von Natur«, und das heißt: nicht nur hier und da, sondern grundsätzlich Sünder und als solche dem Zorn (Gottes) verfallen (3c)[76].

Auf diesem dunklen Hintergrund leuchtet dann das Bekenntnis von Vers 4–7 um so heller: In seiner übergroßen Liebe, mit der er seinen »Zorn« gegen uns zudeckt, hat Gott uns aus jenem Tod der Versklavung an die Mächte des Bösen mit Christus auferweckt[77] und uns zusammen mit ihm den

---

[74] *Schnackenburg*, Eph 91.

[75] An sich steht der biblisch-frühjüdische Begriff des »Fleisches« (V. 3a) wie bei Paulus (vgl. etwa Röm 7,14.18; 8,3–9) für den *ganzen* Menschen in seiner Endlichkeit und Verfallenheit an die Sünde, weshalb es aufhorchen lässt, dass er in V. 3b noch einmal wiederholt und dort mit dem Begriff »Gedanken« gepaart wird. Möglicherweise sah der Autor sich genötigt, den ihm überkommenen *biblischen* Begriff in eine stärker *griechisch* empfundene Wendung zu übersetzen (Fleisch [= Leiblichkeit] + Gedanken [Geist]), um der Radikalität, mit welcher die Menschen dem Bösen verfallen sind, unmissverständlich Ausdruck zu verleihen.

[76] Neben Röm 5,12 hat auch Eph 2,3c (»und wir waren von *Natur* Kinder des Zorns«) zur späteren Entwicklung einer »Erbsündenlehre« beigetragen. In diesem Sinne zeichnet *J. Mehlmann*, Natura Filii Irae. Historia interpretationis Eph 2,3 eiusque cum doctrina de Peccato Originali nexus, Rom 1957, die Auslegungsgeschichte dieses Verses nach. Im heutigen Verständnishorizont gibt es durchaus andere und neue Möglichkeiten, Eph 2,3 gerecht zu werden (vgl. unten die Überlegungen in Teil C mit S. 74 Anm. 80).

[77] Verbunden ist hier der Gedanke der »Auferweckung« mit der Vorstellung von der »*Neuschöpfung*« (vgl. oben S. 68 Anm. 65): »Er hat uns *lebendig gemacht*« (V. 5a³), »wir sind sein *Gebilde, geschaffen* zu guten Werken« (V. 10a.b).

Thron im Himmel besteigen lassen. Bei dieser 1,20f. aufnehmenden Aussage darf man mithören, dass wir so auch über die »Mächte und Gewalten« erhöht, also ihrem schädlichen Einfluss entnommen wurden. Vielleicht verstehen wir jetzt besser, was diese merkwürdige Bildsprache der »Ortsveränderung«, die uns schon bei 1,3 aufgefallen war, an Glaubenserfahrung vermitteln will: Mit Christus in die himmlischen Bereiche auferweckt sein heißt: aufatmen dürfen, keine Angst mehr vor den Mächten und Gewalten dieser Erde haben, in den Freiheitsraum Gottes versetzt sein. Dabei ist das alles andere als nur eine Frage von Hoch-Stimmung. Es geht um gelingendes Leben! So wie der »Wandel« im Einflussbereich der bösen Mächte ein »Wandel« in Sünden und Übertretungen war, so erweist sich jetzt umgekehrt das Versetzt-Sein in den Himmel als ein ethisch *glückendes* Leben (10). Dabei achte man auf die paradoxe Formulierung von Vers 10c: Gott hat die »guten Werke« *im Voraus bereitet*, wir brauchen in unserem Lebenswandel nur in sie einzutreten[78]. Das heißt: Es gibt jetzt keine Leistungsmoral mehr, alles Angestrengte einer Sollens- oder Pflichtethik sei fern! Wer in den Heilsbereich der Liebe Gottes versetzt ist – nicht aufgrund eigener Werke, sondern allein durch Gottes Gnade –, der kann nicht anders, als auch selbst ein Liebender zu sein[79].

Da alle in der Kirche aus Gottes Gnade leben, darf auch niemand mehr sich über den anderen im »Selbstruhm« erheben (9b). Wahrscheinlich ist das mit Bedacht den *heiden*christlichen Adressaten des Schreibens gesagt, die wohl versucht waren, auf die *jüdische* Minderheit in den Gemeinden Kleinasiens hochmütig herabzuschauen. Der Gefahr eines solchen Antijudaismus in einer immer stärker heidenchristlich geprägten Kirche wird unser Autor dann im nächsten

---

[78] »Neuschöpfung« des Menschen in Christus darf also nicht auf eine folgenlose ontologische Aussage reduziert werden, sondern meint im Sinne des Autors die Setzung einer Wirklichkeit von Gott her, wie sie jederzeit im Gut-Sein der Glaubenden ethisch greifbar und erfahrbar werden kann.

[79] In Eph 2,4–10 wird also die ethische Unterweisung des zweiten Briefteils theologisch grundgelegt. Das darf man bei deren Deutung zu keinem Zeitpunkt vergessen, sonst gerät sie ins schiefe Licht einer Moralpredigt.

Text, 2,11–21, mit theologischen Argumenten ausdrücklich zu begegnen suchen.

C. *Bedeutung und Fragen für heute:* Unser zunächst sehr fremd anmutender Abschnitt lässt sich durchaus ins Heute übersetzen. Faszinierend ist seine Rede vom »Ewigkeits-Gott« (2b). Huldigen auch wir nicht dem Zeit-Gott, das heißt: erliegen dem Konformitätsdruck der Welt, dem so genannten Zeit-Geist, der alles beherrscht?[80] »Der mythologische ›Nebel‹ [von V. 2] löst sich auf, wenn man für die antiken, weltbildlichen Anschauungen moderne Begriffe wie ›Atmosphäre‹ einsetzt, die sich in ihrer nihilistischen und zersetzenden Tendenz der christlichen Gemeinde entgegenstellt«[81]. Solcher »Atmosphäre« gegenüber macht der Glaube immun: Er bildet Kritikfähigkeit aus und lehrt, dem Sog des Zeit-Geists zu widerstehen. Gleichzeitig weiß der Glaube darum, dass allein Gott Herr der »kommenden Äonen (= Zeiten)« (7) ist, in denen der Reichtum seiner Gnade kundgetan wird.

---

[80] Von hier aus eröffnen sich dann auch Möglichkeiten, den Eph 2,2f. zugrunde liegenden Gedanken von der Versklavung des Menschen an die Mächte und Gewalten ins Heute zu übersetzen. So verstehen wir sehr gut, »dass Sünde mehr als eine individuelle und freiwillige Tat ist und dass es Mächte gibt, z. B. den Zeitgeist, gesellschaftliche und ökonomische Grundbedingungen etc., die zur Sünde führen und denen man sich nicht entziehen kann« (*Luz*, Eph 132).

[81] *Mußner*, Eph 60, mit Verweis auf *Schlier*, Mächte und Gewalten im Neuen Testament (QD 3), Freiburg 1958, 28–31. Anregend sind dessen Betrachtungen zur Vorstellung von den »himmlischen Bereichen« (τὰ ἐπουράνια) im Epheserbrief, die er, wie oben vermerkt (S. 44 Anm. 12), auf den Begriff der *Transzendenz* bringt. Wie in den »himmlischen Bereichen« bzw. im höchsten Himmel der Thron Gottes und Christi sich befindet, auf dem dieser an »Ostern« Platz genommen hat, andererseits aber weit darunter, doch auch noch in »himmlischen Bereichen«, die Mächte und Gewalten hausen (vgl. oben S. 55), so eignet nach Schlier auch dem jene Vorstellung umsetzenden Begriff der *Transzendenz* Ambivalenz: »Die Himmel des Daseins gehen den Menschen ... übermächtig an und fordern ihn durch ihren Geist, z. B. durch den Zeitgeist, zu sich heraus ... Die Herausforderung der Transzendenz, jener übermächtigen Tiefe des menschlichen Daseins, ist eine solche zur Entscheidung. Der Mensch und die Erde sind stets angerufen, sich für den einen oder anderen ›Himmel‹ ihres Daseins zu entscheiden«. »Gerade in seiner Transzendenz ist das menschliche Dasein, so lange der Mensch auf Erden ist, umstritten und also jeweils gefährdet. Die ›Himmel‹ sind die Sphäre seiner eigentlichen Bedrohung« (Eph 47).

Und ein Zweites: Was hat das Credo mit mir zu tun, so hört man immer wieder. Darauf geben die Verse eine gewagt klingende Antwort, die zu denken gibt: Was von Christus gilt, das gilt gleichfalls von uns. In ihm wurde auch uns die Auferweckung geschenkt – jetzt schon! –, und zwar die Auferweckung aus dem Tod der Versklavung an die Mächte unserer Zeit. Darin erweist sich die Wahrheit des Worts: Wir sind sein Leib, er unser Haupt (1,22f.); was am Haupt geschieht, das geschieht auch am Leib!
Ob das »Enthusiasmus« ist, wie man dem Epheserbrief immer wieder nachsagt, eine letztlich unrealistische Einstellung zur Welt, ein Überspielen menschlicher Unzulänglichkeiten im Glauben an die eigene (Auf-)Erweckung in Christus? Ich meine nicht[82]. Man muss beide Seiten unseres Textes zusammensehen: die des *Todes* in den Versen 1–3 und die der *Auferweckung* in den Versen 4–10, um zu erkennen: Angesichts der dort gezeichneten Ausweglosigkeit menschlichen Daseins eignet seiner Erneuerung in Christus der Charakter absoluter »Gnade« (2,8), das heißt: eines realistischerweise *nicht* zu erwartenden, völlig *ungeschuldeten* Entgegenkommens Gottes. Das Vertrauen unseres Autors darauf, dass die Erfahrung solcher »Gnade« den eigenen Lebens-»Wandel« glücken lässt, sollte man nicht als »Enthusiasmus« abtun. Denn aus einer Überschätzung *menschlicher* Möglichkeiten erwächst es ja gerade nicht.

---

[82] Anders, trotz Zurückhaltung, *Luz*, Eph 134: »Ich möchte nicht über den Sakramentsrealismus und den Enthusiasmus, der hinter diesem Text auch sichtbar wird, kritisch urteilen, sondern eher meine Betroffenheit und meine Trauer darüber ausdrücken, dass wir heute das Handeln Gottes in der Kirche kaum mehr in dieser Weise als real, als lebendig und das ganze Leben bestimmend erfahren können«. Zum angeblichen »Sakramentsrealismus« vgl. oben S. 67 mit Anm. 64. Zutreffend *Kampling*, Innewerden, a.a.O. (S. 17 Anm. 14) 116: »Die dem Eph eigene Distanz zu Umwelt und Weltzeit, Elemente die ihn zweifelsohne von den paulinischen Briefen unterscheiden, wird man nicht als versponnene Weltfremdheit oder Weltflucht abtun können ...«.

*Exkurs: Von den »herankommenden Äonen« (Eph 2,7)
Zum Zeitverständnis des Epheserbriefs*

Die Rede von der »Zeit« und den »Zeiten«[83] durchzieht den Epheserbrief in erstaunlicher Dichte. So sollen wenigstens einige Hinweise die Bedeutung des Themas für das Schreiben erweisen. Aufschlussreich ist schon eine Liste der einschlägigen Stellen[84]:

1,10: »zur Durchführung der *Fülle der Zeiten*«
1,21: »(er ließ ihn sitzen zu seiner Rechten in den Himmeln ...) nicht nur *in dieser Weltzeit, sondern auch in der kommenden*«
2,2: »(einst lebtet ihr) gemäß dem *Äon* (= dem *Zeitgott*) *dieser Welt*«
2,7: »(er hat uns zusammen den Thron besteigen lassen in den himmlischen Bereichen in Christus Jesus,) damit er *in den herankommenden Äonen* (= *Zeiten*) den überragenden Reichtum seiner Gnade erweise ...«[85]
2,12a: »*zu jener Zeit* wart ihr ohne Christus«
2,13: »*jetzt* aber seid ihr in Christus Jesus, die ihr *einst* fern wart«
3,5: »*jetzt* ist das Geheimnis geoffenbart worden«
3,9: »das Geheimnis, das *seit ewigen Zeiten* verborgen war in Gott«
3,10: »*jetzt* ... wird die vielfältige Weisheit Gottes kundgetan«
3,11: »gemäß der *Vorherbestimmung der Zeiten*«[86]

---

[83] Grundlegend dazu: A. *Lindemann*, Die Aufhebung der Zeit. Geschichtsverständnis und Eschatologie im Epheserbrief (StNT 12), Gütersloh 1975 (freilich hat Lindemann seine Position im Kommentar insgesamt differenzierter dargestellt); *F.J. Steinmetz*, Protologische Heils-Zuversicht. Die Strukturen des soteriologischen und christologischen Denkens im Kolosser- und Epheserbrief (FTS 2), Frankfurt 1969; *ders.*, Parusie-Erwartung im Epheserbrief? Ein Vergleich: Bib. 50 (1969) 328–336. *H.E. Lona*, Die Eschatologie im Kolosser- und Epheserbrief (FzB 48), Würzburg 1984.

[84] Eine *Synopse von Kol und Eph* zeigt, dass die meisten der im Folgenden aufgelisteten Stellen auf den Autor des Eph zurückgehen. Das zeigt sein besonderes Interesse an der Thematik. Vom Kolosserbrief hat er lediglich das Schema »jetzt – einst« übernommen (vgl. 2,13 mit Kol 1,22; 3,5.9.10 mit Kol 1,26; 5,8 mit Kol 3,7f.) sowie die Mahnung »Kauft die Zeit aus!« 5,16 (vgl. Kol 4,5).

[85] Da 2,5–7 insgesamt als Auslegung des Credo von 1,20–23 zu verstehen ist, dürfte es kein Zufall sein, dass auch die Zeitaussage von 1,21 eine Entsprechung in 2,7 besitzt. Folglich wird man die schwierige Formulierung von 1,21 (vgl. oben S. 49 mit Anm. 28) im Sinne von 2,7 deuten.

[86] 3,11 rekapituliert offenkundig die Eulogie (1,4f.9f.11).

3,21: »ihm sei die Ehre ... *bis in alle Geschlechter für ewige Zeiten*«
4,30: »versiegelt für den *Tag der Erlösung*«
5,8: » *einst* wart ihr Finsternis, *jetzt* aber Licht im Herrn«
5,16: »kauft *die Zeit* aus, denn *die Tage* sind böse«
6,13: »damit ihr *am bösen Tag* widerstehen könnt«
6,18: »betet *zu jeder Zeit* im Geist«

Hinzu kommen noch die Verben der Erwählung mit der Vorsilbe »vor« sowie die Präpositionalwendung »*vor* der Grundlegung der Welt« in der Eulogie des Schreibens:

1,4: »erwählt hat er uns *vor* Grundlegung der Welt«
1,5: »er, der uns in Liebe *vorher*bestimmt hat«
1,9c: »(gemäß seinem Ratschluss,) den er *zuvor* gefasst hatte in ihm«
1,11b: »*vorher*bestimmt gemäß dem *Vor*satz dessen, der alles bewirkt«

Zum Verständnis dieser Stellen sei auf die jeweilige Auslegung verwiesen. Hier sollen lediglich die großen Linien aufgezeigt und die Querbezüge im Text selbst sichtbar gemacht werden.
a) Grundlegend ist für unseren Autor die *Theozentrik* in seiner Sicht der Zeit: Gott hält die Zeit in Händen. Im Voraus – »vor Grundlegung der Welt« – hat er sie auf ein Ziel hin ausgespannt, auf ihre »Erfüllung« im Offenbarungsgeschehen Christi (1,4f.10; 3,9.11). Es gibt folglich einen inneren Richtungssinn im Zeitablauf, doch bestimmt dieser sich allein von dem her, was Gott sich zum Heil der Welt von Anfang an vorgenommen hat.
b) Für den Menschen ist dieser auf die »Erfüllung« zielende, innere Richtungssinn der Zeit grundsätzlich verborgen (3,9), insofern auch nicht zu verwechseln mit innergeschichtlichen Geschehensabläufen und deren Zielgerichtetheit. Ein Standort über der Zeit ist für ihn unerfindlich, er ist Privileg Gottes (3,11). So erklärt es sich auch, dass der Mensch, insofern er in den Heilsplan Gottes, Zeit und Welt in Christus »aufgipfeln« zu lassen, keinen Einblick besitzt, versucht ist, die Weltzeit absolut zu setzen, sie zum »Zeitgott« des Äon zu vergötzen und sich allein von dessen Herrschaft bestimmen zu lassen (2,2). Er kennt die der Zeit von Gott gesetzten

Grenzen und Ziele eben nicht, weshalb er sich auch ganz von ihr in Bann schlagen lässt. Dass »die Tage böse« seien, wie es in 5,16 heißt, meint deshalb letztlich nichts anderes als die der Zeit innewohnende Tendenz, den Menschen zwischen der ihn belastenden Vergangenheit und der ihm allezeit drohenden Zukunft einzuschließen und ihm den Blick in die Weite seiner ihm von Gott gesetzten Bestimmung zu verstellen.

c) Demgegenüber hat sich für die Gläubigen in Christus die Einstellung zur Zeit grundlegend verändert. »Jetzt« – so heißt es des Öfteren (2,13; 3,5.10; 5,8) – hat sich die Zeit für sie in Christus ihrem inneren Richtungssinn nach erschlossen. In der Zeit – mit H. Conzelmann möchte man sagen, in ihrer »Mitte«[87] – ist jetzt ihre »Erfüllung« offenbar geworden und damit hat sie alles Bedrohliche, das ihr von je anhaftet, eingebüßt. »Jetzt« kann von einem »einst« gesprochen werden, also einer Vergangenheit, die, insofern sie vom Bösen bestimmt war, auf sich beruhen bleiben darf, also wirklich Vergangenheit geworden ist. Andererseits verliert in dieser Perspektive auch die Zukunft alle ihre Schrecknisse, denn »die herankommenden Äonen« (2,7) sind nun der Raum, in dem Gott den »überragenden Reichtum seiner Güte« an den Glaubenden erweist (2,7). Seinen Christus hat er an Ostern zum Herrn der Welt inthronisiert, »nicht nur in dieser, sondern auch in der kommenden Weltzeit«. So gesehen bedeutet Ostern nach Auffassung unseres Autors Entgrenzung nicht nur des »Raums«, sondern auch der Zeit.

d) Die Mahnung von 5,16, »die Zeit auszukaufen«, weist die Gläubigen *in* die Zeit, zieht sie nicht von ihr ab. Das geschieht letztlich aus dem Grund, weil Christus, »unser Friede«, in die Zeit »gekommen« ist (2,17). So ist jetzt auch eine Heiligung der Zeit möglich, wobei unser Autor keineswegs spezifisch an Festzeiten denkt. Wie das Gotteslob nach 3,21 »in alle Geschlechter der Zeiten« ergeht, so leitet der Autor seine Adressaten am Ende des Briefs, in 6,18, auch dazu an, »*zu jeder Zeit* zu beten«.

---

[87] *H. Conzelmann*, Die Mitte der Zeit. Studien zur Theologie des Lukas (BHTh 17), Tübingen ³1960.

e) Ihre innere Grenze besitzt die Zeit nach dem Epheserbrief nicht darin, dass Gott ihr ein Ende gesetzt hätte[88], sondern darin, dass er ihr eine Mitte eingestiftet hat, ihre »Erfüllung« im Christusgeschehen. Damit geht eine tiefgreifende Umgestaltung des frühchristlich-apokalyptischen Denkens einher, das Paulus noch maßgeblich geprägt hatte, im Epheserbrief aber seine Faszination eingebüßt hat. Von einem *zukünftigen* Reich Gottes und Christi ist nicht mehr die Rede (vgl. 5,5), auch nicht von einer Parusie Christi, also seiner Wiederkunft am Ende der Tage[89]. »Heil« wird im Epheserbrief streng präsentisch gedacht, als »Anteil am Reich Christi und Gottes« (5,5), jetzt schon, ohne dass man deshalb die Zukunftsperspektive ausklammern dürfte. Vielmehr wird hier die Zeit zum Raum, eröffnen sich in Christus unerschöpfliche neue Dimensionen des Lebens, was dem Glauben der Gemeinde eine eigene Dynamik einstiftet. Dieser Glaube impliziert ein »Wachstum« (4,16c), ein »Erwachsenwerden« (4,13b), ein Heranreifen »zum Maß der Reife der Fülle des Christus« (4,13c)[90] – entsprechend der Dynamik,

---

[88] Beachtlich ist immerhin, dass *Philo von Alexandrien* als Repräsentant eines gebildeten hellenistischen Judentums der Meinung war, das All sei entstanden und seiner Natur nach vergänglich, durch den Willen des Schöpfers aber, der sich um seine Schöpfung stets sorgt, unvergänglich (vgl. *L. Cohn* u. a. [Hg.], Philo von Alexandria. Die Werke in deutscher Übersetzung, Bd. VII, Berlin 1964, 71). Für nicht ganz ausgeschlossen halte ich es, dass unser Autor ähnlich denkt, insofern das »Heil« in Christus für ihn ja schon ganz Gegenwart ist und er jedenfalls nicht auf einen neuen Äon bzw. einen neuen Himmel und eine neue Erde wartet.

[89] Vgl. 1 Thess 4,16: »denn der Herr selbst wird unter einem Befehlswort, unter dem Schrei des Erzengels und unter der Trompete *vom Himmel herabsteigen*, und die Toten in Christus werden zuerst auferstehen, danach werden wir, die Lebenden, die Übrigbleibenden, zugleich mit ihnen hinweggerissen in die Wolken zur Einholung des Herrn in der Luft. Und so werden wir immer in der Gemeinschaft des Herrn sein«. Man kann sich kaum des Eindrucks erwehren, dass der Epheserbriefautor eine solch mythologisch klingende Vorstellung von der Herabkunft des Parusiechristus auf Erden überhaupt verabschiedet hat, da für ihn auch die Vorstellung eines weltöffentlichen Gerichts am Ende der Tage keine Rolle mehr spielt. Beachtlich scheint in diesem Zusammenhang, dass er Kol 3,4 (»Wenn Christus *offenbar* wird, euer Leben, dann werdet auch ihr mit ihm *offenbar in Herrlichkeit*«) für sein Schreiben unberücksichtigt gelassen hat.

[90] Die Deutung dieser Wachstums-Aussagen vom Zielpunkt der Wiederkunft Christi am Ende der Tage her, wie *M. Barth*, Die Parusie im Ephe-

die den ekklesiologischen Bildern des Schreibens überhaupt eignet.

f) Wie unser Autor konkret über die Zukunft denkt, lässt sich seinem Schreiben kaum entnehmen. Was sein Bild von der Kirche betrifft, so kann man aber doch das folgende Missverständnis, das sich in einer triumphalistischen Lektüre des Briefs später immer wieder eingestellt hat[91], von vornherein ausschließen: Dass die Kirche als der in dieser Welt wachsende Leib Christi einst zur beherrschenden Macht des Friedens würde, welche die widerstreitenden Kräfte dieser Erde gleichsam in sich selbst aufsaugt –, zu einer solch illusionären Weltsicht wäre unser Autor niemals fähig gewesen. Zum einen weiß er, dass die Kirche bleibend ihrem einen Herrn Jesus Christus unterstellt ist, zum anderen hält er nüchtern an der Einsicht fest, dass auch nach Ostern der »Kampf gegen die Mächte, gegen die Gewalten, gegen die Weltbeherrscher dieser Finsternis« nicht überflüssig wird (6,12f.). So gesehen hebt sich die Notwendigkeit einer Unterscheidung zwischen Finsternis und Licht nicht auf, und der Kirche obliegt es dabei, Zeuge des Lichtes zu sein, und zwar so, dass sie von sich weg auf ihr Haupt, Christus, den Herrn der Welt, verweist[92].

serbrief. Eph 4,13, in: H. Baltensweiler u. a. (Hg.), Neues Testament und Geschichte. Historisches Geschehen und Deutung im Neuen Testament (FS O. Cullmann), Zürich 1972, 239–250, bietet, kann nicht überzeugen. Freilich dürfen die Aussagen auch nicht individualisiert werden. Sie dienen einer Wesensbestimmung der kirchlichen Ämter und bestimmen deren Ziel. Eine Prozess-Ekklesiologie, nach der die Kirche kontinuierlich auf eine stets größere Heiligkeit hin wächst, ist dem Vers (wie auch 2,21) nicht zu entnehmen.

[91] Auch *E. Käsemann*, Der Ruf der Freiheit, Tübingen ⁴1968, 119f., versteht das Schreiben so: »Das Evangelium wird hier domestiziert. Mag die Welt weiterhin sein Raum sein. Sie ist es nur als der Rahmen, in den das Bild der Kirche sich fügt, und auf diesem Bilde ruht aller Glanz, zu dem auch das Ende der Geschichte nichts Wesentliches mehr beitragen kann. Die Christologie aber wird der Lehre von der Kirche integriert. Man hat das Haupt nur mit dem Leibe und durch ihn. Christus ist das Ziel, dem die Christenheit entgegenwächst, nicht im strengen Sinne mehr ihr Richter«.

[92] Zu Recht widerspricht *Faust*, Pax a.a.O. (S. 13 Anm. 4) 52, der These *Schliers*, wonach die Kirche als Leib Christi das Medium sei, durch das »Christus ... das ihm unterworfene und unterstehende All in sich einbezieht oder sich unterworfen hält« (Eph 65), bzw. der Formulierung

g) Was die Zukunft des einzelnen Gläubigen betrifft, so scheint der Autor auf dem Weg zu einer individuellen Eschatologie zu sein. Was meint er mit dem »Tag der Erlösung« in 4,30? Kaum mehr den weltöffentlichen Tag des Gerichts, sondern den Tag, an dem der Mensch, der im Glauben ja schon in die himmlischen Bereiche versetzt ist, nach seinem Tod das Leben im offenbaren Glanz der Herrlichkeit Gottes erlangen wird. Die Hinweise auf eine »Vergeltung« menschlichen Tuns durch Gott in 6,8 sind aller Bezüge auf ein apokalyptisch gedachtes Gericht entkleidet. Der »Zorn Gottes«, der nach 5,6 »über die Söhne des Ungehorsams ergeht«, ereilt sie jetzt schon und macht sie zu »Kindern des Zorns« (2,3), unter denen sich einst auch die Gläubigen befanden. Obwohl unser Autor den physischen Tod des Menschen nirgends thematisiert, wird man doch annehmen dürfen, dass er diesen als Durchgang und Aufstieg des Glaubenden zum endgültigen Leben begriffen hat[93]. Dass er darauf nicht eigens zu sprechen kommt, sollte nicht als Mangel seiner theologischen Konzeption gedeutet werden, sondern ist Zeichen dafür, wie heilsentscheidend für ihn die auch biographisch in Konversion und Taufe sich zeigende weltgeschichtliche Wende von Ostern ist.

4. Erinnerung tut not
Die eine Kirche aus Juden und Heiden (2,11–22)

11a Deshalb erinnert euch,
11b¹ dass einst ihr, die Heiden *im Fleisch*,
11b² die ihr Vorhaut genannt wurdet von der sogenannten Beschneidung,
   der am Fleisch mit Händen gemachten,

Schnackenburgs, wonach es die Kirche als der kosmisch ausgedehnte Leib Christi ist, »durch den Christus ... die Herrschaft über das All realisiert und immer mehr realisieren will« (Eph 59). »Diese Exegese, nach der die Kirche als Keimzelle der All-Beherrschung und All-Erfüllung Christi erscheint, ist m. E. nicht haltbar ...«. Vgl. auch oben S. 58 mit Anm. 50.

[93] Vielleicht in Analogie zum österlichen »Aufstieg« Jesu (vgl. 4,8). Möglicherweise verbirgt sich hinter 6,13 (dazu vgl. zur Stelle) ein Hinweis darauf, wie er das physische Sterben des Glaubenden sah.

12a¹ dass ihr zu jener Zeit ohne Christus wart,
12a² ausgeschlossen vom Gemeinwesen Israels,
12b¹ und Fremde gegenüber den Willenserklärungen der Verheißung,
12b² ohne Hoffnung,
12c und gottlos in der Welt.
13a Jetzt aber seid ihr in Christus Jesus,
13b die ihr einst fern wart,
13c nahe gekommen durch das Blut Christi.

14a Er nämlich ist unser *Friede*,
14b der beides zu einem gemacht hat
14c¹ und die abzäunende Zwischenmauer abgebrochen hat,
14c² die *Feindschaft*,
15a indem er in seinem Fleisch das Gesetz der Gebote samt den Satzungen außer Kraft gesetzt hat,
15b damit er die zwei in sich zu einem (einzigen) neuen Menschen schaffe,
15c *Frieden* stiftend,
16a und die beiden in einem (einzigen) Leib mit Gott versöhne,
16b nachdem er durch das Kreuz in sich die *Feindschaft* getötet hat.
17a Und gekommen,
17b¹ verkündigte er *Frieden* euch, den Fernen,
17b² und *Frieden* den Nahen,
18 denn durch ihn haben wir beide in einem (einzigen) Geist Zugang zum Vater.

19a Also seid ihr nicht mehr Fremde und Zugezogene,
19b sondern ihr seid Mitbürger der Heiligen und Hausbewohner Gottes,
20a auferbaut auf dem Fundament der Apostel und Propheten,
20b wobei der Eckstein er, Christus Jesus, ist,
21a in dem das ganze Gebäude zusammengefügt,
21b zum heiligen Tempel (heran)wächst im Herrn,
22 in dem auch ihr mitauferbaut werdet zu einer Wohnung Gottes *im Geist*.

A. *Form und Aufbau des Textes*: Mit 2,11–21 haben wir den zentralen Mittelteil der ersten Briefhälfte Eph 1–3 erreicht[94]. Thema ist die Einheit der Kirche aus Juden und Heiden. Allerdings handelt unser Autor dieses Thema nicht theoretisch ab, sondern kleidet es in die Form einer *Erinnerung*: Er erinnert (11a) seine hier zum erstenmal ausdrücklich als ehemalige Heiden angesprochenen Adressaten daran, dass sie jetzt »nicht mehr Fremde und Zugezogene« (19a) sind, sondern Heimatrecht in einer Kirche erhalten haben, die eine große Tradition hinter sich hat: Sie steht im Horizont Israels (12a²), in ihr gelangt die durch die Heilige Schrift verbürgte »Verheißung« Gottes (12b¹) zur Erfüllung, kurz: sie ist alles andere als eine geschichtslose Sekte. Trug die »Erinnerung an die Taufe« in 2,1–10 *biographische* Tiefe – die Adressaten sollten sich dessen bewusst bleiben, welche Wende die Taufe ihrem persönlichen Leben gegeben hat –, so gewinnt solche Erinnerung jetzt in 2,11–21 *geschichtliche* Weite. Das Wissen um die jüdischen Wurzeln der Kirche würde die Heidenchristen in ihrem Respekt vor den jüdischen Mitchristen im Schoß der Kirche bestärken – so dachte unser Autor wohl angesichts antijüdischer Ressentiments, die gerade in den Jahrzehnten nach dem Jüdischen Krieg (66 bis 70 n. Chr.) in der griechisch-römischen Welt, auch in Kleinasien, verbreitet waren[95].

Der *Aufbau* des Textes ist deutlich: Drei Abschnitte zeichnen sich ab (11–13/14–18/19–22), wobei die beiden äußeren sich entsprechen: In ihnen wendet der Autor sich unmittelbar an seine Adressaten (»ihr«), wohingegen er im Mittelstück im Namen aller Christen spricht (14a: »Er ist *unser* Friede ...«). Erinnert er seine Adressaten im ersten Abschnitt (11–13) an ihre heidnische Vergangenheit, die sich aus jüdischer Perspektive als ein Zustand »fern« (13b) vom lebendigen Gott Israels und seinem Volk darstellt, so zeichnet er im dritten Abschnitt (19–22) das Gegenbild dazu: Jetzt sind sie zu »Mitbürgern der Heiligen (das heißt: der Judenchristen)«[96] geworden (19b) und wachsen zusammen mit diesen zu einem heiligen Tempel heran (21b.22).

---

[94] Vgl. oben S. 22f.!
[95] Vgl. oben S. 27f.!
[96] Vgl. auch Röm 15,25; 2 Kor 8,4; 9,1.12; Apg 9,13; 26,10. – Allerdings

Bemerkenswert ist wieder das rhetorische Mittel der »Rahmung« (= inclusio) unseres Textes[97], das sehr präzis den Gegensatz von Vergangenheit (11–12) und Gegenwart (19–22) auf den Punkt bringt: »*im Fleisch*« (11b[1]) – »*im Geist*« (22)! Danach ist die Trennung der Menschheit in Juden und Heiden Merkmal eines fleischlich-irdischen, also vorläufigen Zustands, ihre Zusammenführung in der *einen* Kirche Christi dagegen der Anbruch der Wirklichkeit Gottes selbst, Zeichen seines Geistes.

Das Mittelstück unseres Textes (14–18) zeigt, wie es zur Überwindung der Spaltung der Menschheit in Juden und Heiden gekommen ist: durch Christus, »der beides zu *einem* gemacht hat« (14b). Dieser ist das durchgängige Subjekt aller Aussagen der Verse 14–17. Der Gattung nach liegt hier ein *Enkomion* vor, das heißt die »lobende Darstellung eines Menschen«[98], seiner Person und seines Werkes, wie sie die

_{deuten die meisten Kommentatoren den Ausdruck »die Heiligen« unterschiedslos auf »alle Mitglieder der Kirche« (*Schnackenburg*, Eph 121) – entsprechend 1,1.15; 3,8.18; 4,12 und 6,18. Aber einheitlich ist der Sprachgebrauch unseres Autors nicht: In 1,15 versteht er (jüdischer Terminologie gemäß) unter den »Heiligen« Engelwesen im Thronsaal Gottes. Dafür, dass er auch hier, in 2,19, die Bezeichnung in eigenständiger Weise benutzt, spricht folgende Beobachtung: Der dritte Abschnitt unseres Textes zeichnet, wie gesagt, das Gegenbild zum ersten, dessen Aufhebung er ist: Hieß es dort von den »Heiden«, sie seien den Setzungen der Verheißung gegenüber »Fremde« gewesen (V. 12c), so beteuert V. 19a: Jetzt seid ihr nicht mehr »Fremde und Zugezogene«, sondern ihr seid »Mitbürger der Heiligen« geworden. Nimmt das Stichwort »Mitbürger« das vom »Gemeinwesen Israels« aus V. 12b wieder auf, so spricht alles dafür, unter den »Heiligen« die Repräsentanten Israels in der Kirche zu sehen, mit denen die Adressaten, Heidenchristen, jetzt *eine* Gemeinschaft bilden (so auch *F. Mußner*, Christus, das All und die Kirche. Studien zur Theologie des Epheserbriefes [TThSt 5], Trier 1955, 105f.; anders *ders.*, Eph 89f.). Wenn der Autor diesen Gedanken in V. 19b zweifach formuliert (»Mitbürger der *Heiligen* und Hausbewohner *Gottes*«), dann will er damit der *horizontalen* und *vertikalen* Dimension dieser neuen Gemeinschaft Ausdruck verleihen. Er greift genau den im Mittelteil des Textes entfalteten Begriff des »Friedens« wieder auf, der dort gleichfalls in zweifacher Weise bestimmt wird: als Versöhnung der Menschen mit Gott und untereinander (vgl. *Faust*, Pax, a.a.O. [S. 13 Anm. 4] 191f.).}

[97] Vgl. oben S. 69f.
[98] *K. Berger*, Formgeschichte des Neuen Testaments, Heidelberg 1984, 345: »Im Gegensatz zur Biographie, die freilich häufig mit dem Enkomion verwandt ist, wird die Gesamtheit eines Lebens hier nicht darge-

antike Literatur des Öfteren bietet[99]. Grundlage dieser »lobenden Darstellung« ist die Verheißung eines endzeitlichen Friedens bei den Propheten, die sich in Christus erfüllt hat. Dieser ist der Friedensfürst, von dem in Mi 5,4 die Rede ist[100], der Herold des Friedens, von dem Jes 52,7 kündet[101], in ihm wird »Friede den Fernen und den Nahen« zuteil, wie es in Jes 57,19 heißt[102]. Auf Jesaja spielt unser Autor vor allem in Vers 17 an, aber auch schon in Vers 13b.c., sodass das Mittelstück von diesen biblischen Anspielungen gerahmt wird. Im Übrigen beachte man, wie sich die entscheidenden Signalwörter *Friede* und *Feindschaft* in diesem kunstvoll gestalteten Text einander abwechseln. Da er sehr dicht und inhaltsreich ist, möge die folgende Übersicht als Lesehilfe dienen:

Bauplan des Enkomions (V. 14–18)

1. *Überschrift*: Das *Wesen* Christi (V. 14a)
»Er ist unser Friede.«

2. *Was* hat Christus *getan*? – Die *Friedens*tat Christi (V. 14b–15a)
2.1 Aus Zwei hat er Eins gemacht (V. 14b)!
2.2 Die Mauer hat er niedergerissen (V. 14c–15a)!

stellt. Jedoch konnte man in chronologischer Ordnung vorgehen (e. narrativum) – wie auch in systematischer«. Letzteres ist hier der Fall: vgl. den Bauplan des Enkomions.

[99] Vgl. bei *Faust*, Pax, a.a.O. (S. 13 Anm. 4) 315–324 (»Eph 2,14–18 und der Stil des hellenistischen Herrscherenkomions«).

[100] »Aber du, Bethlehem-Efrata, so klein unter den Gauen Judas, aus dir wird mir einer hervorgehen, der über Israel herrschen soll ... Er wird auftreten und ihr Hirte sein in der Kraft des Herrn, in der Hoheit des Namens JHWHS, seines Gottes. Sie werden in Sicherheit leben; denn nun reicht seine Macht bis an die Grenzen der Erde. *Und er wird der Friede sein*« (Mi 5,1–4).

[101] »Wie lieblich sind auf den Bergen die Füße des Boten, der *Frieden* hören lässt, Gutes verkündet, Heil hören lässt, der zu Zion sagt: König ist dein Gott!«.

[102] »Seinen (des Volkes) Trauernden schaffe ich Frucht der Lippen, *Frieden, Frieden, den Fernen und den Nahen*, spricht JHWH«. Sind in diesem Heilswort mit den »Fernen« die Juden im Exil gemeint, die Gott befreien und nach Israel heimführen wird, so bezieht unser Autor diese Wendung auf die Heiden. – Den prophetischen Hintergrund von 2,14–18

3. *Wozu* hat Christus das getan? – Das *Ziel* der Friedenstat Christi (V. 15b–16b)
3.1 Schöpfung »*eines* neuen Menschen« aus den *zwei* (alten) (V. 15b.c)
3.2 Versöhnung der zwei mit *Gott* (V. 16)

4. Die *Folge* des »Kommens« Christi – ekklesiologische Anwendung (V. 17f.)
4.1 Kurzformel der Botschaft Christi (in Form einer Anrede an die Adressaten) (V. 17)
»Friede *euch*, den Fernen, Friede den Nahen«
4.2 Ekklesiologischer Zielsatz (»wir *beide* ...«) (V. 18)

Ein letzter Hinweis zur Form unseres Textes: Der zweite und der dritte Abschnitt münden jeweils in eine »*trinitarisch*« strukturierte Aussage ein[103]: »in bzw. durch *Christus*« – »im *Geist*« – »Zugang zum *Vater*« bzw. »Wohnung *Gottes*« (18/22)[104]. Für die Deutung des Textes ist diese Beobachtung von großer Wichtigkeit.

B. *Inhalt und Auslegung:* 2,11–21 versteht man nur, wenn man der eigentümlichen *Dialektik* gerecht wird, die diesen Abschnitt im Blick auf seine Israel-Aussagen auszeichnet: *Einerseits* hat die gegenseitige Entfremdung von Juden und Heiden in der Kirche Christi ein Ende gefunden zugunsten eines höheren »Ideals«: des in Christus möglich gewordenen »neuen« Mensch-Seins (15b); dahinter bleiben die ethnisch-kulturellen Unterschiede zwischen Juden und Griechen als zweitrangig zurück. *Andererseits* steht die Kirche zu Israel nicht im gleichen Verhältnis wie zu den Heidenvölkern, sondern besitzt zum Volk der »Verheißung« (12) eine besondere Nähe; obwohl alle gleich sind, behalten in der Kirche deshalb die Juden doch ihre eigene Würde. Wie geht beides zusammen? Vergegenwärtigen wir uns zunächst die erste Aussagenreihe (14–18).

hat besonders gut ausgeleuchtet *P. Stuhlmacher,* »Er ist unser Friede« (Eph 2,14). Zur Exegese und Bedeutung von Eph 2,14–18, in: Neues Testament und Kirche (FS R. Schnackenburg), Freiburg 1974, 337–358.

[103] Vgl. unten S. 207 mit Anm. 9.
[104] Dass es sich bei V. 18 um den »ekklesiologischen Zielsatz« des mittleren Abschnitts, bei V. 22 um den Abschluss der ganzen Perikope handelt, ist kein Zufall.

»Diejenigen, die das Gesetz lieben, errichten um sich herum eine *Mauer*«, heißt es im biblischen Buch der Sprüche[105]. Auch in Eph 2,14f. steht das im Frühjudentum beliebte Bild von der abzäunenden Mauer[106] für das jüdische »Gesetz samt seinen Geboten und Satzungen«, wobei insbesondere an das Ritualgesetz zu denken ist: an die Speisegebote, die Reinheitsgesetzgebung (Levitikus), aber auch an das Beschneidungsgebot. Wie jede Mauer zwei Seiten hat, so gilt das auch von ihrem Bild: Eine Mauer schützt den persönlichen Lebensbereich, ist Ausdruck der eigenen Identität; von außen betrachtet aber ruft sie Argwohn hervor, weckt feindselige Gefühle. Genau das charakterisiert die Situation der Juden in der Diaspora, denen z. B. die Speisegesetzgebung es untersagte, sich mit Heiden an einen Tisch zu setzen[107]. Diente das aus ihrer Sicht dem eigenen Zusammenhalt als einer Minorität, die unter dem kulturellen Druck der römisch-hellenistischen Welt überleben wollte, so empfanden es die Heiden als fremd und bedrohlich zugleich[108]. Das

[105] Spr 28,4 (in der griechischen Übersetzung).
[106] Wichtig sind die beiden folgenden Abschnitte aus dem *Aristeasbrief* (nach einer plausiblen Datierung zwischen 127 und 118 vor Christus entstanden): »Da nun der Gesetzgeber [Mose] als Weiser, der von Gott zur Erkenntnis aller Dinge befähigt wurde, dies alles klar erkannte [nämlich den heidnischen Polytheismus], umgab er uns mit undurchdringlichen Wällen und *eisernen Mauern*, damit wir uns mit keinem der anderen Völker irgendwie vermischten, (sondern) rein an Leib und Seele bleiben und – befreit von den törichten Lehren – den einzigen und gewaltigen Gott überall in der ganzen Schöpfung verehren« (§ 139). »Damit wir nun nicht besudelt und durch schlechten Umgang verdorben werden, *zäunte* er uns von allen Seiten mit Reinheitsgeboten *ein* in Bezug auf Speisen und Getränke und Berühren, Hören und Sehen« (§ 142). Zum Toraverständnis, das hinter diesen beiden Texten steht, vgl. *R. Feldmeier*, Weise hinter »eisernen Mauern«. Tora und jüdisches Selbstverständnis zwischen Akkulturation und Absonderung im Aristeasbrief, in: M. Hengel/A.M. Schwemer (Hg.), Die Septuaginta zwischen Judentum und Christentum (WUNT 72), Tübingen 1994, 20–37.
[107] Apg 10,28: »Da sagte er [Petrus] zu ihnen: Ihr wisst, dass es einem Juden nicht erlaubt ist, mit einem Nichtjuden zu verkehren oder sein Haus zu betreten; mir aber hat Gott gezeigt, dass man keinen Menschen unheilig oder unrein nennen darf«. Vgl. auch Gal 2,11ff!
[108] Zum Themenkreis »Der Nächste – der Fremde – der Feind« im Neuen Testament vgl. zuletzt *R. Kampling*, in: NEB. Themen Bd. 3, Würzburg 2000, 55–104 (Lit.); außerdem: *D. Stutzinger*, Das Fremde und das Eigene, in: P. Dinzelbacher (Hg.), Europäische Mentalitätsgeschichte.

meint unser Text, wenn er den Abriss der Mauer durch Christus als Beendigung eines von *Feindseligkeit* (14c².16) beherrschten Zustands begreift, als den Beginn eines *sozialen Friedens* (15c) in der *einen* Kirche. Möglich ist dieser dank des *religiösen Friedens*, der Versöhnung mit Gott (16a), die Christus gebracht hat: Weil *beide*, die Nahen (= die Juden) *und* die einst Fernen (= die Heiden), in gleicher Weise durch ihn den »Zugang zum Vater« erlangt haben (18)[109], können sie jetzt auch *füreinander* offen, »*Mit*bürger« (19b) in einem einzigen »Gemeinwesen« sein.

Somit hat das Friedenswerk Christi (14–18) zwei Seiten, eine *destruktive* und eine *konstruktive*: Es reißt das Trennende nieder (14c–15a.16b) und baut das Neue auf (15b bis 16a.17f.)[110] – »durch das Kreuz« (16b), das hier (im Unterschied zu Paulus) schon zu einem Siegeszeichen geworden

---

Hauptthemen in Einzeldarstellungen, Stuttgart 1993, 400–415; A. Dihle, Die Griechen und die Fremden, München 1994; A. Demandt (Hg.), Mit Fremden leben. Eine Kulturgeschichte von der Antike bis zur Gegenwart, München 1995.

[109] Also erlangen auch die Juden (nach Eph 2,18) das Heil allein »in Christus«, was zu betonen heute notwendig ist, weil *B. Klappert*, Miterben der Verheißung. Christologie und Ekklesiologie der Völkerwallfahrt zum Zion Eph 2,11–22, in: M. Marcus u. a. (Hg.), Israel und Kirche heute. Beiträge zum christlich-jüdischen Dialog (FS E.L. Ehrlich), Freiburg 1991, 72–109, doch wohl die Christologie halbiert, wenn er das Heilswerk Christi in Eph 2 als Einbeziehung der *Heiden* in den Bund Gottes mit Israel begreift, was in letzter Konsequenz heißt, dass Christus in soteriologischer Hinsicht nur für die Heiden gekommen ist. Denn lässt sich V. 18 wirklich entnehmen, »dass die Heidenchristen nun auch wie Israel und mit Israel den Zugang zum Vater durch Christus gewonnen haben, insofern der Messias (2 Sam 7) Jesus in das ursprüngliche Sohnesverhältnis Israels zum Vater (Röm 9,4) hineintritt, es bestätigt, verdichtet und auch den Heidenchristen aus der Völkerwelt vermittelt und ihnen eröffnet« (102)?

[110] Wenn wir auf unseren »Bauplan« schauen, dann kann man sagen: Punkt 2 verleiht jenem *negativen* Aspekt des Friedenswerks Christi Ausdruck (er hat das Trennende niedergerissen), Punkt 3 dem *positiven* (er schafft Neues); hat Christus das Trennende nach V. 15a »in seinem *Fleisch*« niedergerissen, also in seinem zum Tod führenden *irdischen* Dasein, so verbindet unser Autor den positiven Aspekt, die Schaffung eines neuen Menschen in Christus selbst, mit dessen *Auferweckung* und österlichen *Erhöhung* über die Mächte des Todes (darauf legt er in seiner Christologie, wie wir schon bei 1,20ff. sehen konnten, den Akzent). Am Ende von Punkt 3, in V. 16b, blendet er dann noch einmal auf »das Kreuz« zurück.

ist. War Jesus »in seinem Fleisch« (15a), das heißt: in seinem *irdischen* Leben, der »Feindschaft« der Menschen selbst ausgesetzt, so war das Kreuz der Weg, diese zu besiegen (16b): Als zu Gott *Auferweckter* ließ er die Welt der Zerrissenheit hinter sich, wurde Herr über sie und zeigte so an sich selbst (15b: »in sich«), wie der »neu geschaffene Mensch« (15b) aussieht: versöhnt und in Gemeinschaft mit Gott (19b) sowie eins mit sich selbst[111]. Mithören darf man dabei, dass dieser »neu geschaffene Mensch« jetzt aus sich selbst heraus weiß, was Wille Gottes ist, dass er ihn aus eigenem Antrieb tut – ohne *äußeren* Gesetzen unterworfen zu sein (15a)[112]. Das jedenfalls war die Hoffnung, die auch hellenistische Juden wie Philo von Alexandrien hegten: dass der weise und in Gott vollendete Mensch »weder des Gebotes noch des Verbotes bedarf«, weil er »die Tugend aus eigenem Wissen

[111] Vgl. auch *Faust*, Pax, a.a.O. (S. 13 Anm. 4) 122–125, der die hinter V. 14–18 stehende Christologie vom Gegenüber der »irdischen« (sarkischen) und »himmlischen« (pneumatischen) Welt Gottes als ihrem Koordinatensystem her liest: Der Tod Christi am Kreuz »bedeutet in erster Linie Übergang aus der Sarx in den Bereich des Pneumas. Für alle, die durch den Glauben ... an diesem Heil teilnehmen, ermöglicht er analog den Übergang aus dem sarkisch bestimmten Typ des ›alten Anthropos‹ zu dem pneumatischen des ›einen neuen Anthropos‹, für den nach Eph 2,15b die alte sarkische Differenz der *zwei* Menschheitsgruppen (vgl. V. 11: Beschneidung/Unbeschnittenheit als Bestimmungen der Sarx) nicht mehr gilt« (123f.).

[112] Die Abrogation des jüdischen Ritualgesetzes (der Mauer zwischen Juden und Heiden) hat also noch einen weiteren Aspekt, der die ziemlich radikale und auch ausschließlich klingende Aussage von V. 15a (»das Gesetz der Gebote samt den Satzungen«!), die nicht danach aussieht, als habe Christus nur einen *Teil* der Tora außer Kraft gesetzt, erst erklärt: Das (Ritual-)Gesetz gehört (auch nach dem Verständnis Philos von Alexandrien [vgl. die nächste Anm.]) auf die menschlich-irdische (= sarkische) Seite, wo es dem Menschen, wie er nun einmal ist – der Endlichkeit und der Sünde unterworfen –, den Spiegel vorhält; der in Christus *neugeschaffene* Mensch bedarf seiner nicht mehr. Jetzt begreifen wir auch, warum die Überwindung des (Ritual)Gesetzes sich gerade im Kreuz Jesu vollzog: Gehört es zum Bereich der Sarx, dann musste es in dessen Tod als dem Übergang aus der Sarx in das Pneuma, den himmlischen Bereich Gottes, zurückgelassen werden, auf dass nun der himmlische Christus, der neue Mensch, Urbild der im Glauben an ihn »Neugeschaffenen« ist. Vgl. *Faust*, Pax, a.a.O. (S. 13 Anm. 4) 124. 138–150. Ebenso bereits C. *Roetzel*, Jewish Christian–Gentile Christian relations. A Discussion of Ephesians 2,15a: ZNW 74 (1983) 81–89.

besitzt«[113]. Unser Autor formuliert das in 2,10 so, dass die Getauften »zu guten Werken geschaffen« sind, die Gott ihnen »vorbereitet« hat, in 4,24, dass sie den »neuen Menschen« nur »anziehen« brauchen, »der Gott gemäß geschaffen ist in Gerechtigkeit und wahrer Heiligkeit«.

Geht es also in Christus um neues *Menschsein*, nicht mehr um die Behauptung kulturell-ethnischer Identitäten, wie kommt es dann andererseits, dass nach unserem Text die Kirche im Horizont Israels verbleibt und sich deshalb nur in ihm recht zu verstehen weiß? *Israel ist der Vorentwurf der Kirche*, wobei das »trinitarische« (= dreifältige) Wirken Gottes[114] in Israel schon seine Schatten vorauswirft. Das kann man dem ersten Abschnitt unseres Textes (11f.) ent-

---

[113] *Philo*, Legum allegoriae I 92.94. Der ganze Text, der zu einer allegorischen Auslegung von Gen 2,16f. gehört, lautet: »Gott gibt nun ihm [Adam, d. h.: dem irdisch-fleischlichen Menschen] den Befehl [von Gen 2,16f.] und nicht dem nach Gottes Ebenbild und der Idee gewordenen Menschen [d. h. dem idealen, vollkommenen Menschen]; denn dieser besitzt auch *ohne Antrieb* die Tugend *aus eigenem Wissen*, jener aber kann nicht ohne Belehrung Einsicht erlangen«. »Für den vollkommenen, nach (Gottes) Ebenbilde geschaffenen Menschen bedarf es weder des *Gebotes*, noch des *Verbotes* noch der *Ermahnung, denn nichts von dem allen hat der Vollkommene nötig;* wohl aber bedarf der Schlechte des *Gebotes* und *Verbotes* und der Unreife der *Ermahnung* und *Belehrung,* ebenso wie derjenige, der die Grammatik und Musik beherrscht, der Mitteilung der Kunstregeln nicht bedarf; wer dagegen in den Grundsätzen noch schwankt, braucht sozusagen *Gesetze,* die *Gebote* und *Verbote* enthalten, wie der noch Lernende endlich des Unterrichts bedarf. Deshalb wird mit Recht dem erdhaften Geist, der weder gut noch schlecht, sondern einstweilen noch von mittlerer Sinnesart ist, Befehl und Ermahnung erteilt«. Vgl. auch Quaestiones in Genesin I 8: »the earth-formed man is a mixture, and consists of soul and body, and is in need of teaching and instruction, desiring, in accordance with the laws of philosophy, that he may be happy. But he who was made in His image is in need of nothing, but is self-hearing and self-taught and self-instructed by nature«. – Interessanterweise findet sich eine vergleichbare Aussagenreihe auch bei *Ovid,* Metamorphosen I 89–93, dort ebenfalls in protologischem Zusammenhang, nämlich im Rahmen der Erzählung vom ersten der vier Weltalter: »Als erstes entstand das goldene Geschlecht, das keinen Rächer kannte und *freiwillig* (sponte sua), *ohne Gesetz* (sine lege), Treue und Redlichkeit übte. Strafe und Furcht waren fern, keine drohenden Worte las man auf öffentlich angebrachten Erztafeln, keine bittflehende Schar fürchtete den Spruch ihres Richters, sondern sie waren auch ohne Rächer geschützt« (Übers. M. von Albrecht).

[114] Vgl. oben S. 86.

nehmen, der ja aufzählt, was den ehemaligen Heiden alles fehlte, als sie noch fern von Israel waren, was ihnen aber jetzt in der Kirche in *erfüllter* Weise zuteil geworden ist. Dabei geht es um ein *Dreifaches*[115]:
Erstens waren sie damals *ohne Christus* (12a¹), also ohne die Erwartung eines Messias, die das »Gemeinwesen Israels« (12a²) erfüllt.
Zweitens standen sie der in der Bibel aufgezeichneten »Verheißung« Gottes fremd gegenüber (12b¹)[116], waren also ohne

---

[115] An sich umfasst die Aufzählung V. 12 ja 5 Glieder; doch sind diese, wie eine genaue Beachtung ihrer syntaktischen Zuordnung ergibt (mit einem »und« geht der Verfasser in V. 12b¹ und V. 12c jeweils zum nächsten Paar oder Glied weiter), in *drei* Gruppen von 2 (Christus) + 2 (Geist) + 1 (Gott) Gliedern geordnet. Werden »Christus« und »Gott« in V. 12a¹ und V. 12c *ausdrücklich* genannt, so legt sich der Bezug der Rede von der Verheißung (V. 12b¹) auf den Geist vom Kontext des Schreibens her nahe (vgl. oben!).

[116] Nur auf den ersten Blick mutet die Wendung τῶν διαθηκῶν τῆς ἐπαγγελίας, die wir oben mit »Willenserklärungen der Verheißung« wiedergegeben haben, merkwürdig an. Wahrscheinlich stammen ihre beiden Bestandteile aus der paulinischen Liste der *Privilegien Israels*, Röm 9,4f., wo es heißt: »Sie sind Israeliten; damit haben sie die Sohnschaft, die Herrlichkeit, *die Bundesordnungen* (αἱ διαθῆκαι), ihnen ist das Gesetz gegeben, der Gottesdienst und die Verheißungen (αἱ ἐπαγγελίαι), sie haben die Väter, und dem Fleisch nach entstammt ihnen der Christus. Gott, der über allem ist, er ist gepriesen in Ewigkeit. AMEN«. Wenn unser Autor den Begriff »Verheißung« statt im Plural im Singular verwendet (vgl. auch 1,13c³ und 3,6, wo unsere Stelle wieder aufgegriffen wird), dann deshalb, weil er in allen Verheißungen, wie sie die Heilige Schrift Israels aufgezeichnet hat, nur die *eine* Heilszusage Gottes für die Zukunft erkennt, die dieser in der Geschichte Israels immer wieder erneuert und in Christus zur Erfüllung gebracht hat. Die immer neuen Bekräftigungen dieser *einen* Verheißung durch Gott selbst in der Geschichte Israels bezeichnet er mit dem Wort, dass in der Liste des Paulus Röm 9,4 für die »Bundesordnungen« oder »Bundessatzungen« steht (διαθῆκαι). Das entspricht durchaus diesem griechischen Wort, das auch im juristischen Sinn das »Testament« oder (in einem weiteren Sinn) die »Verfügung«, die »Bekräftigung« oder »Setzung« bezeichnen kann. Fragt man, was der *Inhalt* der von Gott immer wieder bekräftigten *einen* Verheißung ist, dann gibt 1,13c³ darauf die Antwort: »der heilige Geist der *Verheißung*« bzw. *der verheißene heilige Geist*«. Dieser Bezug legt sich auch von daher nahe, dass dort der Geist »Angeld unseres *Erbes*« (1,14a) genannt wird, der Begriff »Erbe« aber zum Thema »Verheißung« gehört, konkret zu der des Landes, das Gott den Vätern als Erbe versprochen hat (vgl. Gen 15,7; Dtn 30,5 usw.). Demgegenüber meint »Erbe« oder »Erbteil« im Epheserbrief (1,14.18;

Hoffnung (12b²). Kennt das Alte Testament verschiedene Verheißungen (an die Patriarchen die des Landes, der Nachkommenschaft und des Segens), so bündelt dies unser Autor alles in der *einen* »Verheißung des *heiligen Geistes*« (1,13c²), dessen Gabe er hier, aber auch in 4,3f. als die Gabe des *endzeitlichen Friedens* begreift[117].

Drittens waren sie einst »gottlos in der Welt« (12c), kannten also, obwohl sie vielen Göttern dienten, den *einen lebendigen Gott*, der Zukunft stiftet, nicht. Angebrochen ist diese Zukunft in der Kirche als dem Leib *Christi*, in dem Juden und Heiden in ein und demselben *Geist* die heilbringende Nähe dieses lebendigen *Gottes* erfahren dürfen (18). So gesehen ist Israel im »dreifältigen« Wirken Gottes schon ganz auf die Kirche hin ausgespannt und steht umgekehrt die Kirche bleibend im Horizont Israels.

Solche innere Verwiesenheit zeigt sich zuletzt darin, dass auch die Kirche (entsprechend dem »Gemeinwesen Israels«) eine Sozialgestalt besitzt. Wenn sich unser Text gezielt einer gesellschaftlich-politischen Sprache bedient (Mitbürger, Fremde, Zugewanderte)[118], dann will er damit offenkundig sagen: In der »Bürgerschaft« Kirche verwirklicht sich im Namen Christi etwas, wovon das in sich zerspaltene Römische Reich im Namen der Pax Caesaris nur träumen kann: der endzeitliche Friede zwischen Menschen sehr unterschiedlicher Herkunft und Kultur, die in der Kirche unterschiedslos die gleichen »Bürgerrechte« und »-pflichten« haben. »Zugereiste« und »Fremde« kennt sie nicht.

5,5) nun heilbringende Gemeinschaft mit Gott selbst, das »Versetzt-Sein in die himmlischen Bereiche«, kurz, Leben im Vollsinn. – Zum Thema »Erbe« vgl. zuletzt *R. Nieswandt*, Abrahams umkämpftes Erbe. Eine kontextuelle Studie zum modernen Konflikt von Juden, Christen und Muslimen um Israel/Palästina (SBB 41), Stuttgart 1998, 348–362 (»Das Fortleben des Landthemas im Neuen Testament«).

[117] Vgl. Jes 52,7; 57,19. Die Anspielungen auf das Jesaja-Buch in 2,13ff. sind also das konkrete Schrift-Pendant zur eher theologisch-abstrakten Rede von der »Verheißung« in 2,12b¹.

[118] Dazu vgl. *R. Feldmeier*, Die Christen als Fremde. Die Metapher der Fremde in der antiken Welt, im Urchristentum und im 1. Petrusbrief (WUNT 64), Tübingen 1992.

C. *Bedeutung und Fragen für heute:* Drei Themen sind es, die der für den Epheserbrief so zentrale Abschnitt 2,11–21 uns zu denken aufgibt: *Kirche und Israel, Kirche als gesellschaftlich-politisches Modell, die Kirche als Gottesbau – die ökumenische Frage.*

Erstens: Wichtig ist, dass unser Autor in 2,11–21 keine nach allen Seiten hin abgewogene Erörterung zum Problemfeld *Kirche und Israel* vorlegt. Deshalb sollte man auch vorsichtig sein mit Fragen, die ihn offensichtlich nicht bewegt haben beziehungsweise im Gespräch mit seinen Adressaten für ihn nicht aktuell waren. Insbesondere bleibt hier die Frage außer Betracht, was denn mit der überwältigenden Mehrheit der Juden in Palästina und in der Diaspora ist, die entweder vom »Evangelium des Friedens« (6,15) nichts gehört oder aber sich bewusst *gegen* es entschieden haben. Darauf geht Paulus in seinem Römerbrief, Kapitel 11, ein und gelangt zu der Antwort, dass Gott in seiner überreichen Barmherzigkeit auch diesem Teil Israels gegenüber seine Bundestreue bewahren wird – eine Antwort, die für unsere heutige Sicht des Verhältnisses von Kirche und Synagoge in ihrer ganzen Tiefe erst noch zu entdecken ist[119]. Der Epheserbrief-Autor, der durchaus Röm 9–11 kannte und sozusagen als frühester Zeuge in der Wirkungsgeschichte dieser berühmten Kapitel gelten darf[120], hat zu diesen Fragen geschwiegen, woraus man aber nicht schließen darf, er hätte das »ungläubige« Israel abgeschrieben. Nein! Er hat sich zu dieser Frage nur nicht geäußert[121].

---

[119] Zu Röm 11 vgl. zuletzt W. *Keller*, Gottes Treue – Israels Heil. Röm 11,25–27 – Die These vom »Sonderweg« in der Diskussion (SBB 40), Stuttgart 1998.

[120] Vgl. Eph 2,12 mit Röm 9,4f., Eph 2,9 mit Röm 11,18 und Eph 3,6 mit Röm 11,17.

[121] Bedenkt man aber, dass Paulus in Röm 11 die »Errettung ganz Israels« mit der Wiederkunft Christi bei seiner Parusie verbindet, und sieht gleichzeitig, dass der Autor des Epheserbrief solche Parusie-Erwartung wahrscheinlich überhaupt schon aufgegeben hat bzw. sie ihm als lebendige Glaubenswirklichkeit verblasst ist (vgl. oben den Exkurs »Zur Vorstellung der Zeit im Epheserbrief«), dann fragt man sich, ob und wie er mit Röm 11 theologisch hätte umgehen können. Man muss also damit rechnen, dass auch die sich wandelnden eschatologischen Vorstellungen der frühen Kirche schon bald einer ungebrochenen Rezeption von Röm 11 nicht mehr günstig waren.

Allerdings hat er Israel deutlich als »Vorentwurf« der Kirche begriffen, weshalb erst in ihr Sinn und Ziel des Heilsplans Gottes mit der Welt offenbar werden: nämlich »das All in Christus aufzugipfeln« (1,10) beziehungsweise die Menschheit – Heiden und Juden – im endzeitlichen Frieden zusammenzuführen. Doch muss man Acht geben, dass man diese Aussage nicht in ein falsches Licht rückt. Keinesfalls ist unser Autor im Sinn der heute sogenannten »Substitutionstheorie« zu verstehen, nach der die Kirche Israel *ersetzt*, das alte Gottesvolk *ablöst* und dessen Geschichte zu *Ende* bringt. Wollte man den Text so verstehen – und man hat ihn über Jahrhunderte so verstanden[122] –, dann würde man die Intention unseres Autors geradezu in ihr Gegenteil verkehren. Eine »heilsgeschichtliche« Ablösungstheorie lag ihm fern. Ihm ging es angesichts eines in den heidenchristlichen Gemeinden zur Gefahr gewordenen *Antijudaismus* im Gegenteil darum, seinen Adressaten klar zu machen, was die Teilhabe am Erbe Israels in der Kirche aus Juden und Heiden *für sie* bedeutet. Nicht dass Israel in der Kirche aufgeht, sondern dass umgekehrt die Kirche im Horizont Israels und seines Gottes steht – das bestimmt die Aussageintention des Textes!

Freilich war dem Epheserbrief mit seiner Proklamation der einen Kirche aus Juden und Heiden in der Geschichte kein Erfolg beschieden, was vielleicht auch nicht möglich war, wenn man bedenkt, dass seine »idealistische« Sicht des Judentums, die die »Beschneidung« zu etwas rein Äußerlichem (11b²)[123] und die Ritualgesetzgebung gar im Unter-

---

[122] Aber auch heute noch! Vgl. *Hübner*, Eph 182f.: »Für den AuctEph hat die Kirche die Heilsrelevanz Israels ein für allemal abgelöst. Er vertritt also unbestreitbar die oft so polemisch bestrittene *Substitutionstheorie*. *Sie ist nicht eine Erfindung bestimmter Exegeten, sondern genuin neutestamentlich*!« Richtig ist an dieser These, dass nach Eph 2 Israel als solches keine Heilsrelevanz besitzt (weil alles Heil »in Christus« beschlossen liegt). Falsch an ihr ist aber zweierlei: Zum einen entspricht die Ablösungstheorie nicht der *Pragmatik* des Textes (vgl. oben!), zum anderen verdunkelt sie als ekklesiologisch gefasste Theorie (die *Kirche* löst Israel ab) die spezifisch messianische Christologie des Eph, nach der das Werk Christi auf der Linie der an Israel ergangenen Verheißung zu sehen ist (vgl. 2,12b¹).

[123] Die Meinung des jüdischen Kaufmanns Ananias, der Königssohn von Adiabene »könne Gott auch ohne Beschneidung verehren, wenn er nur

schied zum Ethos des Dekalogs (6,2f.) schlicht für irrelevant erklärte, nicht wirklich dem Wesen des »realen« Judentums entsprach, wie dieses sich später in seinen maßgeblichen rabbinischen und talmudischen Vertretern sah[124]. Überdies wurde die jüdische Minderheit schon bald aus der Kirche hinausgedrängt[125], und die Geschichte der Heidenchristen wurde zu einer Geschichte nicht der Versöhnung mit Israel, sondern von immer wiederkehrenden Verfolgungen der Synagoge durch die Kirche.

In unserem Jahrhundert vermochte der Epheserbrief sich freilich einmal Gehör zu verschaffen, nämlich im Spätsommer 1933, als die Evangelisch-Theologische Fakultät Marburg um ein Gutachten zur Einführung des sogenannten »Arierparagraphen« in den evangelischen Landeskirchen

die gottesdienstlichen Gebräuche der Juden befolgen wolle, die viel wichtiger als die Beschneidung seien ...«, wird wohl eher eine Außenseitermeinung gewesen sein, die auch gleich von einem anderen aus Galiläa gekommenen Juden namens Eleazar Widerspruch erfährt (Josephus, Antiquitates XX 40–46). Vgl. aber auch die folgende Anm.!

[124] Allerdings darf man deren spätere Sicht nicht einfach in die Zeit des Epheserbriefs als die angeblich auch dort maßgebliche zurückprojizieren, sondern muss in historischer Sicht sagen: Im Kontext des *hellenistischen* Judentums der Diaspora seiner Zeit, das allerdings nicht überlebte, beschreibt die Position des Epheserbriefs zum »Gesetz« durchaus eine jüdische, wenn auch extreme Denkmöglichkeit, wie die Hinweise zu Philo von Alexandrien oben (vgl. S. 90 mit Anm.113) veranschaulichen wollten. Dass dessen Linie nicht einfach als Ausnahme abgetan werden darf, kann man dem Beitrag von *T. Holtz*, Zur Frage der inhaltlichen Weisungen bei Paulus: ThLZ 106 (1981) 385–400, entnehmen, der darauf aufmerksam macht, »dass in hellenistisch-jüdischer Literatur wie JosAs, Ps-Phoc oder auch Test XII Patr, kultisch-rituelle Gebote, vor allem der Beschneidung, überhaupt keine Rolle spielen« (394).

[125] Zur Geschichte des Judenchristentums vgl. den Überblick von *G. Strecker*, Art. Judenchristentum: TRE 17 (1988) 310–325. Allerdings wird man vorsichtig bleiben. *Kampling*, Innewerden, a.a.O. (S. 17 Anm. 14) 109 Anm. 15, gibt zu Recht zu bedenken: »Die These, der Anteil der aus dem Judentum stammenden Mitglieder der Gemeinden habe sich bereits gegen Ende des 1. Jahrhunderts minimalisiert, ist zunächst einmal eine Vermutung der Tübinger Schule, die dadurch, dass sie immer noch tradiert, keineswegs verifiziert wird. Gegen diese Vermutung sprechen sowohl kirchen- wie theologiegeschichtliche Entwicklungen der christlichen Spätantike, die ohne eine personale Anbindung an das Judentum kaum erklärbar sind. Nichts wäre freilich, selbst wenn die These stimmte, über den tatsächlichen Einfluss von messianischen Juden als maßgebliche Minorität gesagt«.

gebeten wurde. Da widersetzte man sich diesem Vorhaben unter Berufung auf »die volle *Einheit zwischen jüdischen und nichtjüdischen Christen* in der Kirche, wie sie im Neuen Testament am eindrücklichsten der *Epheserbrief* entwickelt«[126].

Nicht zu unterschätzen ist aber *zweitens* die Wirkung, die das Friedensmodell unseres Schreibens in *gesellschaftlich-politischer* Hinsicht ausgeübt hat und immer noch ausübt[127]. Trennende Mauern zwischen Nationen und Religionen, Rassen und Klassen gibt es in unserer zusammenwachsenden Welt genug, und es werden auch immer wieder neue aufgerichtet. Eine Kirche, die sich auf den Epheserbrief beruft, kann nicht umhin, auf allen ihren Ebenen, gerade auch in ihren konkreten Gemeinden vor Ort, *modellhaft* vorzuleben, was es heißt, dass Menschen unterschiedlicher Herkunft, Hautfarbe, Bildung und Kultur im Zeichen des Friedens Christi zusammenzuleben vermögen. Eine *Apartheid* gibt es in der Kirche Christi nicht! Das macht ihr spezifisches Versöhnungszeugnis aus!

Freilich – auch die Kirche ist eine Baustelle! Von der Kirche spricht der Epheserbrief in vielen Bildern: Sie ist Leib Christi, Braut und Ehefrau Christi, ein Hauswesen (19b), ein Tempel (21), eine Wohnung (22). Mit das aussagekräftigste Bild dieser Reihe ist das des Gebäudes, das noch nicht fertig gestellt, sondern im Wachsen begriffen ist (kein »Haus voll Glorie schauet weit ...«!)[128]. Fest steht allein das Fundament – »die Apostel und die Propheten« mit dem entscheidenden

---

[126] Vgl. *H. Liebing*, Die Marburger Theologen und der Arierparagraph in der Kirche. Eine Sammlung von Texten aus den Jahren 1933 und 1934, aus Anlass des 450jährigen Bestehens der Philipps-Universität Marburg im Auftrag des Fachbereichs Evangelische Theologie neu hrsg., Marburg 1977, 9–15, 14.

[127] Vgl. des näheren *W. Rader*, The Church and Racial Hostility. A History of Interpretation of Eph. 2: 11–22 (BGBE 20), Tübingen 1978.

[128] Vgl. *F. Schnider/W. Stenger*, Die Kirche als Bau und die Erbauung der Kirche. Statik und Dynamik eines ekklesiologischen Bildkreises: Conc. (D) 8(1972) 714–720. »Ausgeschlossen bleibt ... jede Form eines kirchlichen Triumphalismus, und sei es auch der bekümmerte, romantisch-reaktionäre Triumphalismus, der die heutigen Veränderungen in der Kirche nur als ein Abbröckeln von einmal erreichten Vollendungszustand des Baus der Kirche begreifen kann ... Die Kirche ist Bau und Baustelle zugleich.«

Eckstein[129] Christus, an dem die Fluchtlinien des Gebäudegrundrisses Maß zu nehmen haben. Im Übrigen sind die Steine lebendige Menschen, aus denen das Ganze heranwachsen soll. In *ökumenischer* Hinsicht scheint das von Bedeutung: Zerspalten in unterschiedliche Konfessionskirchen und christliche Gruppen, schuldet die Kirche als das wachsende Gottesgebäude in dieser Zeit der Welt vor allem das Zeugnis der Einheit (aber in welchem Sinn?[130]). Halten wir hier zunächst fest, dass die gemeinsame Orientierung an den »Aposteln und Propheten« (gemeint sind frühchristliche Propheten, nicht die Schriftpropheten des Alten Testaments![131]) grundlegend für ein sachgemäßes Verständnis von

---

[129] Die Einheitsübersetzung gibt unter dem Eindruck der nach wie vor einflussreichen kleinen Studie von *J. Jeremias*, Der Eckstein, in: Angelos 1 (1925) 65–70; auch *ders.*: ZNW 36 (1937) 154–157, das entsprechende griechische Wort ἀκρογωνιαῖος mit »Schlussstein« wieder. In Antike und Mittelalter war diese Deutung keineswegs die vorherrschende (vgl. die Hinweise bei *Schnackenburg*, Eph 124 Anm. 298), obwohl man z. B. in der Gotik dem »Schlussstein« des Gewölbes besondere künstlerische Aufmerksamkeit schenkte, um ihn unter dem Einfluss vor allem von Eph 2,20 mit »Darstellungen des Lammes, des Salvators, Christusbüsten und -monogramme(n)« zu schmücken, aber nicht nur (*N. Nußbaum/S. Lepsky*, Das gotische Gewölbe. Eine Geschichte seiner Form und Konstruktion, Darmstadt 1999, 166). Dennoch sprechen zwei Gründe gegen diese Deutung: a) Zur Logik des Bildes vom Bau, der im Wachstum begriffen ist (die Kirche ist eben keine »Kathedrale«), passt die Übersetzung »Schlussstein« nicht; denn der wird erst ganz am Ende in die Konstruktion eingefügt, wohingegen der ἀκρογωνιαῖος Christus schon gelegt ist. – b) Entscheidend aber dürfte ein weiterer Jesaja-Text sein, nämlich Jes 28,16, die einzige Stelle des griechischen Alten Testaments, wo das Wort ἀκρογωνιαῖος vorkommt. Dort liest man: »Darum spricht der Herr JHWH: Siehe, ich lege auf dem Zion ein hartes Gestein, einen kostbaren *Eckstein* als Fundament: Wer glaubt, wird nicht zuschanden werden«. Vgl. auch 1 Petr 2,6; (Röm 9,33).

[130] Dazu vgl. besonders unten zu 4,1–6!

[131] So freilich hat man die Formel über Jahrhunderte hinweg verstanden, wofür z. B. der Säulenschmuck in vielen Kirchen der Renaissance- und Barockzeit Zeugnis ablegt: Auf der linken Seite postierte man die Schriftpropheten, auf der rechten die 12 Apostel, zusammen die Fundament-Heiligen der Kirche. Doch spricht gegen diese Deutung zum einen, dass die Propheten nicht an erster, sondern an zweiter Stelle stehen, sodann dass sie sogleich in 3,5 neben den Aposteln noch einmal genannt werden, »und zwar als diejenigen, denen das Christusgeheimnis offenbart wurde und die – so muss man aus 3,6f. schließen – das Evangelium verkündigt haben« (*Schnackenburg*, Eph 122).

Einheit ist. Der nächste Abschnitt unseres Schreibens, 3,1–13, wird darüber weiteren Aufschluss geben.

5. Erinnerung an Paulus
Der Apostel als Offenbarungsmittler (3,1–13)

1a Deshalb ich, Paulus,
1b der Gefangene Christi Jesu *für euch,* die Heiden –
2a ihr habt doch sicher von dem Plan der *Gnade Gottes* gehört,
2b *die mir* für euch *verliehen wurde,*
3a dass mir (nämlich) gemäß einer Offenbarung das *Geheimnis* kundgetan wurde,
3b wie ich es vorher kurz beschrieben habe,
4a[1] woran ihr,
4b wenn ihr lest,
4a[2] meine Einsicht in das *Geheimnis* Christi erkennen könnt,
5a das in früheren Generationen den Menschenkindern nicht kundgetan worden war,
5b wie es jetzt offenbart worden ist seinen heiligen Aposteln und Propheten im Geist,
6 dass (nämlich) die Heiden Mit-Erben und Mit-Leib und Mit-Teilhaber der Verheißung in Christus Jesus sind durch das Evangelium,
7a dessen Diener ich geworden bin gemäß dem Geschenk der *Gnade Gottes,*
7b *die mir verliehen wurde* gemäß dem Wirken seiner Kraft.

8a *Mir, dem Geringsten von allen Heiligen,*
8b *wurde diese Gnade verliehen*,
8c den Heiden den unerforschlichen Reichtum Christi zu verkünden
9a und ans Licht zu bringen,
9b worin die Durchführung des *Geheimnisses* besteht,
9c das seit ewigen Zeiten verborgen war in dem Gott,
9d der das All geschaffen hat,
10 damit jetzt den Mächten und den Gewalten in den himmlischen Bereichen durch die Kirche die vielfältige Weisheit Gottes kundgetan werde,

11a gemäß der Vorherbestimmung der Zeiten,
11b die er in Christus Jesus, unserem Herrn, getroffen hat;
12 in ihm haben wir Zuversicht und Zugang (zu Gott)
im Vertrauen durch den Glauben an ihn.
13a Deshalb bitte ich,
13b nicht zu verzagen wegen meiner Drangsale *für euch*,
13c die euer Ruhm sind.

A. *Form, Aufbau und Thema des Textes*: Mit 3,1 setzt der Epheserbriefautor eine markante Zäsur: »Ich, Paulus«, lässt er den Apostel sagen, wobei das voranstehende »deshalb« ausdrücklich auf die Verse zuvor, 2,11–21, Bezug nimmt. Den Satz, den »Paulus« in Vers 1 beginnt, führt er aber nicht zu Ende; in Vers 2 kommt ihm ein anderer Gedanke dazwischen und verhindert den Abschluss des ursprünglich begonnenen Satzes. Liest man im Text weiter, dann findet man die Fortsetzung von 3,1 erst zu Beginn der nächsten Texteinheit, nämlich in 3,14 (»deshalb beuge ich meine Knie zum Vater«), wo »Paulus« zum Gebet für seine Adressaten ansetzt. Dieses Gebet schwebte ihm schon in 3,1 vor, doch schiebt er seine Ausführung hier noch auf. Warum?
In 2,11–21, dem zentralen Mittelstück der ersten Briefhälfte, war das Heilswerk Christi das Thema, und zwar unter dem Gesichtspunkt, dass jetzt Friede herrscht zwischen Juden und Heiden, diese die gleichberechtigten Partner der Judenchristen in der *einen* Kirche Jesu Christi sind. Wie könnte man vergessen, welch überragende Rolle bei der Gewinnung dieser Einsicht und ihrer Durchsetzung in der frühen Kirche gerade der »Apostel der Heiden« (Röm 11,13), Paulus, gespielt hat! So ist es nur sachgemäß, wenn der Epheserbriefautor im Anschluss an 2,11–21 nun auch die Rolle des Apostels würdigt, die diesem aufgrund seiner spezifischen Berufung bei der Verwirklichung der *einen* Kirche aus Juden und Heiden zugefallen war. Ausdrücklich erinnert er deshalb in Vers 3a.b daran, dass das »Geheimnis«, wie »Paulus« es »vorher (in 2,11–21) kurz beschrieben hat«, Inhalt der »Offenbarung« ist, die diesem bei seiner Berufung vor Damaskus einst zuteil geworden war. Vers 6 fasst in diesem Zusammenhang knapp zusammen, was 2,11–21 im Einzelnen ausgeführt hatte: »die Heiden sind Mit-Erben und Mit-

Leib und Mit-Teilhaber der Verheißung in Christus Jesus (geworden) durch das Evangelium«. Das genau ist die Einsicht, welche die Kirche vor allem Paulus, dem »Heidenapostel«, zu verdanken hat.

3,1–13 bietet also eine *Paulus-Erinnerung*, die theologisch sehr reflektiert ist. Sie baut auf Kol 1,24– 2,5 auf, flicht aber auch Formulierungen in den Text ein, die Paulus selbst benutzt hat, als er von seiner Berufung sprach: Gal 1,15f., 1 Kor 15,9 und Röm 12,3; 15,15[132]. Täuscht der Satzabbruch nach Vers 1 ein lebendiges Diktat des Briefs vor, so zeigt eine genauere Betrachtung der *Form* unseres Abschnitts doch, wie sorgfältig der Autor auch diesen gestaltet hat. Zum einen ist hier wieder die *Rahmung* der Verse zu nennen, die den Hörern das in ihnen verhandelte Thema einprägen soll: die Rede vom »für euch (die Heiden)« leidenden Apostel in Vers 1b und Vers 13b verklammert den Text. Zum anderen fällt das Augenmerk auf die Formel von der »Gnade Gottes, die mir verliehen wurde«, die der Autor dreimal (2.7.8) gezielt einsetzt, um die Gliederung der Texteinheit in *zwei* kleinere Abschnitte kenntlich zu machen (1–7/8–13). Diese verlaufen parallel: Sie sprechen jeweils vom »Geheimnis Christi« (3a.4a²/9b), das bislang verborgen war, jetzt aber kundgetan wurde (5/9c–10), und bestimmen es näher: zuerst nach seinem heilsgeschichtlichen *Inhalt* (6), dann im Blick auf seine weltweite, kosmische *Bedeutung* (10: den Mächten und Gewalten soll es kundgetan werden). Beides gehört eng zusammen, wie uns die Auslegung des Textes belehren wird.

B. *Inhalt und Auslegung*: Zwei Brennpunkte besitzt unser Text: Er zeichnet mit wenigen markanten Strichen ein Bild von der *Person* des Apostels Paulus und erinnert zugleich an seine *Botschaft*. Beides gehört für ihn derart eng zusammen, dass Biographisches nur Erwähnung findet, insofern es mit

---

[132] Gal 1,15f.: »Als aber Gott, der mich schon im Mutterleib auserwählt und *durch seine Gnade* berufen hat, beschloss, mir in seiner Güte seinen Sohn zu *offenbaren*, damit ich ihn *unter den Heiden verkündige* ...«; 1 Kor 15,9: »Ich bin nämlich der *geringste* von den Aposteln, nicht wert, Apostel genannt zu werden« (Eph 3,8 steigert diese Aussage noch: »mir dem Geringsten *aller Heiligen*«); Röm 12,3: »Ich spreche nämlich *kraft der Gnade, die mir gegeben wurde*, zu einem jeden unter euch«; 15,15: »... kraft der Gnade, die mir von Gott gegeben worden ist«.

der Sendung des Apostels zu tun hat, und dann auch nur sparsam und in Andeutungen.

Drei Momente sind es, die unser Text aus dem Leben des Apostels in Erinnerung ruft, freilich in unterschiedlicher Intensität. Vers 8a spielt auf seine *vorchristliche Vergangenheit* an, konkret darauf, dass er die Kirche einst verfolgt hat (1 Kor 15,9; Gal 1,14; Phil 3,6). Hat Paulus selbst sich deswegen im 1. Korintherbrief den »Geringsten der *Apostel*« (15,9) genannt, so steigert unser Autor das zu der Wendung: »der Geringste von *allen Heiligen* (= Christen)«. Wichtig ist ihm das deshalb, weil daran die überwältigende Macht der *Gnade* Gottes (2a.7a.8b) sichtbar wird: Sie hat aus dem fanatischen Christenverfolger (vgl. Apg 8,3; 9,1f.21 und öfter) den glühenden Apostel gemacht!

Damit ist dann auch schon das zweite Moment benannt, das für unseren Text entscheidend ist: die *Berufung des Paulus* vor Damaskus! Sie steht hinter den Versen 2–7 und 8, wobei unser Autor aber von jeglichem biographischem Detail absieht. Ihm geht es um das Wesentliche: Damals wurde Paulus »gemäß einer Offenbarung« (3a; vgl. Gal 1,12) das Heils-»Geheimnis« Gottes (3a.9b) kundgetan, wie es in Christus beschlossen liegt (4a²), um es »den Heiden als Frohbotschaft zu verkünden« (8c). Dass dieses Geheimnis allen früheren Generationen verborgen war (5a.9c), um jetzt durch den Völkerapostel der Welt kundgetan zu werden, zeigt die überragende Rolle, die ihm nach Ansicht unseres Autors zukommt. Allerdings geht dieser nicht so weit, über Paulus die übrigen »Apostel und Propheten« der christlichen Frühzeit zu vergessen. Zu behaupten, Paulus sei der eigentliche Gründer des Christentums gewesen, wie man das immer wieder im 19. und 20. Jahrhundert getan hat[133], wäre ihm nicht in den Sinn gekommen. So gleitet er – bezeichnend genug! – im Vers 5b unversehens von Paulus zu diesem größeren Kreis von »Aposteln und Propheten« hinüber, in der Überzeugung, dass die Christusoffenbarung, die diesen zuteil geworden ist (wahrscheinlich denkt unser Autor dabei

---

[133] »Dies ist der *erste Christ*, der Erfinder der Christlichkeit! Bis dahin gab es nur einige jüdische Sektierer« (*F. Nietzsche*, Morgenröte. Gedanken über die moralischen Vorurteile, in: ders., Werke in 3 Bänden [hg. von K. Schlechta], München 1954, I 1058).

konkret an die österlichen Erscheinungen Christi nach
1 Kor 15,5–7), in ihrem inhaltlichen Kern nichts anderes
besagen könne als die »Offenbarung«, die Paulus empfangen
hat. Bemerkenswert ist aber, wie unser Autor – ein getreuer
Paulus-Schüler – nun alles aus der Perspektive »seines« Paulus sieht. Musste Paulus selbst noch um die Anerkennung
seines Apostolats durch die Jerusalemer Ur-Apostel kämpfen[134], so ist er hier in den Augen seines Schülers zu *dem*
Apostel *schlechthin* aufgerückt.

Das dritte Moment aus der Biographie des Apostels, an das
unser Text erinnert, ist seine *römische Gefangenschaft*
(1b.13b; vgl. Kol 1,24). Mag sie, irdisch besehen, mit der
Niederlage seines Todes geendigt haben, so ist sie in Wahrheit doch Grund genug zum »Ruhm« (13c). So sagt unser
Autor auch nicht: »Gefangener der *Römer*«, sondern
»Gefangener *Christi Jesu*« (1b; vgl. 4,1)! In seinem Dienst
kam bis zum letzten Atemzug Christus selbst zum Zug,
setzte sich »der Plan der Gnade Gottes« (2a) durch – siegreich.

Die *Botschaft* des Apostels – der zweite Brennpunkt unseres
Textes – kommt in diesem zweifach zur Sprache, zunächst in
Vers 6 in einer Art Zusammenfassung dessen, was schon
2,11–21 des Näheren ausgeführt hatte und hier deshalb nicht
noch einmal kommentiert werden muss: Das Geheimnis
Christi, wie Paulus es verkündet, beinhaltet die *Einheit der
Kirche*, insofern jetzt auch die »Heiden« zu »Mit-Teilhabern
der Verheißung in Christus Jesus«[135] geworden sind. Sodann
ist zweitens in den Versen 9b–12 die Rede von der »*Durchführung* dieses Geheimnisses« (9b)[136], wobei der Text zum
heilsgeschichtlichen Aspekt der Kirche (Juden – Heiden)
den *kosmischen* hinzufügt: Der unter den Mächten und
Gewalten zerrissenen Welt soll die Kirche zeigen, was Gott

---

[134] Man lese Gal 1; 1 Kor 9,1ff.; 2 Kor 11,16ff. u. ö.

[135] Der Begriff der »Verheißung«, mit dem der Autor hier 2,12 aufgreift,
steht bezeichnenderweise für das Heilsgut schlechthin, die Gabe des
Heiligen Geistes, der »Angeld des Erbes« (Eph 1,14a) ist.

[136] Die Zusammengehörigkeit von 3,5f. und 3,9f. ist leicht daran zu erkennen, dass beidesmal das sog. »Offenbarungsschema« (vgl. auch Röm
16,25f.) zum Zuge kommt: einst war das Geheimnis Gottes verborgen –
jetzt aber wurde es offenbar.

in seiner Weisheit mit ihr insgesamt vorhat (10): sie unter seiner Herrschaft zu der *Einheit* zu führen, die ihm als dem Schöpfer des Alls (9d) und Herrn über die Zeiten (11a) immer schon vorschwebte[137]. Freilich ist das in Vers 10 in einer mythologischen Sprache gesagt, die für uns schwer verständlich ist, sich aber unter Rückgriff auf 2,1–10[138] aufschlüsseln lässt: Die Kirche – das sind die Getauften, die nach 2,6 »in Christus« jetzt schon in die himmlischen Bereiche versetzt sind und dort mit Christus auf himmlischen Thronen Platz genommen haben! Durch ihre Existenz soll den scheinbar die Welt beherrschenden Planeten und Gestirnen am Himmel (vgl. 6,12)[139] kundgetan werden, dass sie selbst durch Christus entthront worden sind; er hat allen, die jetzt in seinem Heilsraum leben, die Freiheit von solchen die Erde versklavenden Mächten geschenkt. Deshalb heißt es in Vers 10: So soll »jetzt den Mächten und Gewalten *in den himmlischen Bereichen* durch die Kirche die vielfältige Weisheit Gottes kundgetan werden«. Will man das in unsere Sprache übersetzen, dann könnte man sagen: Hier bedenkt unser Autor ausdrücklich die Beziehung der Kirche zur Welt! In dem Maße die Kirche die ihr eingestiftete Einheit bei sich selbst verwirklicht, leistet sie auch der Welt gegenüber ihren Dienst: Sie zeigt, auf welchem Weg die Welt befriedet werden kann: unter der Herrschaft ihres Schöpfers und seines Repräsentanten Jesus Christus.

C. *Bedeutung und Fragen für heute*: Dreimal begegnet die Formel »*Apostel und Propheten*« im Epheserbrief: in 2,20; 3,5 und 4,11. War in 2,20 vom »*Fundament* der Apostel und Propheten« die Rede, auf dem die Kirche zum »heiligen Tempel« heranwächst, wobei Christus als der alles entscheidende »Eckstein« gilt, so entfaltet unser Abschnitt 3,1–13 im

---

[137] Dazu vgl. 1,10, wo programmatisch von der »Aufgipfelung« der Welt in Christus die Rede war.
[138] Zum Bezug von 3,1–13 zu 2,1–10 vgl. oben den Bauplan der ersten Briefhälfte S. 22! Was die beiden Texte miteinander verbindet, ist ihre räumliche Vorstellungsweise: Dass die »Gläubigen« auf Thronen »in den himmlischen Bereichen in Christus Jesus« Platz genommen haben (2,6), das sagt 3,5 von der Kirche als ganzer.
[139] Vgl. oben S. 55!

Blick speziell auf Paulus, worin die zuvor behauptete Fundament-Funktion der »Apostel und Propheten« besteht. Gewiss gab es zur Zeit des Epheserbriefs[140] keine Apostel, wahrscheinlich auch keine »Propheten« mehr (also Leute, die im Namen Jesu den Gemeinden besondere »Offenbarungen« mitzuteilen wussten[141]). Jedenfalls gelten unserem Autor *beide*, Apostel wie Propheten, als die entscheidenden Größen aus der *Anfangszeit* der Kirche, weshalb er ihre kirchliche Bedeutung auch mit dem Bild des Fundaments umschreiben kann. An der dritten Stelle, in 4,11, setzt er sie an die Spitze einer Liste von »Ämtern«, die er auf seine Gegenwart hin öffnet, um so zum Ausdruck zu bringen, dass die Kirche auch nach dem Tod der Gründerfiguren die Fürsorge Christi in Gestalt ihr immer wieder geschenkter Dienst-Ämter nicht zu entbehren braucht: »Apostel, Propheten, Evangelisten, Hirten und Lehrer«!

Allein der zeitliche Vorsprung begründet die Fundament-Funktion der »Apostel und Propheten« aber noch nicht. Hinzu kommt ein Zweites, das entscheidend ist: Paulus wurde in seiner Berufung eine *Offenbarung des auferweckten Christus* zuteil, welche seine Sendung zu den *Heiden* beinhaltete[142]. Erst diese »Offenbarung« ließ das *Wesen der Kirche* ganz erkennen, die als der Leib Christi für *alle*, Juden und Heiden, Raum gewähren sollte; dies war eine neue, erst nachösterlich möglich gewordene Erkenntnis, denn wir dürfen nicht vergessen, dass nach dem Zeugnis der Evangelisten Jesus selbst seine Gottesreich-Verkündigung grundsätzlich auf Israel beschränkt hatte[143]. Was den über Paulus hinaus-

---

[140] Zur Datierung des Briefs vgl. oben S. 15 Anm. 8!
[141] Dazu lese man aus dem 1. Korintherbrief Kap. 14!
[142] Bei Eph 3,8 denkt unser Autor wahrscheinlich an Gal 1,15f. (vgl. oben S. 100 Anm. 132).
[143] Als exemplarisch darf der Bogen gelten, den der erste Evangelist von der Verkündigung des irdischen Jesus hin zu seinem Missionsauftrag an Ostern gespannt hat. So heißt es in Mt 10,5: »Geht nicht zu den Heiden, und betretet keine Stadt der Samariter, sondern geht zu den verlorenen Schafen des Hauses Israel«, was Mt 15,24 noch bekräftigt: »Ich bin *nur* zu den verlorenen Schafen des Hauses Israel gesandt!« Erst der Missionsauftrag des Auferstandenen weitet dann die Perspektive: »Da trat Jesus auf sie zu und sagte zu ihnen : Mir ist alle Macht gegeben im Himmel und auf der Erde. Darum geht zu allen Völkern, und macht alle Menschen zu meinen Jüngern ...« (Mt 28,18ff.).

gehenden Kreis der »Apostel und Propheten« betrifft, so hat unser Autor diesen nicht näher definiert. Doch darf man aufgrund von Vers 5b annehmen, dass er auch für diesen (wie schon für Paulus) *Offenbarungen des auferweckten Christus* (Ostererscheinungen) als das hervorstechende Merkmal angesehen hat. Die »Apostel« identifiziert er also nicht mit den von Jesus berufenen »Zwölf« (wie etwa Mt 10,2), sondern versteht unter ihnen (mit 1 Kor 15,7) den Kreis von besonders qualifizierten Osterzeugen, der tatsächlich größer war als der Zwölferkreis[144]. Dass sie allesamt, Apostel und Propheten, der »Offenbarung« des bislang verborgenen Geheimnisses Gottes in Christus gewürdigt wurden (3,5), das macht also nach unserem Autor ihre *Fundament-Funktion* für die *Kirche* aus: *Zu allen Zeiten bleibt diese an ihr unüberholbares, grundlegendes Zeugnis gebunden*[145]!

Nebenbei bemerkt: Hier wird in aller Klarheit deutlich, wie unsinnig eine sich in der Parole »Jesus ja – Kirche nein!« äußernde Stimmung wäre. Was Christus für die Welt bedeutet, das zeigt sich erst im Zeugnis von seiner österlichen Inthronisation zur Rechten Gottes (1,20c), die ihn zum Herrn aller Menschen und Völker erhoben hat. Dieses Zeugnis – es ist das apostolische! – bleibt aber der Kirche eingestiftet und begründet zudem ihre innere Einheit. Denn in jenem Zeugnis – so meint unser Autor – stimmen sie trotz unterschiedlichen Profils alle überein: Paulus und die Urapostel wie die Propheten der ersten Stunde.

Umstritten zwischen den christlichen Konfessionen ist freilich nach wie vor, wie solche bleibende Verwiesenheit der

---

[144] Andernfalls wäre die Abfolge von 1 Kor 15,5 zu 15,7 nicht verständlich: »Und er erschien dem Kephas, dann den Zwölf ... danach erschien er dem Jakobus, dann *allen Aposteln*«.

[145] Von daher wäre es auch von der Sache her verfehlt, einen Gegensatz zwischen 1 Kor 3,11 (»denn ein anderes *Fundament* kann niemand legen, als das, das gelegt ist: Jesus Christus«) und Eph 2,20 (»das *Fundament* der Apostel und Propheten«) zu konstruieren. Der Transfer der Metapher von Christus auf die Apostel und Propheten bedeutet keine Depotenzierung der Christologie zugunsten der Ekklesiologie, sondern betont umgekehrt die grundlegende Funktion des apostolischen Zeugnisses für die Bewahrung der Christologie in nachapostolischer Zeit. Vgl. auch *Schnider/Stenger*, Kirche, a.a.O. (S. 96 Anm. 128).

Kirche auf das apostolische Ursprungszeugnis sich verwirklicht. Beharren evangelische Theologen darauf, dass die Treue zur Heiligen Schrift als *dem* apostolischen Dokument das *einzige* Kriterium für die Apostolizität der Kirche ist[146], so verbinden katholische Theologen die apostolische Überlieferung mit der »Amtssukzession«: »In der Nachfolge des Amtes wird auch die apostolische Überlieferung bewahrt«[147]. »Aber an der einmaligen und unaufhebbaren, für alle Zeiten geltenden und allein maßgeblichen Stellung Jesu Christi als des Ecksteins halten beide Seiten fest«[148]. Dreht sich das gegenwärtige ökumenische Gespräch insbesondere um ein dem Evangelium gemäßes Verständnis des kirchlichen Amtes und bietet sich dabei auch die Chance, in der gemeinsamen Orientierung an der Schrift gegenseitige Missverständnisse sowie falsche Entgegensetzungen abzubauen, so bietet der Epheserbrief auch hier seine Mithilfe an: Der Abschnitt 4,7–16, aus dem die eben zitierte Liste von »Ämtern« stammt, eröffnet wichtige Perspektiven dazu[149]. Im Blick auf 3,1–13 kann man aber schon festhalten: Die Kirche ist von ihrem Ursprung her nicht nur apostolisch, sondern auch *prophetisch* (3,5b)[150]: Der in ihr wirkende Geist verpflichtet sie darauf, *im Heute zu leben*, den *Anruf der gegenwärtigen Stunde* über der Last der noch in die Gegenwart hineinreichenden Vergangenheit konfessioneller

---

[146] Zuletzt pointiert *E. Jüngel*, Das Evangelium von der Rechtfertigung des Gottlosen als Zentrum des christlichen Glaubens. Eine theologische Studie in ökumenischer Absicht, Tübingen ²1999, 216: »Die wahre apostolische Sukzession ist die Sukzession in der Bezeugung der Wahrheit des Evangeliums, wie es im Kanon der Heiligen Schrift identifizierbar ist. An die Stelle des Apostels ist nicht der Bischof, sondern der Kanon getreten. Apostolische Sukzession meint also die Sukzession in der schriftgemäßen Verkündigung und in der ihr entsprechenden Sakramentspraxis. Und dazu sind grundsätzlich alle Glaubenden befähigt«.
[147] *Schnackenburg*, Eph 338f.
[148] Ebd. 339.
[149] Vgl. unten den Exkurs »Das Amt in der Kirche«!
[150] »Beide Gruppen [Apostel und Propheten] haben eine ›Fundament‹ – Funktion; es geht schon mehr um ein theologisches Prinzip als um eine historische Verifizierung. Wenn die ›Apostolizität‹ der Kirche als Element der Ekklesiologie in den Blick kommt, darf auch nicht übersehen werden, dass für Eph das Prophetisch-Pneumatische ebenfalls zur Grundstruktur der Kirche gehört« (*Schnackenburg*, Eph 123).

Zerrissenheiten nicht zu überhören: die Einheit auch zu verwirklichen, die ihr von Christus her immer schon als ihr Wesensmerkmal eingestiftet ist.

6. Fürbitte
Die Gabe eines verständigen Glaubens (3,14–19)

14 Deshalb beuge ich meine Knie zum Vater,
15 von dem jedes Geschlecht in den Himmeln und auf Erden den Namen hat[151],
16a dass er euch gemäß dem Reichtum seiner Herrlichkeit gebe,
16b an Kraft zu erstarken *durch seinen Geist* am inneren Menschen,
17a dass *Christus* in euch wohne durch den *Glauben* in euren Herzen,
17b in *Liebe* verwurzelt und gegründet,
18a damit ihr fähig werdet,
18b mit allen Heiligen zu *begreifen*,
18c was die Breite und Länge und Höhe und Tiefe ist,
19a und die das Erkennen übersteigende Liebe Christi zu *erkennen*,
19b damit ihr erfüllt werdet zur ganzen Fülle Gottes hin.

A. *Form und Aufbau des Textes:* Mit Vers 14 setzt das *Fürbitt-Gebet* ein, das »Paulus« schon in 3,1 vorschwebte, das er aber dort noch nicht ausgeführt hatte. Nach dem »Bauplan« des Schreibens[152] entspricht es genau der brieferöffnenden Fürbitte von 1,15–23, was die Wiederaufnahme der dort den Ton angebenden Trias *Glaube-Liebe-Erkenntnis* (1,15b.17c) bestätigt. Diese Reihe bestimmt jetzt auch unser Gebet am Ende der ersten Briefhälfte (17a.b.19a), wobei der Akzent (wie in 1,17f.) auf der *Erkenntnis* ruht: Die Adressaten möchten in ihrem Glauben zu einem *Verstehen* kom-

---

[151] Wörtlich: »zum *Vater* (πατέρα), von dem her jeder *Vater*stamm (πατριά) (= das von einem gemeinsamen Vater abstammende Geschlecht) ... genannt wird«. Das griechische Wortspiel lässt sich im Deutschen nicht nachahmen.
[152] Vgl. oben S. 22!

men, auch zu einer Glaub*enserfahrung*, die die Tiefen der
Weisheit Gottes in Christus auslotet und ausmisst (3,18c).

B. *Inhalt und Auslegung:* »*Trinitarisch*« denkt auch wieder
unser Fürbitt-Gebet[153], wobei es in atemberaubender Weise
die Glaubenden und Liebenden, für die es bittet, in Gottes
Lebens-»Fülle« (19b) hineinwachsen sieht. Es richtet sich an
den Schöpfer-Gott, den *Vater*, der alles und jedes – auf
»Erden« die Menschen, »in den Himmeln« die Engel und
Sterne – bei ihrem Namen ruft (15)[154]. Es bittet für die Glaubenden, dass sie ihrem »inneren Menschen« nach[155] – das

---

[153] Vgl. unten S. 207 f.!
[154] »Beim Namen genannt/ gerufen werden« (V. 15: ὀνομάζεται) verbindet gleichfalls 3,14–19 mit 1,14–19: Ist es hier der *Schöpfergott*, der alles bei seinem Namen ruft (vgl. Gen 1,5.8 etc.), so sind es dort Menschen, die sich der Namen mit Hilfe magischer Praktiken bemächtigen (1,21a³), um sie sich für die Sicherung ihres eigenen Lebens verfügbar zu machen. – Geht es in 1,20–22 um die Herrschaft Christi, des Repräsentanten Gottes in dieser Welt, über die »Mächte und Gewalten« »in den himmlischen Bereichen«, aber auch um seine soteriologische Bedeutung für die Menschen, so bietet 3,19 dazu die schöpfungstheologische Tiefenperspektive: »In den Himmeln und auf Erden« hat ja alles seit Anfang an den Namen vom Vater-Gott empfangen. Möglicherweise spielt hier unser Autor an auf Ps 147,4 (»er bestimmt die Zahl der Sterne und *ruft sie alle mit Namen*«) und Jes 40,26 (»Erhebt zur Höhe eure Augen und seht: wer hat diese geschaffen? Der ihr Heer bei der Zahl herausführt, *sie alle beim Namen ruft*, dem Kräftereichen und Machtgewaltigen bleibt nicht einer aus« [Übers. C. Westermann]).
[155] Vgl. 2 Kor 4,16: »Darum verzagen wir nicht, sondern, wenn auch unser äußerer Mensch aufgerieben wird, unser *innerer* (*Mensch*) aber wird von Tag zu Tag erneuert«; 1 Petr 3,3f.: »Euer Schmuck soll nicht äußerlich sein: dass ihr das Haar legen lasst, Goldschmuck umhängt und schöne Kleider anzieht, sondern *euer im Herzen verborgener Mensch*, in der Lauterkeit einer freundlichen und ruhigen Gesinnung, die vor Gott kostbar ist«. Vor Paulus ist der Terminus »innerer Mensch« nur bei *Platon* belegt, dem Konzept kommt aber *Philo von Alexandrien* nahe. *Platon*, Politeia 589a: »Wer das Gerechte für nützlich erklärt, der würde behaupten, man müsse solches tun und reden, wodurch *des Menschen innerer Mensch* recht *zu Kräften kommt* (ὅθεν τοῦ ἀνθρώπου ὁ ἐντὸς ἄνθρωπος ἔσται ἐγκρατέστατος)«. Beides, die Rede vom »inneren Menschen« wie von dessen Erstarken – κραταιωθῆναι – ist auch in Eph 3,16 miteinander verknüpft! Für Platon gilt: »The ›inner human being‹ ist the verily human part of humans; Plato is adament that this is the rational part, and that it should dominate the other constituents« (*W. Burkert*, Towards Plato and Paul: The ›Inner‹ Human Being, in:

heißt in ihren »Herzen« (1,18) – »durch Gottes *Geist*« (16b) immer mehr erstarken möchten, ja dass *Christus* in ihnen wohne (17a). Der neue Mensch, der Christus selbst ist (2,14), nehme also gleichsam Gestalt in ihnen an (4,24). Faszinierend ist hier, wie ungeachtet der wachsenden historischen Distanz der nachapostolischen Generation zu Jesus von Nazareth der Christusglaube doch die Züge einer lebendigen, ja geistes-*gegenwärtigen* Frömmigkeit oder auch Mystik besitzt, in der alle Ferne in Nähe verwandelt wird: *Gott, der Vater, möge durch seinen Geist Christus in ihren Herzen wohnen lassen*[156]! Dabei liegt unserem Autor vor allem daran, dass der solche Frömmigkeit tragende Glaube ein gemeinsam (18b: »mit allen Heiligen«) um *Verstehen* bemühter Glaube sei: Den »Raum« der Heilszuwendung Gottes in Christus in allen seinen Dimensionen – Breite, Länge, Höhe und Tiefe[157] – soll er durchmessen und schließ-

---

A.Y. Collins (Hg.), Ancient and Modern Perspectives on the Bible and Culture. Essays in Honor of H.D. Betz, Atlanta 1998, 59–82, 80). Dass Paulus den Begriff ohne Plato-Kenntnis gebildet hat, hält *Burkert*, ebd. 59 Anm. 2, für kaum glaubhaft, womit er sich gegen *C. Markschies*, Die Platonische Metapher vom ›Inneren Menschen‹. Eine Brücke zwischen Antiker Philosophie und Altchristlicher Theologie: ZKG 105 (1994) 1–17, wendet; vgl. *ders.*, »Innerer Mensch«: RAC 18 (1997) 266–312. Außerdem *T.K. Heckel*, Der Innere Mensch. Die paulinische Verarbeitung eines platonischen Motivs (WUNT II/53), Tübingen 1993; *J. Assmann* (Hg.), Die Erfindung des inneren Menschen, Gütersloh 1993.

[156] Der Gedanke der »Einwohnung« Christi im Herzen des Menschen erlangt dann in der späteren Geschichte der christlichen Mystik (man denke an die Predigten eines Meister Eckhart) große Bedeutung.

[157] Die drei ersten Glieder dieser rätselhaften Formel begegnen wortgleich auch in Offb 21,16 zur Beschreibung der himmlischen Stadt Jerusalem als Kubus (»ihre Länge, Breite und Höhe sind gleich«). Hier, in Eph 3,18, ist noch eine vierte Dimension, »die Tiefe«, hinzugefügt. *Hübner*, Eph 196, vermutet deshalb, dass die Formel »die Transzendierung der Dreidimensionalität der vorfindlichen Welt aussagen will«. Möglich ist das, wenn man die im Epheserbrief des Öfteren zum Ausdruck gebrachte *Entgrenzung des Raums* in der Auferweckung Jesu sich vor Augen hält. In jedem Fall bezieht sich diese »kosmische Formel« keinesfalls auf das »Weltganze«, das »als Heilsraum (für unseren Autor) nicht in Frage kommt«, sondern auf Christus bzw. den in ihm in seiner Auferweckung eröffneten Heilsraum, seinen »Leib«, in dem sich die an ihn Glaubenden wiederfinden dürfen. – Eine alte, schon bei Irenäus von Lyon greifbare Auslegung (adv. haer. V 17,4) bezieht die vier Dimensionen auf die vier Enden der Kreuzesbalken, was bis in die neuesten

lich – die höchste Stufe der Erkenntnis – begreifen, dass Christi Liebe doch alles Begreifen übersteigt (19a). Das steht in alttestamentlicher Tradition und atmet den Geist jüdischer Weisheitstheologie: »Die Tiefen Gottes willst du finden, bis zur *Vollkommenheit* des Allmächtigen vordringen? Höher als die Himmel ist sie, was machst du da? Tiefer als die Unterwelt, was kannst du wissen? Länger als die Erde ist ihr Maß, breiter ist sie als das Meer« (Hiob 11,7–9).

C. *Bedeutung und Fragen für heute*: Wiederum geht es unserem Autor um einen »verstehenden« Glauben. Dieser bedenkt Gottes Heilswirken in Christus und ahnt, welche »Tiefe« (18c) sich dem Menschen im Bekenntnis der »Liebe Christi« (19a) erschließt: die eigene Hineinnahme in die »Fülle Gottes« (19b)[158].
Dabei huldigt unser Autor keineswegs der Illusion, der Mensch könne von sich aus mit seinem Intellekt die Abgründe zu Gott hin überwinden. Was der Mensch nicht schon vorgängig an sich selbst in der Gemeinschaft der Glaubenden (18b: »zusammen mit allen Heiligen«) *erfahren* hat (vgl. 16f.), kann er auch nicht mit seiner Vernunft auslo-

---

Kommentare des 20. Jh.s nachwirkt (*Schlier*, Eph 174, sieht hier einen Hinweis auf »jenen universalen, das All umspannenden und Juden und Heiden einenden Leib Christi am Kreuz«; *Gnilka*, Eph 188: »Das Kreuz kommt darin zum Zuge, dass die Liebe des Christus, die letztlich am Kreuz offenbar wurde ..., das höchste und einzige Objekt der angewünschten Erkenntnis ist«). Freilich, so scheint mir, entspricht eine derartige Allegorisierung nicht der ursprünglichen Intention der Formel; als Ausdruck der *Entgrenzung des Raums* verweist sie doch eher auf die in der Auferweckung Jesu Wirklichkeit gewordene »neue Schöpfung«. – Die lange Wirkungsgeschichte von Eph 3,18, vor allem auch in der Kunst, hat *R.L. Füglister*, Das Lebende Kreuz. Ikonographisch-ikonologische Untersuchungen der Herkunft und Entwicklung einer spätmittelalterlichen Bildidee und ihrer Verwurzelung im Wort, Einsiedeln 1964, nachgezeichnet.

[158] »Der Gedanke der Vergottung der Menschen (ist) eingeschlossen«. »Das ist eine Aussage, die auf manches, was später bei den griechischen Vätern und bei orthodoxen Theologen zu lesen ist, vorausweist, aber für westliche Christen, zumal Protestanten fremd ist« (*Luz*, Eph 149). Doch fügt *Luz* hinzu: »*Dieser* Gedanke der Gotterfüllung der Menschen, der von der Liebe Christi ausgeht und in einer Doxologie endet, hebt das ›allein aus Gnade‹ gerade nicht auf« (ebd. 149f.).

ten. Nur als solcher, der schon in das Geheimnis Gottes hineingenommen und von ihm ergriffen ist, vermag er diesem verstehend in seinem Leben zu begegnen.

Angesichts der Erfahrungsdimension im Gottesglauben, worauf das Fürbitt-Gebet so nachdrücklich verweist, darf man sich heute durchaus an das erinnern, was einst Karl Rahner der Kirche hierzulande ins Stammbuch geschrieben hat: »Wir in der Kirche reden zu wenig von Gott oder tun es in einer dürren Indoktrination, der eine wirklich lebendige Kraft fehlt. Wir haben zuwenig die unbegreiflich hohe Kunst einer echten Mystagogie in die Erfahrung Gottes gelernt und wenden sie darum auch viel zu wenig an. Wir haben darum auch das Empfinden, gegenüber dem weltweiten Atheismus einfach nur in der Defensive zu sein«. – »Die Kirche muss also die Kirche des Mysteriums und der evangelischen Freude erlöster Freiheit bleiben. Sie darf nicht zu einem humanitären Wohlfahrtsverein depravieren, schon darum nicht, weil der Mensch sich auf die Dauer gar nicht selber aushält, wenn er nicht in die offene Freiheit Gottes erlöst ist. Nur wenn der Mensch weiß, dass er unendlich mehr ist als unmittelbar greifbar ist, nämlich der Mensch des unendlichen Gottes von schrankenloser Freiheit und Seligkeit, kann er sich auf die Dauer wirklich ertragen. Sonst erstickt er langsam in seiner eigenen Endlichkeit, und alle hohe Rede über die Würde und die Aufgabe des Menschen wird immer verlogener klingen. Darum hat es die Kirche im ersten und im letzten mit Gott zu tun. Zwar ist mit diesem Wort Gott schon unsagbar viel Missbrauch getrieben worden. Zwar ist dieses Wort das am wenigsten begreifliche. Sein wirklicher Inhalt als des unsagbaren Geheimnisses, durch das der Mensch immer überfordert wird, dass er nie in das Kalkül seines Lebens als einen fixen Posten einsetzen kann, muss immer neu durch alle Höhen und Abgründe der menschlichen Erfahrung hindurch erahnt und erlitten werden. Aber so muss die Kirche von Gott reden«[159].

---

[159] *K. Rahner*, Strukturwandel der Kirche als Aufgabe und Chance, Freiburg 1972, 92f.

7. Lobpreis auf den Deus semper maior (3,20f.)

20a Dem aber, der über alles hinaus überschwänglich mehr zu tun vermag,
20b als wir erbitten oder erdenken,
20c¹ gemäß der Kraft[160],
20c² die in uns wirksam ist,
21a ihm sei die Herrlichkeit in der Kirche und in Christus Jesus
21b bis in alle Geschlechter für ewige Zeiten.
21c Amen.

A. *Form und Funktion des Textes in der ersten Briefhälfte*: Dem voranstehenden Fürbitt-Gebet stellt unser Autor in Vers 20f. eine sogenannte »Doxologie« zur Seite, also einen kurzen Lobspruch auf die Herrlichkeit Gottes, wie er im frühchristlichen Gottesdienst üblich war[161]. Die versammelte Gemeinde, also alle, die dem Lektor lauschen, der den Epheserbrief vorträgt[162], bestätigt diesen Lobspruch mit einem »Amen« (21c) – so sei es.
Damit kommt nun die erste große Briefhälfte zu einem feierlichen Abschluss, wobei Fürbitte (3,14–19) und »Doxologie« (3,20f.) dem Lobpreis zu Beginn des Schreibens (1,3–14) samt anschließender Fürbitte (1,15–23) genau entsprechen[163]: Bei Gott beginnt die Gedankenbewegung der Kap. 1–3, zu ihm lenkt sie der Lobpreis am Ende auch wieder zurück.

B. *Inhalt und Auslegung*: Das Fürbitt-Gebet sprach von der »Liebe Christi«, die alle Erkenntnis »überragt« (3,19a). Der Lobpreis Gottes knüpft daran an: »über alles hinaus, was wir erbitten oder erdenken«, vermag er an uns zu handeln. Das meint nicht einfach nur ein »*mehr*«, als wir uns erhoffen, sondern schließt ein »*anders*«, als wir es uns erdenken,

---

[160] »Kraft« (δύναμις) greift V. 20a: »dem, der ... zu tun *vermag*« (τῷ δὲ δυναμένῳ) auf. Im Deutschen lässt sich diese im Urtext schon phonetisch deutliche Wortverbindung, die für das Verständnis der »Doxologie« nicht unwichtig ist, schwerlich wiedergeben.
[161] Vgl. Röm 11,36; Offb 1,5f. und öfters!
[162] Vgl. die Überlegungen zum »Sitz im Leben« des Eph oben S. 24f.!
[163] Vgl. den »Bauplan« oben S. 22f.!

ein[164]. Denn woran misst sich das Tun Gottes, das auf die gemeinschaftlich vorgetragenen Bitten der »wir«[165] antwortet? Es erfolgt »gemäß der Kraft, die (schon) in uns wirksam ist« (20c). Mit anderen Worten: Nicht irgendwelchen Bitten wird »überschwängliche« Erfüllung zuteil, sondern Gottes Zuwendung zur bittenden Gemeinde ergeht »gemäß« dem, was er an ihr zum Heil in Christus schon gewirkt hat. *Dies ist das Kriterium aller erhofften Gebetserfüllung*[166]. Sie wird also dem *Heilswillen Gottes* anheimgestellt und den allzu oft eigensüchtigen Wünschen der Bittenden entzogen. Auch und gerade das Bittgebet bedarf folglich der Katharsis in Christus.

Der Lobpreis dieses Gottes aber wird laut »*in der Kirche und in Christus Jesus*« (21a), wie unser Autor im Unterschied zu sonstigen »Doxologien« der frühen Kirche eigens hinzufügt. Auch hier sollte man nicht argwöhnen, die Nennung der Kirche neben Jesus Christus und gar vor ihm signalisiere eine Verselbstständigung der Ekklesiologie gegenüber der Christologie. Vielmehr ist die Kirche für unseren Autor der Raum, in dem Christus als »Haupt« der Versammlung im Lobpreis und Gebet gegenwärtig wird. Gleichzeitig ist dieser aber auch *der* Maßstab, an dem sich die Kirche in ihrer »Christ«-lichkeit zu messen und an dem sie sich immer wieder auszurichten hat.

---

[164] Vgl. Jes 55,8f.: »Denn meine Gedanken sind nicht eure Gedanken, und nicht sind eure Wege meine Wege, spricht JHWH.
Sondern so hoch der Himmel über die Erde ist,
so hoch sind meine Wege über euren Wegen
und meine Gedanken über euren Gedanken«.

[165] »Beachtlich ist der Übergang vom persönlichen Bitten des Verf. (V. 14) zur Wir-Form ›was wir erbitten oder ersinnen‹. Stillschweigend wird die Gemeinde in das Gebet einbezogen: sein Anliegen soll auch das ihre sein« (*Schnackenburg*, Eph 158).

[166] So kann man unseren Text durchaus in der Nachbarschaft anderer neutestamentlicher Texte sehen, die die unbedingte Zusage Jesu der Gebetserhörung (vgl. Lk 11,9f./Mt 7,7f.) in je unterschiedlicher Weise an Bedingungen knüpfen: Lk 11,13 (»heiliger Geist«); Mk 11,24 (»glauben«); Mt 18,19 (»wenn zwei von euch [im Gebet] übereinstimmen«); Joh 14,13f. (»in meinem Namen« beten); Jak 1,5–8 (»nicht zweifeln«).

C. *Bedeutung für heute*: Gott ist größer als all unser Denken und Beten – auf dass wir das Staunen nicht verlernen. »Und so endet das Denken unseres Verfassers nicht, wie bei einem schlechten Theologen, in einem abschließenden Gedankensystem, und nicht, wie bei einem schlechten Mystiker, in Ergriffenheit oder Versunkenheit in Gott, sondern in der Doxologie«[167]. Auch wenn es sehr einfach klingt: »wir sind zum Lob seiner Herrlichkeit bestimmt« (1,12a), das macht den tiefsten Sinn menschlichen Daseins aus!

---

[167] *Luz*, Eph 150.

Die zweite Briefhälfte (4,1 – 6,17)
Was sollen wir tun?
Die dem Ruf Gottes entsprechende Lebensführung

1. Einheit – nicht Einförmigkeit
Die Grundlegung der ethischen Weisung (4,1–6)

1a	Ich ermahne euch nun,
1b	ich, der Gefangene im Herrn,
1c	würdig zu wandeln der Berufung,
1d	zu der ihr berufen wurdet,
2a	mit aller Demut und Milde,
2b	mit Langmut,
2c	einander ertragend in Liebe,
2d	eifrig bestrebt,
3	die Einheit des Geistes im Band des Friedens zu bewahren:

4a	Ein Leib und ein Geist,
4b	wie ihr auch berufen wurdet zu einer Hoffnung (in) eurer Berufung;
5	ein Herr, ein Glaube, eine Taufe;
6a	ein Gott und Vater aller,
6b	der über allen und durch alle und in allen ist.

A. Form und Aufbau des Textes: Mit 4,1–6 treten wir in die zweite Briefhälfte ein, die der ethischen Unterweisung gewidmet ist. Eröffnet wird sie von der grundlegenden Mahnung zur *Einheit der Kirche*, 4,1–6, zu der auch noch der folgende Abschnitt über die »Ämter« der Kirche, 4,7–16, gehört. 4,1–6 hat zwei Teile, den ermahnenden Zuspruch des »Paulus« in den Versen 1–3 und die Reihe der ihn begründenden Einheits-Aussagen (insgesamt sieben [!]) in den Versen 4–6. Beide Teile knüpfen jeweils an den Gedanken der »Berufung« an (1c.d/4b).
Der stilistisch mit besonderer Sorgfalt bedachte zweite Teil

basiert auf einer gottesdienstlichen »Akklamation« (5.6), also einer feierlichen Anrufung des »Herrn« und des »*einen* Gottes«. Parallelen dazu haben wir im 1. Korintherbrief und 1. Timotheusbrief[1]. »Akklamationen« gab es natürlich auch im öffentlichen Leben des Staates, man denke nur an den römischen Kaiser, der sich die Hoch-Rufe seiner Untertanen bei gegebenem Anlass stets gefallen ließ. Wahrscheinlich hat unser Autor die »Akklamation« der Verse 5 und 6 aus dem Gottesdienst übernommen, hat sie aber in Erinnerung an den zentralen Text der ersten Briefhälfte, 2,14–18, um die »ekklesiologische« Parole Vers 4 erweitert («*ein* Leib und *ein* Geist ...«). So ergibt sich zum wiederholten Mal im Epheserbrief eine »*trinitarische*« Aussage[2], die hier gleichsam von unten nach oben gestuft ist: »*ein* Geist« (der den Leib der Kirche beseelt) – »*ein* Herr« (das Haupt der Kirche, Christus) – der »*eine* Gott« (der über allem ist). Im Übrigen meldet sich auch die andere uns schon bekannte Trias wieder zu Wort – *Glaube* (5), *Hoffnung* (4b) und *Liebe* (2c) –, wobei die Liebe, dem Charakter der Mahnung gemäß, voransteht und den Ton angibt.

B. Inhalt und Auslegung: Zweierlei ist für das Verständnis der ethischen Weisung des Apostels wichtig.
Erstens: Sie richtet sich nicht an den Einzelnen, kreist nicht um sein Glück und seine Selbstverwirklichung, sondern spricht zuallererst die Gemeinschaft an. Sie zielt also keine Individualethik an, sondern orientiert sich grundlegend am Zusammenleben der Menschen im »Leib« der Kirche. Von daher erhalten *Demut* (also Bescheidenheit oder Wissen um die eigenen Grenzen, nicht schwächliche Unterwürfigkeit), *Milde* (das Gegenteil von selbstgerechter Unnachgiebigkeit

---

[1] 1 Kor 8,6: »Aber für uns (gilt nur) der *eine* Gott, der Vater,
aus dem alles ist und wir zu ihm,
und der *eine* Herr, Jesus Christus,
durch den alles ist und wir durch ihn«.
1 Tim 2,5f.: »Denn *einer* ist Gott,
und *einer* ist Mittler zwischen Gott und Menschen,
der Mensch Christus Jesus,
der sich zum Lösegeld für alle gab«.
[2] Vgl. unten S. 207f.!

den anderen gegenüber) und *Langmut* oder *Geduld* als kirchliche Kardinaltugenden einen hohen Stellenwert. Lange genug hat man die Weisung des Apostels in 4,1–3 individualistisch verengt, ohne ihre Gültigkeit gerade für das kirchliche Zusammenleben ernst zu nehmen.
Zweitens gründet die ethische Weisung im Wissen um die *Berufung* durch Gott (1c.d.4b), welches zum Wandel »in Liebe« (2c) erst motiviert und befähigt. Denn allein Gottes Ruf vermag, indem er verbindlich Hoffnung stiftet (4b), den Gerufenen davon zu befreien, »auf sich selbst und allein hoffen zu müssen. Er ist nicht mehr darauf angewiesen, seine Geltung von den anderen Menschen zu empfangen oder auch von den eigenen Leistungen und Vorzügen, und kann deshalb unbefangen den anderen Menschen gelten lassen ... Er kann sich freigeben für den anderen«[3]. Die Liebe gibt dem anderen äußerlich und innerlich Raum, sie lässt ihn gelten und sein! Sie ist das Ende jedes »zerstörenden Moralismus«[4]. Aber sie kann das nur, weil sie sich von Gottes Liebe und Ruf selbst dazu befreit und befähigt weiß. So gilt also: Der christliche »Lebenswandel« (1c) ist lediglich die Antwort auf den vorgängigen Ruf Gottes[5], ist die Konsequenz, ihm nun auch in allem zu entsprechen, und hat somit nichts von einer Leistungsmoral an sich, die meint, von den Idealen des Menschseins in Pflicht genommen, das Gute selbst erzwingen zu müssen.
In all dem aber erweist sich nun – so die Verse 4–6! –, dass die Kirche eine *Wirklichkeit* darstellt, die sich Gott in Christus durch den Geist als seinen Herrschafts- und Lebensraum in dieser Welt selbst eingeräumt hat[6]. Die Kirche ist der Raum, in dem Christus *leibhaft* gegenwärtig wird; *sein* Leib ist sie, beseelt von Gottes Geist (4a), der ein Geist des

---

[3] *Schlier*, Eph 184.
[4] Ebd.
[5] Die Rede von der »Berufung« knüpft an die erste Briefhälfte an, genauer: an 1,4ff. Das zeigt die innere Zusammengehörigkeit von Heilszusage (Indikativ) und ethischer Konsequenz daraus (Imperativ).
[6] »Der Verfasser spricht nicht von der unsichtbaren, himmlischen Kirche, sondern von der realen Kirche, in der die Einheit Gottes, Christi, des Geistes, des Glaubens etc. konkret erfahren wird. Man kann es pointiert sagen: Er versteht die Kirche ›sakramental‹, als Ort wirklichen Heils« (*Luz*, Eph 154).

Friedens ist[7]. Hier dürfen wir uns an 2,11–21 erinnern, die Ausführung über die Einheit der Kirche aus Juden- und Heidenchristen, an die unser Autor gezielt anknüpft: Weil Christus »unser Friede« ist (2,14a), verträgt die Kirche keinen Un-Frieden, hat sie die Einheit im Einander-Gelten-Lassen unterschiedlicher Lebens- und Frömmigkeitsstile auch zu bewahren. Die Einheit aufzukündigen hieße, den *einen* Gott aller, den *einen* Herrn Jesus Christus, den *einen* Glauben an ihn, die *eine* Taufe auf seinen Namen in den Augen der Welt der Unglaubwürdigkeit preiszugeben.

---

[7] Es sei daran erinnert, dass die in V. 3 für den »Frieden« benutzte Metapher des »Bandes« (σύνδεσμος / Vulgata: vinculum) bereits eine bedeutende Geschichte hinter sich hat. Unser Autor hat sie aus Kol 3,14f. übernommen, wo es heißt: »Über allem aber die Liebe, welche *das Band* der Vollkommenheit ist; und der Friede Christi regiere in euren Herzen, zu dem ihr auch in einem Leib berufen worden seid«. – In den philosophischen Sprachgebrauch hat *Platon* das Wort eingeführt, und zwar im Rahmen der Kosmogonie des Timaios, wo es heißt: Gott habe den »Körper des Alls« (τὸ τοῦ παντὸς ... σῶμα) am Anfang aus Feuer und Erde gemacht. »Zwei allein gelungen zusammenzufügen, ohne eine Drittes, ist (aber) nicht möglich: ein Band (δεσμόν) muss entstehen inmitten der Zwei, das sie zusammenführt. Das schönste Band (δεσμῶν κάλλιστος) ist aber dies, das sich und das zu Verbindende möglichst zu Einem macht; das aufs schönste zu vollenden, dazu ist das *Zahlenverhältnis* (ἀναλογία) da« (31b.c). *G. Fitzer*: »Platon hat wohl zuerst das Bild vom δεσμός bzw. σύνδεσμος benutzt. Hier ist etwas Weittragendes, den Dualismus jeder Art Überwindendes gesehen. Die *Verbindung*, die Vermittlung, das *Band* setzt die Zweiheit voraus und stellt die Einheit her« (ThWNT VII 855). Aber nicht nur kosmologisch, auch für den inneren Zusammenhalt der Polis benutzt Platon die Metapher (Politeia 520a: σύνδεσμος τῆς πόλεως). Sie steht für das Gesetz, »das den Staat verknüpfende Band« (Leges 921c; vgl. auch Politeia 519e). Philo überträgt, was für das Verständnis des Epheserbriefs aufschlussreich ist, die Metapher auf den Logos, von dem er sagt: »Der Vater und Erzeuger machte ihn (den Logos) zum unzerreißbaren Band des Alls (δέσμον ... ἄρρηκτον τοῦ παντός). Daher ist es begreiflich, dass die ganze Erde nicht aufgelöst wird durch die ganze Masse des Wassers, welche ihre Busen fassen, noch von der Luft das Feuer ausgelöscht, noch andererseits vom Feuer die Luft in Brand gesteckt wird, da der göttliche Logos sich zwischen sie stellt ...., damit das Ganze zusammenklinge wie beim aufgezeichneten Wort, indem er bei den Drohungen beider durch die vermittelnde Überredung schiedsrichterlich entscheidet« (De plantatione 9f.). Hier also lebt wieder die kosmologische Tradition auf, und der Logos übernimmt bei Philo gleichsam die Funktion, die bei Platon die »Analogia« einnimmt. Beim Epheserbrief, der Christologie und Schöpfungslehre miteinander

C. Bedeutung und Fragen für heute: Das Leitwort unseres Textes ist ohne Zweifel das vom Eins-Sein. Siebenmal begegnet es (in den Versen 4–6) als Eigenschaftswort (»ein Leib ...«), einmal (in Vers 3) als Hauptwort (»*Einheit* des Geistes«[8]). Was versteht unser Text unter dem Eins-Sein? Die Frage ist deshalb so dringend, weil die Rede von der Einheit immer wieder, gerade auch heute, missbräuchlicher Verwendung ausgesetzt ist. Wenn Ortskirchen ihr eigenes Profil pflegen, indem sie geschichtlich in ihrer Mitte gewachsene Lokaltraditionen gegen den universalkirchlichen Druck rechtlicher Vereinheitlichung zu verteidigen suchen, dann bekommen sie zuweilen zu hören, das gefährde die »Einheit« der Gesamtkirche. Aber welchen Grad an Vielfalt verträgt diese, ja, muss man nicht positiv formulieren: Das Eins-Sein im Glauben an Christus setzt die Vielfalt an christlichen Lebens- und Frömmigkeitsformen in den Ortskirchen erst frei? Die Vielfalt behindert die Einheit nicht, sie ist vielmehr Ausdruck der Vitalität des Glaubens und, vergegenwärtigt man sich das Bild von den vielen unterschiedlichen Gliedern in dem einen Christus-Leib, die Vorbedingung dafür, dessen Einheit erst recht zu verstehen[9]. Was also ist der Maßstab des Eins-Seins? Bei der Suche nach einer Antwort auf diese schwierigen Fragen kann unser Text wichtige Aspekte beisteuern.

Vorauszuschicken ist, dass (nach 4,1–6) die Einheit der Kirche, bevor sie zur Aufgabe aller Beteiligten werden kann

---

verbindet, könnte man erwägen, ob die Metapher »Band des Friedens« nicht auf Christus selbst als das Haupt des Alls und der Kirche, seines Leibes, zu beziehen ist. Jedenfalls sagt der Autor von ihm in 2,14: »Er selbst (αὐτός) ist unser Friede, der die Zweiheit zu Einem gemacht hat«.

[8] ἑνότης τοῦ πνεύματος. Interessant ist die Beobachtung von *P. Hadot:* »Platon gebrauchte weder ἑνότης noch ἕνωσις. Aristoteles hingegen verwendet ἑνότης, um jene Identität zu bezeichnen, die die ›Einheit‹ einer Vielheit begründet, oder um die organische Einheit zu bezeichnen, die ein natürliches Ganzes konstituiert« (HWPh 2,364: Metaphysica 1018a 7; 1023b 36; 1054b 3; Physica 222a 19). Analoges trifft auch hier zu, insofern die ἑνότης Wesensmerkmal des σῶμα, des Leibes, ist.

[9] Vgl. O. *Cullmann,* Einheit durch Vielfalt. Grundlegung und Beitrag zur Diskussion über die Möglichkeiten ihrer Verwirklichung, Tübingen ²1990, sowie meine Auseinandersetzung mit diesem wichtigen Buch in *Theobald,* Römerbrief. Kap. 12–16 (SKK 6/2), Stuttgart 1993, 46–63.

(3: »seid eifrig darum bemüht, die Einheit des Geistes im Band des Friedens zu *bewahren*!«), zunächst einmal und grundsätzlich schon gewährte Gabe ist, die der Kirche von ihrem Ursprung her eingestiftet ist[10]. Es wäre also ein fatales Missverständnis zu meinen, die Einheit der Kirche stehe als Ideal immer noch vor ihr, müsse von den Menschen in der Kirche Jesu Christi erst hergestellt werden, sei also *ihre* Leistung, die aus ihrem Verständigungs- und Konsensbemühen in Glaubensfragen erst resultiere. Vielmehr gilt es umgekehrt zu *entdecken*, dass die »Einheit des Geistes« *in Christus* immer schon vorgegeben ist, weshalb es bei allem Bemühen um die kirchliche Einheit nicht um deren eigentliche Bewerkstelligung, sondern nur um ihre »*Bewahrung*« gehen kann, wie es Vers 3 präzise sagt. Was in Christus schon Wirklichkeit geworden ist, das soll im kirchlichen »Frieden« und in der gegenseitigen Liebe nur sichtbar werden. Damit hat unser Autor den Grundsatz der paulinischen Rechtfertigungslehre, den er in den Versen 2,8f. aufgegriffen hat (»und dieses nicht aus euch, Gottes Gabe [ist es]; nicht aufgrund von Werken, damit sich keiner rühmt«), auch auf sein *Kirchenverständnis* angewendet (wie Paulus das auch schon getan hat): *Die Einheit der Kirche ist nicht menschliche Leistung,* erwächst »nicht aus Werken« der Verständigung, sondern ist »*Gabe Gottes*«[11]. Das entlastet aber die Kirche als Institution: Nicht sie ist es, welche die Einheit der Kirche erwirkt, gewährleistet und garantiert, sondern das tut allein der in ihr gegenwärtige »*eine* Herr«, der in seinem Versöhnungswerk von Kreuz und Auferweckung die Menschen (Juden und Heiden) mit Gott und untereinander befriedet hat (2,14–18) und damit die Einheit in allen ihren Dimensionen bleibend ermöglicht. Darum zu wissen schenkt allen, die um die Einheit der Kirche, auf welcher Ebene auch immer, besorgt sind, die notwendige Gelassenheit im Glauben.

---

[10] Wenn wir die Metapher »*Band* des Friedens« tatsächlich auf Christus selbst beziehen dürfen, dann enthält die Weisung V. 3a (»die Einheit des Geistes *im Band des Friedens* zu bewahren«) ihre christologische Grundlegung in sich.
[11] *Theobald*, Römerbrief, Bd. 2, a.a.O. (S. 119 Anm. 9) 35–42.

Das Verständnis von Einheit oder Eins-Sein als Wesensmerkmal der Kirche ist nach dem Gesagten also *personal* bestimmt: »*Ein Herr, ein* Glaube, *eine* Taufe«, so lautet die entscheidende Formel (in Vers 5), die unser Autor wahrscheinlich dem (Tauf-)Gottesdienst der kleinasiatischen Kirchen entnommen hat. Man versteht sie in seinem Sinne nur dann, wenn man die innere Verwiesenheit ihrer drei Elemente aufeinander wahrnimmt: »Ein Herr« steht in der Parole betont vorweg; es ist die Wirklichkeit dieses *einen* Christus, der alle eint und jedweden Unterschied, zum Beispiel ethno-kultureller Art (wie den zwischen Juden und Heiden: 2,11–21), ins zweite Glied verweist.

Daneben meint die Wendung »ein Glaube« das Glaubensbekenntnis, im Sinne des Autors das formelhaft geprägte Christusbekenntnis zum auferweckten und zur Rechten Gottes *inthronisierten* Herrn, wie er es in 1,20–23 aus dem Gottesdienst zitiert und gleichzeitig in seiner Deutung dem Verständnis der Adressaten nahe zu bringen versucht. Dabei geht es nicht primär (wie wir bei der Auslegung von 1,20–23 gesehen haben) um die Anerkenntnis von Glaubenssätzen, sondern um die »Erkenntnis« der Macht *Gottes*, die dieser in Christus an den Glaubenden erwiesen hat und immer wieder neu an ihnen erweist (1,18f.). Das sich somit *personal* auf Gott richtende Glaubensbekenntnis äußert sich dann freilich auch in bestimmten Sätzen, die besagen, was Gott an Christus in dessen Auferweckung und österlicher Erhöhung getan hat. Doch versteht diese Sätze nur, wer erkennt, dass er in ihnen als Glaubender *selbst* vorkommt, Mitbetroffener ist (vgl. insgesamt 1,15–2,10).

Damit sind wir beim dritten Glied unserer liturgischen Formel: »*eine* Taufe«. Sie ist nach dem Verständnis des Autors das sakramentale Geschehen, in dem die Glaubenden in die Erweckung Jesu aus dem Tod *mit hineingenommen* wurden. Erinnert sei an 2,5: »auch uns, die wir *tot* waren ..., hat er (Gott) mit Christus zusammen *auferweckt* und uns in den himmlischen Bereichen in Christus Jesus Platz nehmen lassen«. Somit lässt die Taufe zum *Ereignis* werden, was der *Glaube* bekennt; sie ist die Hereinnahme des Menschen in das, was Gott an Christus erwirkt hat. Alle drei Elemente der gottesdienstlichen Formel haben also einen gemeinsamen Fluchtpunkt: den einen Herrn, an dessen Weg die zu ihm sich Bekennenden im *Glauben* ersehen können, wie Gott in der *Taufe* auch an ihnen – Heil und Leben schaffend – gehandelt hat.

Die Formel von dem »*einen* Glauben« bemisst sich folglich an dem *einen* Glaubensbekenntnis, das alle eint, ohne deshalb die Vielfalt von Frömmigkeits*formen* und Glaubens*äußerungen* in der Kirche ausschließen zu wollen. Sie sind Ausweis des in der Kirche wirkenden Gottesgeistes. Dass überdies verschiedene Situationen auch nach besonderen Auslegungen und Anwendungen des *einen* Glaubensbekenntnisses verlangen, demonstriert unser Autor selbst in beeindruckender Weise, wenn er die österliche Erhöhung Jesu als Entmachtung der die Menschen seiner Zeit zutiefst verängstigenden kosmischen »Mächte und Gewalten« begreift. Einheit im Glauben, aber nicht Einförmigkeit, die das Leben erstickt – so lautet die Devise angesichts des »*einen* Gottes und Vaters *aller*, der über *allen* und durch *alle* und in *allen* ist« (6).

2. Die Gaben Christi
Um der Mündigkeit der Gläubigen willen (4,7–16)

7 Einem jeden von uns aber wurde die Gnade geschenkt nach dem Maß der Gabe Christi.
8a Deshalb sagt (die Schrift):
8b «Hinaufgestiegen zur Höhe,
8c erbeutete er Kriegsgefangene,
8d gab den Menschen Geschenke« (Ps 68,19).
9a Das (Wort) aber »hinaufgestiegen«:
9b Was heißt es anderes,
9c als dass er auch hinabgestiegen ist zu den unteren Teilen der Erde?
10a Er, der hinabgestiegen war, ist derselbe, der auch über alle Himmel »hinaufgestiegen« ist,
10b damit er das All erfülle.

11a Und »er gab« die einen als Apostel,
11b andere als Propheten,

11c andere als Evangelisten,
11d andere als Hirten und Lehrer,
12a für die Ausrüstung der Heiligen zum Werk des Dienstes,
12b zur Auferbauung des Leibes Christi,
13a bis dass wir alle hingelangen zur Einheit des Glaubens und der Erkenntnis des Sohnes Gottes,
13b zum erwachsenen Mann,
13c zum Maß der Reife der Fülle Christi,
14a damit wir nicht mehr unmündig sind,
14b geschaukelt und umhergetrieben von jedem Wind der Lehre
14c im Würfelspiel der Menschen
14d inmitten von Verschlagenheit auf dem trügerischen Weg des Irrtums,
15a wir vielmehr die Wahrheit sagen in Liebe
15b und wachsen in allem auf ihn hin,
15c welcher das Haupt ist,
15d Christus,
16a von dem her der ganze Leib –
16b zusammengefügt und zusammengehalten durch jedes unterstützende Gelenk
gemäß der Kraft im Maß eines jeden Gliedes –
16c das Wachstum des Leibes vollzieht zu seinem Aufbau in Liebe.

A. Thema und Aufbau des Textes: Nur praktische Erwägungen haben dazu geführt, 4,7–16 hier für sich zu behandeln. Denn eigentlich gehört der Abschnitt noch zur Mahnung 4,1–6 hinzu, mit der unser Autor den zweiten Briefteil eröffnet hat. Beide Texte verbindet dasselbe Thema: *die Einheit der Kirche.* Dabei enthalten 4,1–6 die grundlegende Mahnung, »die Einheit des Geistes im Band des Friedens zu bewahren« (4,3), wohingegen 4,7–16 Erklärungen zu den Ämtern in der Kirche nachliefern, die verdeutlichen, wie das konkret vonstatten gehen kann: »die Einheit des Geistes bewahren«[12]. Erst von 4,17 an, also im folgenden Abschnitt,

---

[12] An diese Mahnung knüpft er in V. 13a an (»bis dass wir alle hingelangen zur *Einheit des Glaubens* und der Erkenntnis des Sohnes Gottes«), wobei das Stichwort »Erkenntnis des Sohnes Gottes« aus 4,5 den Gedanken des einen Glaubenbekenntnisses aufnimmt.

fährt dann unser Autor mit seinen Weisungen und Mahnungen fort.
Die innere Zusammengehörigkeit von 4,1–6 und 4,7–16 signalisiert er im Übrigen auch dadurch, dass er das entscheidende Stichwort aus der eröffnenden Mahnung Vers 2c (»einander ertragend in *Liebe*«) ganz am Ende von 4,7–16, in Vers 16c, noch einmal aufgreift: Christi Leib – die Kirche – wächst heran »*in Liebe*«.
Unser Text ist folgendermaßen aufgebaut: Voran steht eine These, in der »Paulus« sich mit seinen Adressaten zusammenschließt, und zwar ohne Vorbehalt: »*Einem jeden von uns*[13] wurde die Gnade geschenkt nach dem *Maß* der Gabe Christi« (7). Das Bild vom Leib, der von seinen Gelenken zusammengehalten wird »gemäß der Kraft, die *einem jeden (einzelnen) Glied* (von Christus) *zugemessen* wird«, greift am Ende des Textes, in Vers 16b, seine Eingangsthese von Vers 7 noch einmal auf[14]. Das zu sehen ist für seine Deutung nicht unwichtig. Denn so wird gleich zu Beginn in aller Deutlichkeit klar: Von den Ämtern in der Kirche zu reden hat nur Sinn, wenn man das Thema unter das Vorzeichen der Gnade stellt, die allen und jedem(r) Einzelnen in der Kirche geschenkt wird – freilich entsprechend dem individuell zugemessenen Maß Christi (7/16b). Das aber kennt kein »Weniger« oder »Mehr« jener Gnade, sondern bemisst sich vom individuellen Ort der Berufenen in der Kirche her, der für sie auch jeweils eine spezifische Aufgabe im Dienst am Ganzen der Kirche einschließt. Übrigens hat unser Autor

---

[13] *Schlier*, Eph 191, bezog diese Wendung noch auf V. 11, »wo als die Gaben Christi Apostel, Propheten, Evangelisten usw. aufgezählt werden«; sie »meint also die, die grundlegenden Dienste zur Erbauung der Kirche ausüben. Es ist nicht an ein jedes Glied der Gemeinde gedacht. Paulus erweitert nur den Kreis derer, denen die Charis zuteil wurde, über die Apostel und Propheten hinaus so, dass auch die Evangelisten und die Hirten und Lehrer der Ortskirchen darin eingeschlossen sind«. Doch ist diese Auslegung heute weithin aufgegeben. *Luz*, Eph 155: »Mit der ersten Person Plural schließt sich der Verfasser wieder mit seinen Leserinnen und Lesern zusammen; er denkt also nicht, wie einige Ausleger meinten, nur an die Amtsträger und die ihnen geschenkte Amtsgnade (kein Leser würde vor V. 11 auf eine solche Idee kommen!)«.
[14] Zum Stilmittel der »inclusio« = Rahmung eines Textabschnitts mit Hilfe prägnanter Stichwörter vgl. oben S. 69f.!

sich zu seiner These Vers 7 durch den Römerbrief des Paulus inspirieren lassen[15].

Begründet wird sodann die These in *Vers 8* durch ein Zitat aus Psalm 68,19a, dessen Wortlaut hier aber weder mit dem der hebräischen Bibel noch mit dem der Septuaginta, der griechischen Übersetzung der Heiligen Schrift, übereinstimmt[16]. Dennoch hat unser Autor seine Textfassung des schon in der hebräischen Bibel dunklen Psalmverses nicht einfach aus der Luft gegriffen, sondern kommt einem Verständnis des Verses nahe, wie man es in der aramäischen Übersetzung der Psalmen (dem Targum) und bei den Rabbinen findet: Diese haben den Psalmvers, der ursprünglich von JHWH sprach, der »vom Sinai zu seinem (himmlischen) Heiligtum« aufgefahren ist[17], auf Mose bezogen, der zur Höhe des Sinai hinaufstieg, um von dort her Israel die »Gabe« der Tora, des Gesetzes, zu vermitteln[18]. Unser Autor bezieht den so vorgeprägten Vers auf Christus, um ihn dann im Folgenden im Blick auf sein Thema auszulegen.

[15] Vgl. Röm 12,3ff.: »Denn ich sage kraft der mir gegebenen Gnade jedem (Einzelnen) unter euch: Sinnt nicht hinaus über das, worauf zu sinnen Not ist, vielmehr sinnt darauf, besonnen zu sein, ein jeder nach dem Glaubensmaß, das Gott ihm zugeteilt hat. Denn wie wir an einem Leibe viele Glieder haben, die Glieder aber nicht alle dieselbe Funktion haben, so sind wir, die vielen, ein Leib in Christus, im Verhältnis zueinander jedoch Glieder. Wir haben aber verschiedene Gnadengaben je nach der uns gegebenen Gnade ...«.

[16] Die hebräische Bibel liest: »Du [JHWH] zogst hinauf zur Höhe, führtest Gefangene mit; du nahmst Gaben entgegen von den Menschen«; die Septuaginta entspricht dem in ihrer Übersetzung genau. In zwei wichtigen Punkten weicht die Textfassung des Epheserbriefautors davon ab. Zum einen sagt sie nicht: »*du* bist aufgefahren«, sondern: »*er* ist hinaufgestiegen«; sodann heißt es jetzt nicht: »du nahmst (oder: empfingst) Gaben *unter* den Menschen«, sondern: »er *gab den Menschen* Geschenke«.

[17] So sagt der Psalmvers davor: »Die Wagen Gottes sind zahllos, tausend mal tausend. Vom Sinai zieht der Herr zu seinem Heiligtum« (Ps 68,18).

[18] »Der Psalm gehörte zur Liturgie des Pfingstfestes. Man verstand ›du hast Gaben empfangen *unter* den Menschen‹ als ›Gaben empfangen *für* die Menschen‹, so dass er (Mose) sie ihnen geben konnte. Eine direkte Übernahme jener jüdischen Auslegungstradition durch Eph ist allerdings unwahrscheinlich; aber man kann sich eine urchristliche, die jüdische Tradition aufnehmende Textgestalt und Interpretation vorstellen, die dem Eph-Autor bekannt war. Vielleicht schimmert sie sogar noch schwach in Apg 2,33 (und 5,32b?) durch, dort auf die Gabe des Geistes bezogen« (*Schnackenburg*, Eph 180).

Die *Verse 9 und 10* greifen die erste Zeile des Psalmverses auf (»hinaufgestiegen«) und deuten sie auf den Weg Christi, seine Inkarnation und seinen österlichen »Aufstieg«; Vers 11 knüpft an seiner *dritten* Zeile an (»er gab«) und bezieht diese auf die »Apostel, Propheten, Evangelisten, Hirten und Lehrer«, die der zu Gott aufgestiegene Christus der Kirche »gegeben« hat. Im Hintergrund dieser Liste dürfte 1 Kor 12,28 stehen[19]. Die *Verse 12 bis 15* kreisen sodann um eine einzige Frage, nämlich die, wozu Christus diese Menschen der Kirche geschenkt hat, und thematisieren also das Worumwillen der kirchlichen Ämter. An seinem Ende schließlich kehrt der Text wieder zu Christus zurück, der als Haupt des Leibes diesen mit seinen Kräften des Wachstums »in Liebe« durchpulst.

B. Inhalt und Auslegung des Textes: »Einheit – nicht Einförmigkeit« – so hatten wir 4,1–6 auf den Punkt gebracht. Dass dies die Sache trifft, kann man jetzt noch einmal an der These von Vers 7 verdeutlichen, die unseren Abschnitt eröffnet: Kirche und Gemeinde sind kein Kollektiv, in dem der »Einzelne« untergeht[20]. Dieser hat vielmehr seine unveräußerliche Würde, besitzt seinen unverwechselbaren Ort im Ganzen der Kirche, und das deshalb, weil Christus jedem Einzelnen in persönlicher Berufung die Gnade zumisst. Auch wenn unser Autor diesen Gedanken im Folgenden nicht weiterverfolgt, vielmehr in Vers 11 den Blick konkret auf die Menschen in der Kirche lenkt, die für deren Aufbau besondere Dienste leisten (»Apostel, Propheten, Evangelisten, Hirten und Lehrer«), so bleibt jener Grundsatz von

---

[19] »Und (zwar) hat Gott in der Gemeinde die einen eingesetzt erstens als Apostel, zweitens als Propheten, drittens als Lehrer; dann (die anderen, die) Krafttaten (vollbringen), dann (solche, die) Heilungscharismen (haben), (solche, die) Hilfeleistungen (vollbringen), (solche, die) Leitungstätigkeiten (haben), (solche, die) Arten von (ekstatischen) Sprachen (haben)« (1 Kor 12,28) (Übersetzung *C. Wolff*, Der erste Brief des Paulus an die Korinther [ThHKNT VII/2], Berlin, ³1990, 107).

[20] Schon für Paulus ist der »Einzelne« eine wichtige Kategorie seiner Ekklesiologie: *P. von der Osten-Sacken*, Charisma, Dienst und Gericht. Zum Ort des einzelnen (*Hekastos*) in der paulinischen Theologie, in: ders., Evangelium und Tora. Aufsätze zu Paulus (Theologische Bücherei 77), München 1987, 103–116.

Vers 7 doch unterschwellig im ganzen Abschnitt präsent. Denn Vers 12a unterstreicht ja, jene »Amtsträger« seien »für die Ausrüstung der Heiligen *zum Werk des Dienstes*«[21] da. Das meint: Sie sollen die Heiligen (= alle Gemeindemitglieder) zu den ihnen jeweils obliegenden Weisen des *Dienstes* (vgl. 1 Kor 12,5; Röm 12,7) ermutigen und sie in ihnen bestärken. Es ist also keineswegs so, dass die Rede von den besonderen Ämtern der Kirche in 4,7–16 das Wissen um spezifische Begabungen und Dienste der Einzelnen zurückdrängen will.

Doch bevor unser Autor auf jene Ämter zu sprechen kommt, legt er in Form einer Auslegung von Ps 68,19 (in den *Versen 9f.*) das christologische Fundament dafür. Denn alle Gaben Christi an die Menschen gründen darin, dass dieser an Ostern zu Gott »hinaufgestiegen« ist und so das Leben in Fülle erst freigesetzt hat. Dabei achte man darauf, wie hier das Christusgeschehen – der bisherigen Linie des Schreibens gemäß! – in kosmisches Licht getaucht ist: *Christus hat die Welt durchmessen!* Wenn von ihm das Psalmwort sagt, er sei »hinaufgestiegen«, nämlich »über alle Himmel« (10a)[22], dann heißt das auch, dass er zuvor als der präexistente, himmlische Christus auf diese Erde »herabgekom-

---

[21] Syntaktisch wäre es auch möglich, die zweite Nominalphrase »für das Werk des Dienstes« nicht der ersten »zur Zurüstung der Heiligen« unterzuordnen (wie hier geschehen), sondern beide, zueinander parallel, auf die übergeordnete Verbalaussage V. 11a zu beziehen. Dann lautete die Aussage: »Und er gab die einen als Apostel, andere ... als Hirten und Lehrer, zur Zurüstung der Heiligen, (das heißt:) für das Werk des Dienstes, zur Auferbauung des Leibes Christi ...«. *Lindemann*, Eph 79, umschreibt das Problem so: »Werden hier *drei* Aufgaben genannt, d. h. sind die Amtsträger sowohl für die ›Ausrüstung‹ (oder Zurüstung) der Heiligen, als auch für das ›Werk des Dienstes‹ sowie schließlich für die ›Auferbauung des Leibes Christi‹ verantwortlich? Oder haben die Amtsträger nur die *eine* Aufgabe, die ›Heiligen‹, also die Christen, ›zuzurüsten‹, damit diese dann ihrerseits zum Werk des Dienstes und also zur Auferbauung des Leibes Christi fähig werden?« Die Antwort, die er auf diese Frage erteilt, überzeugt: »Die sprachliche Gestalt des griechischen Textes, insbesondere der Wechsel der Präpositionen (›*für* die Ausrüstung ... *zum* Werk ... *zur* Auferbauung‹), spricht für das Zweite: »Die Amtsträger sollen die Christen ›zurüsten‹; aber sie sollen nicht selbst alle Funktionen in der Kirche wahrnehmen (vgl. V. 7)« (ebd. 80).
[22] Dazu vgl. das Credo Eph 1,20f.!

men« ist. Vom Abstieg und Aufstieg des Erlösers sprechen auch andere frühchristliche Theologen, neben Paulus (Röm 10,6f.; Phil 2,6–11) vor allem Johannes[23].

Im Hintergrund solcher uns heute mythologisch anmutender Rede steht die vergleichbare jüdische Anschauung, Gottes *Weisheit* sei zu den Menschen herabgestiegen und habe in Israel, in der *Tora* oder im *Tempel* zu Jerusalem, Wohnung genommen[24]. Christen haben das auf Jesus bezogen in der Überzeugung, dass alle Weisheit nun in ihm beschlossen liegt[25] bzw. das Wort Gottes, der Logos, in ihm Fleisch geworden ist (Joh 1,14). So war die Rede vom himmlischen Christus, der auf diese Erde herabgestiegen war, für jüdische Ohren zumindest bis zu einem gewissen Grade

---

[23] Mit Eph 4,9f. vgl. vor allem Joh 3,13: »Und keiner ist in den Himmel hinaufgestiegen, wenn nicht der, der vom Himmel herabgestiegen ist, der Menschensohn«.

[24] Vgl. vor allem Sir 24,3–12, eine Selbstvorstellung der personifizierten Weisheit:
»Ich wohnte in den höchsten Höhen,
und mein Thron stand auf einer Wolkensäule ...
Über die Wogen des Meeres und über die ganze Erde
und über jedes Volk und Nation herrschte ich.
Bei ihnen allen suchte ich Ruhe,
und in wessen Erbteil ich mich aufhalten könnte.
Da befahl mir der, der das All erschaffen hat,
und der, der mich erschuf, ließ mein Zelt einen Ruheplatz finden,
und sprach: ›In Jakob schlage dein Zelt auf,
und in Israel sei dein Erbteil!‹ ...
Und so wurde ich auf dem Zion fest eingesetzt.
In der Stadt, die er gleicherweise liebt, ließ er mich ruhen,
und in Jerusalem liegt mein Machtbereich« (V. 4.6–8.10f.).
Bar 3,29ff.:
»Wer ist zum Himmel hinaufgestiegen und holte sie (die Weisheit) und brachte sie herab aus den Wolken?
Wer fuhr über das Meer und fand sie und brachte sie für kostbares Gold?
Da ist niemand, der den Weg zu ihr kennt,
und keiner, der den Pfad zu ihr gewahrt ...
Er (Gott) hat erkundet jeden Weg zur Erkenntnis
und sie gegeben Jakob, seinem Knecht, und Israel, seinem Liebling;
danach *erschien sie* (die Weisheit) *auf Erden und wandelte unter den Menschen*« (V. 29–31.37f.).

[25] 1 Kor 1,30: »Ihr seid in Christus Jesus, der uns *Weisheit* geworden ist – von Gott her«. Vgl. auch Eph 3,10, wo es heißt, jetzt wird »durch die Kirche die *vielfältige Weisheit Gottes* den Mächten und Gewalten in den himmlischen Bereichen kundgetan«.

nachvollziehbar, obwohl natürlich die Behauptung, dass nun alle Weisheit Gottes in diesem einen Menschen, Jesus von Nazareth, leibhaft greifbar sein soll, einen qualitativen Sprung des Verständnisses darstellte[26].

Im Epheserbrief ruht der Akzent darauf, dass Abstieg und Aufstieg dieses Christus Ereignisse von *kosmischer* Tragweite sind. So heißt es, er sei »in die unteren Teile der Erde hinabgestiegen«, womit wohl die Erde selbst als der unterste Teil des Kosmos gemeint ist, nicht aber eine Höllenfahrt Christi ins Blickfeld gerät[27]. Andererseits wird gesagt, er sei *»über alle Himmel«* hinaufgestiegen, was einschließt, dass er die bösen Mächte und Gewalten, die wir uns nach 2,2; 6,12 in der Atmosphäre der Erde (im »Luftbereich«) zu denken haben, unterjocht hat. Auch wenn es die Auslegung von Ps 68,19 nicht ausdrücklich macht, so wird doch anzunehmen sein, dass unser Autor die zweite Zeile des Psalmverses (»er erbeutete Kriegsgefangene«) auf jene Unterjochung der Mächte und Gewalten durch den österlich triumphierenden

---

[26] Zwar schreibt *Philo* einmal angesichts des Selbstvergottungswahns des Kaisers Gaius Caligula in Legatio ad Gaium 118: »Den Versuch, die geschaffene, vergängliche Menschennatur in die ungeschaffene, unvergängliche Natur Gottes nach eigenem Belieben umzuformen, hält das jüdische Volk für die schauerlichste Blasphemie. Eher könnte Gott Mensch werden als ein Mensch Gott« (θᾶττον γὰρ ἂν εἰς ἄνθρωπον θεὸν ἢ εἰς θεὸν ἄνθρωπον μεταβαλεῖν). Doch scheint für den Juden Philo die erste Alternative des zuletzt zitierten Satzes doch mehr eine rhetorische und polemische Zuspitzung zu sein als eine Möglichkeit, mit der er ernsthaft gerechnet hat. Zudem dürfte er nicht wirklich an eine Inkarnation denken, sondern an die im hellenistischen Raum weit verbreitete Vorstellung, dass Götter in Menschengestalt auf Erden erscheinen können (vgl. nur *Ovid*, Metamorphosen, wo des Öfteren von Götter-Besuchen auf Erden die Rede ist: I 213; VIII 626ff.; *D. Zeller*, Die Menschwerdung des Sohnes Gottes im Neuen Testament und die antike Religionsgeschichte, in: ders. [Hg.], Menschwerdung Gottes – Vergöttlichung von Menschen [NTOA 7], Freiburg/Schweiz 1988, 141–176.). In *Justin*, Dial 48,1, erklärt der jüdische Gesprächspartner die Vorstellung von der Menschwerdung Christi für ein παράδοξον und μωρόν.

[27] Jüngst vermutet *L.J. Kreitzer*, The Plutonium of Hierapolis and the Descent of Christ into the ›Lowermost Parts of the Earth‹ (Ephesians 4,9): Bib. 79 (1998) 381–393, in 4,9 eine Anspielung auf das in der Antike als Touristenattraktion bekannte Plutonium von Hierapolis, »a small subterranean cavern situated next to the temple of Apollo in the centre of the city and commonly regarded as a passageway to the underworld« (381).

Christus bezogen hat[28]. Also gilt: Christus »*erfüllt* das All« (10b)[29], denn er hat es in Gänze durchmessen; er beherrscht es, denn er hat es durchquert und in Besitz genommen. Das ist die Basis der nun folgenden Aussagen über die Kirche, in der er als seinem Leib (15) in besonderer Weise in dieser Welt gegenwärtig ist.

Die Auslegung der dritten Zeile des Psalmworts (»er gab den Menschen Geschenke«) in Vers 11 bildet dazu den Auftakt: Was »er gab«, das sind Menschen: »Apostel, Propheten, Evangelisten, Hirten und Lehrer«. »Er gab« sie am Anfang – zur Zeit, als das Fundament der Kirche gelegt wurde (»Apostel und Propheten«: 2,20; 3,5) –, er gibt sie jetzt (»Evangelisten, Hirten und Lehrer«) und schenkt sie der Kirche zu jeder Zeit. Mit den »Evangelisten« (= Verkündiger) sind natürlich nicht die Verfasser der Evangelien gemeint, denn so wird der Ausdruck erst viel später, ab dem 3. Jahrhundert gebraucht. Im Neuen Testament begegnet er nur noch zweimal: in Apg 21,8 für Philippus, einen der Sieben, der das Evangelium nach Samarien gebracht hat, und in 2 Tim 4,5, wo dem Timotheus ins Stammbuch geschrieben wird: »Tu das Werk eines Evangelisten!« Vielleicht denkt der Autor des Epheserbriefs bei der Bezeichnung an Wandermissionare und hat dann bei den »Hirten und Lehrern« ortsansässige Amtsträger im Blick[30].

---

[28] Möglicherweise stand unserem Autor dabei Kol 2,15 vor Augen: »Er (Gott) hat die Mächte und Gewalten (ihrer Macht und Gewalt) entkleidet und öffentlich zur Schau gestellt, in dem er sie [an Ostern] im Triumphzug mitführte in ihm [Christus].« Das Bild vom Triumphzug stammt aus dem politisch-militärischen Bereich und setzt »beim Leser die Assoziation von Sieg und Unterwerfung« frei. Im Triumphzug stellt »der siegreiche Feldherr die bezwungenen Gegner öffentlich zur Schau«, »um damit seinen Sieg als definitiv zu dokumentieren« (*M. Wolter*, Der Brief an die Kolosser [ÖTK 12], Gütersloh 1993, 137).

[29] Mit Eph 4,10b vgl. 1,23 (dazu oben S. 57 Anm. 43).

[30] Wie ein Kommentar dazu liest sich *Eusebius*, Kirchengeschichte III 37: »... noch mehrere andere machten sich einen Namen, welche den ersten Platz in der Nachfolge der *Apostel* einnahmen. Diese bauten als großartige Schüler so großer Männer auf dem von den Aposteln überall gelegten kirchlichen Grunde weiter, mehr und mehr ihre Predigttätigkeit ausdehnend und weithin auf dem ganzen Erdkreis den heilbringenden Samen vom Reiche Gottes ausstreuend. Sehr viele von den damals lebenden Jüngern zogen nämlich, nachdem sie, vom göttlichen Worte zur

Abgesehen davon, dass ihm bei diesen beiden zuletzt genannten Personengruppen die grundlegenden Aufgaben des kirchlichen Amtes vorschweben, nämlich die Leitung einer Gemeinde (»Hirten«) und ihre Bewahrung in der apostolischen Überlieferung (»Lehrer«[31]), verrät er uns nicht, wie er sich die Ausübung dieser Funktionen *konkret* vorstellt. Nicht für die Amtsstrukturen interessiert er sich hier, vielmehr liegt der Akzent seiner Aussage darauf, dass Christus die Kirche mit jenen Menschen versorgt, damit das Evangelium in ihr stets laut wird. Außerdem geht es ihm um das *Worumwillen* des Amts, das er ab Vers 12 wortreich umschreibt.

Folgende Momente sind ihm dabei wichtig: Die Ämter sind zum »Aufbau des Leibes Christi« (12b) da; sie dienen der »*Einheit des Glaubens*« (13a), womit die Treue aller zu dem *einen* Glaubensbekenntnis (4,5) gemeint ist; sie sind auf die »*Mündigkeit*« aller Gemeindeglieder aus (13b–14a), die in der Befähigung besteht, zwischen »windigen« Lehren (14b)

---

heißen Liebe für Philosophie begeistert, in Befolgung eines Erlöserwortes (Mt 19,21; Mk 10,21; Lk 18,22) ihr Vermögen an die Armen verschenkt hatten, in die Ferne und waren als *Evangelisten* tätig und eifrig bemüht, denen, die noch gar nichts von der Glaubenslehre gehört hatten, zu predigen und ihnen die Schriften der göttlichen Evangelien zu bringen. Nachdem sie auf fremdem Boden nur erst den Grund des Glaubens gelegt hatten, stellten sie andere Männer als *Hirten* auf, um diesen die Pflege der Neubekehrten anzuvertrauen. Sodann zogen sie wieder in andere Länder zu anderen Völkern, von Gottes Gnade und Kraft unterstützt ...« (Übersetzung H. Kraft).

[31] Möglicherweise hat unser Autor hier einen eigenständigen Dienst von »Lehrern« vor Augen, wie er für die paulinischen Gemeinden durch 1 Kor 12,28 und für Antiochien durch Apg 13,1 (»Es gab aber in Antiochien in der dortigen Gemeinde Propheten und Lehrer«) bezeugt wird. Da er »die Hirten und Lehrer« aber in einem Atemzug nennt (vor »Lehrer« fehlt ein Artikel), könnte es auch so sein, dass er mit der zweiten Bezeichnung »nur die wichtigste Tätigkeit der ›Hirten‹ hervorheben« wollte (*Schnackenburg,* Eph 184). Doch scheint angesichts von 1 Kor 12,28 die weitergehende Auslegung wahrscheinlicher zu sein (vgl. auch noch Jak 3,1; Hebr 5,12; 1 Tim 4,3). – Zum katechetisch-theologischen Dienst »Lehrer« gehörte wohl die Auslegung der Heiligen Schrift, also des Alten Testaments, sowie die Weitergabe der christlichen Überlieferung. Vgl. *H. Schürmann,* »... und Lehrer«. Die geistliche Eigenart des Lehrdienstes und sein Verhältnis zu anderen geistlichen Diensten im ntl. Zeitalter, in: ders., Orientierungen am Neuen Testament. Exegetische Aufsätze III, Düsseldorf 1978, 116–156.

und der Wahrheit des Evangeliums zu unterscheiden. Denn die Zielangabe von Vers 15a: »damit wir die Wahrheit sagen in Liebe« ist keine *allgemeine* moralische Mahnung zur Wahrhaftigkeit, sondern meint entsprechend dem Sprachgebrauch des Epheserbriefs (vgl. 1,13; 4,21) die Wahrheit des *Evangeliums*, die in Liebe zu bezeugen und zu leben ist[32]. Mit anderen Worten: Die Kirche besteht nach 4,7–16 nicht einfach aus Lehrenden hier und Hörenden dort, vielmehr haben die Verkündiger die Aufgabe, *alle* dazu in den Stand zu versetzen, je auf ihre Weise das Evangelium zu sagen. »Die ganze Kirche legt von der Wahrheit Zeugnis ab, in der Art und Kraft der Liebe«[33].

C. Bedeutung und Fragen für heute: Der Abschnitt 4,7–16 ist einer der wichtigsten Texte des Neuen Testaments, die bei der Beantwortung der Frage nach dem Wesen des Amtes in der Kirche, seiner Begründung, Ausgestaltung und Zielsetzung theologische Orientierung bieten[34]. Es ist erstaunlich, wie viele Aspekte dieser komplexen Problematik gerade hier zur Sprache kommen. Dennoch darf man den Text nicht absolut setzen, da er sich einer bestimmten kirchlichen Situation verdankt und so auch Merkmale seiner Entstehungszeit aufweist. Als Dokument der nachapostolischen Generation setzt er Gemeinden voraus, die nicht mehr das blühende charismatische Leben der Anfangszeit kannten –

---

[32] Dies kann als Grundprinzip kirchlichen Lebens nicht genug eingeschärft werden. Niemals darf die »Orthodoxie« auf Kosten der »Orthopraxie« gehen; jene kalt von oben her durchsetzen zu wollen, wäre der Tod eines glaubwürdigen Christuszeugnisses in der Kirche. Andererseits gilt es aber auch umgekehrt, »die Liebe mit der Respektierung der Wahrheit zu verbinden«, wie *Cullmann*, Einheit, a.a.O. (S. 119 Anm. 9) 51, feststellt, wobei er im Blick auf »sein« Thema hinzufügt: »Auch aller ›sentimentale Ökumenismus‹ ist abzulehnen« (*ebd.* Anm. 36).

[33] *Schnackenburg*, Eph 191.

[34] Grundlegend ist die Arbeit von *H. Merklein*, Das kirchliche Amt nach dem Epheserbrief (StANT 33), München 1973. Dazu lese man die aufschlussreiche Rezension von *F. Hahn*, in: ThR 72 (1976) 281–286. Von besonderem Interesse für die Amtsproblematik ist auch die längere »Anmerkung des evangelischen Partners«, nämlich *E. Schweizer*, zur Auslegung des Textes durch R. Schnackenburg in dessen Kommentar, Eph 195f., auf die unten zurückzukommen sein wird.

von »Charismen« ist nicht mehr die Rede[35], was kein Zufall ist – und die deshalb auch nicht mehr so fraglos wie einst sich selbst trugen, vielmehr der Organisation und Institutionalisierung von Funktionen und Ämtern bedurften. Das war ein ganz normaler soziologischer Vorgang, den man zum Beispiel auch bei Ordensgründungen wie der franziskanischen beobachten kann, in der die revolutionären Impulse eines Franz von Assisi institutionell in Bahnen gelenkt wurden, damit seine Bewegung als Orden in der Kirche überleben konnte.

Unser Autor antwortet auf eine vergleichbare Situation nicht mit einem konkreten Verfassungsentwurf für die Kirche, sondern formuliert theologische Einsichten, welche das *Wesen* der im Entstehen begriffenen Ämter betreffen. Damit leistet er allen nachfolgenden Generationen einen wichtigen Dienst, insofern er über soziologische und geschichtliche Prozesse hinaus die Frage nach der sachlichen Notwendigkeit der kirchlichen Ämter stellt. Die folgenden sieben Punkte, die sich aus seinem Text ergeben, bedürften eines vertieften ökumenischen Nachdenkens. Hier begnügen wir uns mit einer knappen Skizze.

Exkurs: Das Amt in der Kirche

1. Nach Vers 11 ist es der *erhöhte, auferweckte* und *gegenwärtige Christus*, welcher der Kirche die Missionare, Hirten und Lehrer schenkt, wie er ihr zur Zeit des österlichen Aufbruchs die Apostel und Propheten »gegeben« hat. Es ist also keineswegs so, wie man nicht nur in älteren Katechismen lesen kann, dass es der *irdische Jesus* war, der die Zwölf im Abendmahlssaal zu Amtsträgern bestellt beziehungsweise zu Priestern geweiht hätte. Vielmehr haben die kirchlichen Ämter – zumindest nach unserem Text – ihren Ursprung in

---

[35] Wohl spricht er von der »Gnade« (χάρις), die »einem jeden von uns« individuell zugemessen wird, was aber viel nüchterner gemeint ist als die Rede von den »Charismen« in den Katalogen des Paulus. Nicht grundlos heißt es in 1 Kor 1,5.7: »... dass ihr an allem reich geworden seid in ihm, an allem Wort und aller Erkenntnis, ... so dass euch keine Gnadengabe mangelt«.

der Initiative des *erhöhten Christus*, der Menschen zum Dienst in der Kirche beruft.
Das bedeutet nun aber: Die Ämter, die von diesen ausgeübt werden, besitzen einen *eigenen* Quellgrund, nämlich die Sorge des erhöhten Herrn um das Wachstum seiner Kirche[36]. Dass sie nur aus *äußeren, praktischen* Gründen einzurichten wären, weil der Dienst der Verkündigung wie der Spendung der Sakramente und auch die Diakonie geordnet sein müssen, damit die Gemeinde weiß, woran sie ist, entspricht nicht der tiefen *geistlichen* Qualität dieser Ämter, die (nach Vers 11) auf das Wirken des in seiner Kirche gegenwärtigen Christus zurückgehen[37]. Für die einzelnen Hirten und Lehrer zeigt sich diese geistliche Qualität in ihrer persönlichen Berufung, für die Kirche als ganze leitet sich aus ihr die

---

[36] Damit *unterscheiden* sie sich aber von anderen in der Gemeinde ausgeübten Diensten, wobei die *differentia specifica* in ihrem Wesen als »Ämter der Verkündigung« begründet liegt (vgl. oben unseren Punkt 2).

[37] Anders *Schweizer*, a.a.O. (S. 132 Anm. 34), der wegen der Klarheit der von ihm bezeichneten Alternativen hier ausführlich zu Wort kommen soll: »Gewiss müssen bestimmte Dienste in der Regel – durch Wahl und Einsetzung – geordnet werden, und man kann sie dann ›Ämter‹ nennen. Müssen es aber immer dieselben sein, abgesehen davon, dass in irgendeiner Weise das Wort verkündet und die Sakramente gespendet werden müssen? Muss das ferner immer geschehen oder kann dieser zentrale Dienst nicht auch, wie etwa bei den Quäkern, von der Gemeinde als ganzer geleistet werden? Kann er in einer Gemeinde, in der er geordnet ist, in Ausnahmesituationen (nicht nur in extremis) auch von einem nicht dazu eingesetzten Gemeindeglied versehen werden? Ist also der Dienst der Verkündigung, der Spendung der Sakramente oder auch der Diakonie, der schon aus äußeren Gründen geordnet werden muss, weil die Gemeinde wissen muss, wen sie gegebenenfalls rufen kann, in einer geistlich relevanten Weise verschieden von dem der Fürbitte, dessen Träger Gott allein bekannt ist? Oder ist er das nicht, so dass ›Amt‹ nur durch eine notwendige institutionelle Ordnung aus praktischen, nicht aus theologischen Gründen von anderen ›Diensten‹ unterschieden wäre? An der Antwort auf diese Frage entscheidet sich, ob die in V. 11 genannten Dienste beispielhaft aufgeführt sind, weil sie zur Zeit und am Ort des Eph besonders wichtig waren, oder in Abgrenzung gegen andere Dienste. Darin entscheidet sich wiederum, ob eine Ordination oder Installation, wie sie nicht im Eph, wohl aber in Past vorausgesetzt ist, theologisch notwendig ist oder ob eine Gemeinde, die mindestens in bestimmten Situationen der Meinung ist, keines besonderen Lehrers zu bedürfen, weil der Heilige Geist durch alle Gemeindeglieder sprechen kann, vielleicht auch durch Außenstehende (1 Joh 2,27), ebenso Kirche im Vollsinn ist«.

Überzeugung ab, dass ihr die Ämter *von Christus her* eingestiftet sind[38]. Trotz aller noch zu überwindenden Schwierigkeiten besteht die begründete Hoffnung, dass an diesem wichtigen Punkt die römisch-katholische Kirche und die Kirchen der Reformation sich in Zukunft werden einigen können[39].

2. »*Hirten und Lehrer*« (11d): Dieses Paar bezeichnet idealtypisch die beiden grundlegenden Funktionen, die zum Aufbau und Wachstum einer Ortskirche erforderlich sind: die der Gemeindeleitung und der Lehre, das heißt der vertieften Erschließung des Evangeliums auch in katechetischer Hinsicht. Ist die Leitung der Gemeinde durch die »Hirten« auf die zu bewahrende »*Einheit des Glaubens*« (13a) ausgerichtet, dann ist der einende Grund beider Funktionen das Evangelium. Sowohl die Lehrer wie die Gemeindeleiter bringen je auf ihre Weise das Evangelium zu Gehör, das in der liturgischen Versammlung (vgl. 5,18–20) auch sakramental – in der Feier der Eucharistie – vergegenwärtigt wird. Über diesen letzten Punkt lässt unser Schreiben freilich nichts verlauten.

---

[38] So auch *U. Luz*, Schüler von E. Schweizer: »Der Verfasser betont, dass *Christus* die Apostel, Propheten etc. geschenkt habe. Insofern haben die hier aufgezählten ›Ämter‹ in der Tat göttlichen und nicht menschlichen Ursprung« (Eph 156). *Merklein*, Amt, a.a.O. (S. 132 Anm. 34) 382, sieht hinter V. 11 die Überzeugung der Gemeinde, »dass die in ihr konkret vorhandenen und sich nach dem Maßstab allgemein-kirchlichen Bewusstseins profilierenden Institutionen sich auf den Erhöhten selbst zurückführen lassen. Damit bahnt sich zumindest das Bewusstsein göttlicher Anweisung oder eines Iuris-divini-Charakters des Amtes an.« Dazu *Hahn*, a.a.O. (S. 132 Anm. 34) 285: »Aber hier müsste die heilsgeschichtliche Begründung eines sich konstituierenden Amtes von dem ›kirchlich-rechtlichen‹ Verständnis doch noch deutlicher abgehoben werden, wenn man nicht unnötig Verwirrung stiften will«.

[39] Vgl. *K. Lehmann/W. Pannenberg* (Hg.), Lehrverurteilungen – kirchentrennend? Bd. I: Rechtfertigung, Sakramente und Amt im Zeitalter der Reformation und heute, Freiburg ³1988, 157–159. Dort auch ein Verweis auf die Confessio Augustana Nr. 5: »Solchen Glauben zu erlangen, hat Gott das Predigtamt eingesetzt, Evangelium und Sakrament geben, dadurch er als durch Mittel den Heiligen Geist gibt, welcher den Glauben, wo und wann er will, in denen, so das Evangelium hören, wirket ... Und werden verdammt die Wiedertaufer und andere, so lehren, dass wir ohne das leiblich Wort des Evangelii den Heiligen Geist durch eigene Bereitung, Gedanken und Werk erlangen«.

Dennoch kann man sagen: Nach dem Epheserbrief sind die grundlegenden Ämter der Kirche von ihrem Wesen her *Ämter der Verkündigung* (einschließlich der Vergegenwärtigung des Evangeliums in den Sakramenten, die ja aus den sie deutenden Worten Jesu leben)[40]. Kultisch-sazerdotale Bezeichnungen (»Priester«) verwendet unser Text (wie auch das übrige Neue Testament) nicht; es sollen keine Missverständnisse entstehen: Christus ist »der *einzige* Mittler zwischen Gott und den Menschen«[41].

3. Die *Aufgaben*, die den Ämtern obliegen, definieren sich wesentlich von der zu bewahrenden *Einheit der Kirche* her (13). Dieser sollen sie dienen. Sie tun das, indem sie allen Gliedern der Gemeinde im Leib Christi zur »*Mündigkeit*« *im Glauben* (14) verhelfen und sie »zurüsten zum Werk des *Dienstes*« (12a), wie es »einem jeden von ihnen« (7a) gegeben ist. Darin bestätigt sich die oben gestellte Diagnose, nach der die hier vorausgesetzten Gemeinden nicht mehr das blühende charismatische Leben der Anfangszeit kennen. Jetzt sollen die Verantwortlichen der Gemeinden dafür Sorge tragen, dass *alle* »zum Werk des Dienstes« das Ihre beitragen. Es ist also keineswegs so, dass die Amtsträger alle Aufgaben an sich ziehen und in ihren eigenen Händen versammeln sollen, vielmehr haben sie darauf zu achten, was die Einzelnen in der Gemeinde an Diensten für das Ganze zu leisten imstande sind. Im Bild (von Vers 16) gesprochen: Die Amtsträger sind die »Gelenke« im Leib Christi, welche die Gliedmaßen im Körper miteinander verbinden und in Austausch untereinander bringen[42], im Wissen darum, dass nicht *sie* die Einheit der Kirche garantieren, sondern *Christus*, das Haupt, »von dem her der ganze Leib in Liebe heranwächst«.

---

[40] »Insofern ist der Epheserbrief in der Tat nahe bei der protestantischen These, dass das besondere Amt des Wortes die Kirche trägt« (*Luz*, Eph 157). Vgl. auch unten S. 63 Anm. 96.

[41] 1 Tim 2,5. Vgl. des Näheren *M. Theobald*, Die Zukunft des kirchlichen Amtes. Neutestamentliche Perspektiven angesichts gegenwärtiger Blockaden, in: P. Hünermann (Hg.), Und dennoch ... Die römische Instruktion über die Mitarbeit der Laien am Dienst der Priester. Klarstellungen – Kritik – Ermutigungen, Freiburg 1998, 29–49.

4. An der Frage, wie die *Struktur der Gemeindeleitung* konkret aussehen soll, zeigt sich unser Autor nicht interessiert[43]. »Hirt« (11) ist ein Bildwort, das Fürsorge und Leitung ausdrückt. Das Neue Testament gebraucht es sonst nur für Christus[44], doch heißt es auch schon von bestimmten Menschen, sie sollten die ihnen anvertraute Herde »*weiden*«, so von Petrus (Joh 21,16) oder den »Ältesten« (Apg 20,28; 1 Petr 5,2). Ignatius von Antiochien (in der ersten Hälfte des 2. Jahrhunderts) nennt dann den Bischof »Hirten«[45]. Unser Autor gibt in Vers 11 nicht zu erkennen, wie in seinen Gemeinden die Hirten-Funktion ausgeübt wurde, ob »Älteste« (= Presbyter) an ihrer Spitze standen[46] oder »Bischöfe und Diakone«[47], ob ein Gremium von Verantwortlichen

---

[42] Die Metapher von den »Gelenken« bestätigt noch einmal die hier für Eph 4 angenommene Differenz zwischen den »Ämtern der Verkündigung« und den übrigen Diensten in der Kirche.

[43] Zutreffend *Luz*, Eph 157: »Es geht dem Verfasser nicht um die göttliche Einsetzung einer *bestimmten* Ämterordnung der Kirche, sondern es geht ihm um das Geschenk der Verkündigungsfunktionen, die er zum Teil personal, zum Teil funktional-bildlich umschreibt« (Hervorhebung von mir).

[44] Vgl. Joh 10,1–18; 1 Petr 2,25; 5,4; Hebr 13,20.

[45] Vgl. Ign, Phil 2,1: »So flieht nun als Kinder des Lichtes der Wahrheit die Spaltung und die schlechten Lehren; wo aber der Hirte ist, da folgt als Schafe«. Vgl. auch Ign, Röm 9,1.

[46] Vgl. Apg 20,17; 1 Tim 5,17–22; 1 Petr 5,1–4.

[47] Phil 1,1; vgl. 1 Tim 3,1–7.8–13. Dass der Autor des Epheserbriefs aus polemischen Gründen in 4,11 bewusst *nicht* von Bischöfen spricht, behauptet zuletzt wieder *C. Böttrich*, Gemeinde und Gemeindeleitung nach Epheser 4: ThBeitr 30 (1999) 137–150, 149: »Der Eph sieht die Gefahren einer Machtposition des Bischofsamtes offenbar deutlicher als etwa Lk oder das Past(oralbriefe), weswegen er den Titel vermeidet und statt dessen seine Funktionen beschreibt. In Eph 4,11 wird deshalb keine Mehrzahl verschiedener Ämter aufgezählt, sondern es wird das eine leitende Amt unter dem Aspekt von Leitung und Lehre in Rückbindung an die apostolische Tradition umschrieben.« Eph sähe sehr deutlich »die Gefahren«, die von einer »Zentralisierung« des Amtes ausgingen. »Er hat sie in der Entwicklung vor Augen, die in Kleinasien bereits auf den monarchischen Episkopat hinführt« (143). Entsprechend spät setzt er das Schreiben an (gegen Ende des 1. Jh.s). Seine These, 4,11 insgesamt beschreibe nur Funktionen eines einzigen leitenden Amtes, lässt sich so nicht halten. Sie trifft zwar das letzte Paar (»andere als Hirten und Lehrer«), verdeckt aber die Unterschiede zwischen diesem (ortsansässige Gemeindeleitung) und den »Evangelisten« (Wandermissionare), die der Autor des Eph ja selbst signalisiert: die einen – andere – andere – ande-

oder nur eine einzelne Person. Auch erfahren wir nicht, aufgrund welcher Eignungen und nach welchen Kriterien jemandem ein Amt übertragen wurde, auch nicht, in welcher Form letzteres geschah. Hier werden erst die sogenannten »Pastoralbriefe«, also 1 Tim, 2 Tim und Tit, konkret[48].
Entscheidend für unseren Autor ist, *dass* es ein von Christus begründetes kirchliches Amt gibt. Seine Gestaltung im Einzelnen scheint ihm Sache der konkreten Entwicklung vor Ort gewesen zu sein, die auf verschiedene Bedingungen hat Rücksicht nehmen müssen. Und so geben auch die Spätschriften des Neuen Testaments durchaus unterschiedliche Typen von Gemeindeleitung zu erkennen. Im Laufe des zweiten Jahrhunderts hat sich diese Vielfalt dann vereinheitlicht, und es bildete sich die Struktur mit einem Bischof an der Spitze eines Presbyteriums heraus, das seinen Sitz in der Hauptstadt eines größeren Kirchenbezirks hatte (etwa in Ephesus, Antiochien/Syrien oder Rom)[49].
Dass diese Entwicklung Sinn hat, wird niemand bestreiten, und auch im gegenwärtigen ökumenischen Gespräch liegt viel daran, dass man sich auf eine entsprechende episkopale Struktur einigen kann. Dabei bleiben aber Gestaltungsspielräume, wenn man das Zeugnis des Neuen Testaments und der frühen Kirche ernst nimmt.
So widerspricht – um nur ein Beispiel zu nennen – dem Grundsatz des Epheserbriefs, dass es der erhöhte Christus ist, der die »Hirten« der Gemeinde »*gibt*«, die im frühen 3. Jahrhundert für Rom bezeugte und nicht nur dort lange

---

re. – Zu Recht weist *Böttrich* die These von *K.M. Fischer*, Tendenz und Absicht des Epheserbriefs (FRLANT 111), Göttingen 1973, 21–33, zurück, nach dem »der Eph die alte pneumatische Struktur der pln. Gemeinden retten wolle und deshalb gegen den Siegeszug der episkopalen Verfassung polemisiere. Dagegen spricht allerdings, dass die Liste in 4,11 von der Vielfalt pneumatischer Funktionen, wie sie bei Paulus begegnet, gerade nichts mehr erkennen lässt und zu deren Verteidigung kaum taugen würde« (142f.). Überdies ist natürlich auch das Hantieren mit *argumenta e silentio* misslich, was aber auch für *Böttrich* selbst gilt.

[48] Daraus, dass in unserem Text über eine »Ordination oder Installation« nichts verlautet, darf man also keine Schlüsse ableiten, gegen *E. Schweizer* (vgl. oben S. 134 Anm. 37).

[49] Vgl. zuletzt den informativen Überblick bei *G. Bausenhart*, Das Amt in der Kirche. Eine not-wendende Neubestimmung, Freiburg 1999, 120–226.

Zeit geübte Praxis, dass »zum Bischof eingesetzt werden soll, *wer vom ganzen Volk gewählt wurde*«[50], gewiss nicht.
5. Nach katholischem Amtsverständnis stehen die Bischöfe in der Nachfolge der Apostel (apostolische Sukzession). Diese apostolische Sukzession wird in ihrer Weihe sakramental weitergegeben. Solches Verständnis, das sich im Lauf der Zeit erst allmählich herausgebildet hat, rangiert auf der Liste der im ökumenischen Gespräch heute zu behandelnden Themen obenan. Dies deshalb, weil die Kirchen der Reformation keinem Verständigungsvorschlag zustimmen können, »der darauf hinausläuft, dass das Amt, das in ihrer eigenen Tradition ausgeübt wird, nicht *gültig* sein sollte bis zu dem Augenblick, wo es in eine bestehende Linie der bischöflichen Sukzession eintritt«[51]. Soll die Ökumene nicht scheitern, was nicht mehr vorstellbar ist, wird man sich auch hier auf die Anfänge der Kirche zurückbesinnen. 4,11 bietet dazu *eine* Momentaufnahme, die anzuschauen sich lohnt.
Beachtlich ist, dass unser Autor in der Liste von Vers 11 die kirchlichen Ämter seiner Zeit (»Hirten und Lehrer«) mit den »Aposteln und Propheten« des Anfangs in *einer* Reihe zusammenordnet. Von einer zwischen diesen Gruppen waltenden Sukzession (Nachfolge) lässt er aber nichts verlauten. Die kirchengründende Funktion der Apostel als einzigartiger Osterzeugen ist nach seinem Verständnis aus sich heraus *unübertragbar* (vgl. zu 3,1–13). Von einem *Amt* der Apostel (und Propheten), das auf Nachfolger überginge, kann deshalb nicht die Rede sein. Dennoch hat die Liste ihren guten Sinn, wie die nachfolgende Überlegung zeigt.
Wahrscheinlich begreift unser Autor sich selbst als einen der »Lehrer«, von denen er in Vers 11 spricht. Für sein Selbstverständnis, wie man es an der Form seines *pseudepigraphischen* Schreibens ablesen kann[52], ist aber wesentlich, dass er

---

[50] Traditio Apostolica Nr. 2. Insgesamt vgl. *K. Ganzer/H. Heinemann*, Art. Bischofswahl, Bischofsernennung I. u. II., in: LThK³ II 504–507; *R. Potz*, Bischofsernennungen. Stationen, die zum heutigen Zustand geführt haben, in: G. Greshake (Hg.), Zur Frage der Bischofsernennungen in der römisch-katholischen Kirche, München–Zürich 1991, 17–50.
[51] »Lima-Dokument«: Taufe, Eucharistie und Amt, Frankfurt 1982, Nr. 38.
[52] Vg. oben S. 15–21.

nicht im *eigenen* Namen Theologie treibt, sondern sich ganz der Autorität des *Paulus* unterstellt, die er in neuer geschichtlicher Situation neu zur Geltung bringen will. Das tut er, indem er die apostolische Tradition – das Bekenntnis zu Christus, das sich bereits in prägnanten Credo-Sätzen niedergeschlagen hat (1,20ff.) – einer zeitbezogenen Auslegung unterzieht[53]. Insofern ist es von Bedeutung, wenn er die »Hirten und Lehrer« den »Aposteln und Propheten« in Vers 11 *nachordnet*[54] und sie zu *einer* Reihe zusammenschließt. Apostolische »Sukzession« bedeutet nach ihm also *Treue zur apostolischen Überlieferung*[55], was für das gegenwärtige ökumenische Gespräch die Basis sein sollte.

6. Irritieren mag heute an unserem Text, dass er von der Mündigkeit der Christen in einseitig *männlicher* Sprache spricht (13a.b: »bis dass wir alle hingelangen zur Einheit des Glaubens ..., zum erwachsenen *Mann*«). Das könnte mit dem einflussreichen Bildfeld vom Leib *Christi* zusammenhängen. Andererseits wird man nicht übersehen, dass auch

---

[53] Ähnlich *Kampling*, Innewerden, a.a.O. (S. 17 Anm. 14) 113: »Die Nennung des Apostels Paulus« ist ihm »Verpflichtung zur Vergegenwärtigung seiner Theologie in gewandelter Zeit ... Der AuctEph schafft eine neue Theologie, indem er die paulinische Tradition in seiner Rezeption, Intention und Interpretation gegenwärtig zur Sprache bringt.« Freilich bleibt diese auch »Kriterium zur Beurteilung dieser Theologie«. Zutreffend scheint mir, wenn *Kampling*, ebd. 114, die Pneumatologie als »Schlüssel zum Selbstverständnis des AuctEph« begreift. »Sein Brief und seine Identifikation mit dem Apostel ist für ihn pneumatisches Widerfahrnis, deren Wahrheitsanspruch durch das Pneuma selbst gewahrt wird«. Das widerspricht nicht seinem Selbstverständnis als »Lehrer«.

[54] Anders *Luz*, Eph 156: Unser Autor denkt in V. 11 »also nicht zeitlich, vom Standpunkt der zweiten Generation aus, die sich ihres Abstandes von den Aposteln bewusst ist und sich deshalb auf eine vorgegebene Traditionsnorm angewiesen weiß, sondern er denkt an den Raum des Leibes Christi, in dem vergangene und gegenwärtige Dienste zusammengehören«. Letzteres steht nicht in Frage, sollte aber nicht in einen Gegensatz zum inneren, auch zeitlich gemeinten Gefälle der Liste gebracht werden. Exegetisch führt eine Einbeziehung des hinter der Verwendung der Pseudepigraphie stehenden Selbstverständnisses unseres Autors weiter (siehe oben).

[55] Vgl. auch *L. Oberlinner*, Die Apostel und ihre Nachfolger. Nachfragen zu einer geläufigen Vorstellung, in: A. Vögtle/ders., Anpassung oder Widerspruch. Von der apostolischen zur nachapostolischen Kirche, Freiburg 1992, 9–39: 31–34 zum Epheserbrief.

die »Hirten und Lehrer« von Vers 11 wohl ausschließlich Männer sind[56]. Das überrascht insofern nicht, als in dem mit 4,7–16 korrespondierenden Text, nämlich der sogenannten »Haustafel« 5,21–33[57], gleichfalls die androzentrische Perspektive vorherrscht (5,24: »die Frauen sollen sich den Männern in allem unterordnen«): Was im Hauswesen als soziale Konvention gilt, das prägt auch das Denken im Haus der Kirche. Wer die Zulassung ausschließlich von Männern zum Amt dogmatisieren will (was unser Text nicht tut), sollte zuerst diese Zusammenhänge bedenken. Am Anfang der paulinischen Gemeinden jedenfalls war das Bild differenzierter; da finden wir auch Frauen in Leitungsämtern, zum Beispiel Phoebe im Amt der »Diakonin von Kenchrea« (Röm 16,1)[58].

7. Menschen, die sich in Leitungsämtern der Kirche für diese aufopfern, sind »Geschenke« Christi (8d.11). Zu allen Zeiten versorgt Christus seine Kirche *ausreichend* mit solchen Menschen – auch heute[59]! Das ist die Botschaft unseres Textes, aus der wir für das trotz allem unausweichliche Gespräch über die Bedingungen für die Zulassung zum kirchlichen Amt mehr *Glaubensmut* schöpfen sollten[60].

---

[56] Vgl. den Sprachgebrauch bei *Schnackenburg*, Eph 193f., der die Frage aber nicht eigens thematisiert (das geschieht im Übrigen nirgends in den Kommentaren).

[57] Vgl. unseren »Bauplan« oben S. 23.

[58] Vgl. zuletzt den Überblick von *J. Becker*, Die Mitwirkung der Frau in den urchristlichen Gemeinden: MdKI 50 (1999) 23–31. Weiter, auch in die Patristik und die Mentalitätsforschung ausgreifend: *K.J. Torjesen*, Als Frauen noch Priesterinnen waren. Aus dem Amerikanischen von E. Brock, Frankfurt ³1995.

[59] Die Klage über einen angeblichen »Priestermangel« hierzulande in der Katholischen Kirche entlarvt sich, so gesehen, selbst als Ausdruck eines Glaubensmangels. Es gibt auch heute genügend junge Leute, die mit Begeisterung in das Amt der Kirche eintreten würden – wenn die Zulassungsbedingungen zu diesem anders (deswegen aber keinesfalls weniger anspruchsvoll!) definiert wären. Das jedenfalls ist die Erfahrung derer, die in der Ausbildung der Theologen/innen tätig sind.

[60] Insofern die jüngsten Äußerungen des kirchlichen Lehramts zur Frage der Zulassung von Frauen zur Ordination im Sinne eines definitiven Abbruchs des innerkirchlichen Gesprächs zu dieser noch nicht ausgereiften Frage zu deuten sind, sehen kirchlich gesonnene Theologen und Theologinnen dies heute aus vielfältigen Gründen für höchst problematisch an. Vgl. *W. Groß* (Hg.), Frauenordination. Stand der Diskussion in

3. Das ethische Grundanliegen: Unterscheidung des Christlichen (4,17–24)

17a Dies nun sage und beteure ich im Herrn,
17b dass ihr nicht mehr so wandeln sollt,
17c wie die Heiden wandeln in der Nichtigkeit ihres Sinnes,
18a verdunkelt in ihrer Vernunft,
18b entfremdet dem Leben Gottes
18c wegen der Unwissenheit,
18d die in ihnen wohnt,
18e wegen der Verhärtung ihres Herzens;
19a abgestumpft haben sie sich der Ausschweifung ergeben
19b zum Tun jeglicher Unreinheit in Habgier.

20   Ihr aber habt Christus so nicht kennengelernt,
21a wenn anders ihr von ihm gehört habt
21b und in ihm unterrichtet worden seid,
21c wie es *Wahrheit* ist in Jesus,
22a dass ihr (nämlich) ablegt den *alten* Menschen eures früheren Lebens,
22b der sich in Begierden des *Trugs* zerstört,
23   dass ihr euch aber erneuern lasst durch den Geist in eurem Sinn
24a und anzieht den *neuen* Menschen,
24b der nach Gott geschaffen ist
     in Gerechtigkeit und Heiligkeit der *Wahrheit*.

A. *Thema und Aufbau des Textes*: Nach seiner Belehrung über die Ämter der Kirche (4,7–16) setzt unser Autor in Vers 17 erneut mit seiner ethischen Unterweisung ein. Auch das hierfür charakteristische Stichwort »wandeln, sein Leben führen« (aus 4,1) greift er (in 17b.c) wieder auf (später noch in 5,2.8.15). Bevor er ab Vers 25 konkret wird, formuliert er hier (in 17–24) sein ethisches Grundanliegen: die Unterscheidung des Christlichen in heidnischer Umwelt. Deshalb stellt er auch die heidnische Existenz (17b–19) scharf der

   der Katholischen Kirche, München 1996 (dort sind auch die Römischen Dokumente abgedruckt); *A. Gerhards* u. a., Projekttag Frauenordination (Kleine Bonner theologische Reihe), Bonn 1997 (mit Beiträgen von J. Wohlmuth, H. Waldenfels, H. Merklein, E. Dassmann, W. Fürst).

christlichen (20–24) gegenüber. Diese soll unterscheidbar bleiben, soll sich deutlich vom Lebensstil der Heiden abheben. Soziologisch gesehen passt das gut zur voranstehenden Erörterung zum Thema »Einheit der Kirche«: »Der Mahnung zu intensivem Zusammenhalt *nach innen* (4,1–16)« entspricht »die Abgrenzung *nach außen*, gegen den heidnischen Lebenswandel« (4,17–19)«[61].
Auffällig an unserem Text sind die zahlreichen Wiederaufnahmen von Motiven und Themen aus der ersten Briefhälfte, vor allem Kapitel 2[62]: Was der Autor dort über den »neuen Menschen« als eine in Christus geschaffene Möglichkeit *erfüllten* Menschseins ausgeführt hat, das ruft er hier in der Einleitung zu den nachstehenden »katalogartigen Mahnungen« von 4,25–32 noch einmal grundsätzlich in Erinnerung: Bei allem ethischen Ernst und Engagement sollen die Adressaten nicht vergessen, dass sie in ihrem Tun nur das zur Erfahrung bringen, was sie als Getaufte schon *sind*: erneuerte Menschen. Von daher erhält nun auch alle ethische Unterweisung im Folgenden einen neuen Charakter: Sie ist kein von außen auferlegtes Tugendgesetz, keine Proklamation von nur schwer erreichbaren Idealen, keine Moralpredigt. Sie ist Erinnerung an das, wozu die in Christus Glaubenden durch Gottes Geist (23) auch tatsächlich befähigt wurden: Gerechtigkeit und Heiligkeit (24b) als Kennzeichen erneuerten Menschseins.

B. *Inhalt und Auslegung des Textes*: Heidnisches Dasein beginnt da, wo der Mensch in seiner »Vernunft« (18a) – biblisch gesprochen: seinem »Herzen« (18e) – nicht mehr wahrnimmt, wem er sich verdankt: dem Leben gewährenden Gott (18b). Dann verfinstert sich sein Denken[63] und verfällt dem »*Trug*« (22b). Gemeint ist die Illusion, sich das Leben auf eigene Faust beschaffen zu können. Das aber nimmt entsprechend den unersättlichen »Begierden« (22b) im Menschen die Form des Immer-mehr-Haben-Wollens an, das kein Genügen findet. Deshalb spricht unser Autor in Vers 19b auch pointiert von der »Habgier«, die er mit jüdischen,

---

[61] *Luz*, Eph 159.
[62] Mit 4,18b vgl. 2,12b, mit 4,22b vgl. 2,3, mit 4,24 vgl. 2,10.15.
[63] Vgl. Röm 1,19–32; Weish 13f.

aber auch profanen Schriftstellern als die Wurzel alles Bösen begreift[64].

Demgegenüber vermittelt die Gemeinde-Katechese (20.21a), die zu den Aufgaben der »Lehrer« gehört (vgl. 4,11), »*Wahrheit* in Jesus« (21c.24b). Es ist konkrete Wahrheit – Wahrheit über den Menschen –, die diesem als Offenbarung über sich selbst in Jesus gegeben wird. Zwei Seiten hat sie: die Aufdeckung der Nichtigkeit des »alten Menschen«, »der sich in den Begierden des Trugs (nur) selbst zerstört« (22b), und die Ermöglichung »neuen Menschseins« (vgl. zu 2,15), das mit der Erneuerung des Denkens durch den Geist Gottes (23) anhebt.

Beachtlich ist dementsprechend die zweifache Anknüpfung an die Erzählung von der Erschaffung des Menschen im Buch Genesis: Dass der »alte Mensch sich in seinen Begierden des Trugs selbst zerstört«, spielt auf den Sündenfall in Genesis 2 und 3 an. Dass der »neue Mensch *nach Gott* geschaffen ist« (24b), nimmt Genesis 1,27 auf, wo es heißt: »*nach dem Bild Gottes* schuf er ihn«[65]. Mit anderen Worten: Die Offenbarung des »neuen Menschen« in Christus meint

---

[64] *Philo*, De Vita Mosis II 186, nennt »die tückische Habsucht (πλεονεξία) die Quelle des unglücklichen Lebens«. Nach *G. Delling* zeigt sich, »dass auch Philo bei πλεονεξία öfter nicht nur an das Verlangen oder den Griff nach fremdem Besitz denkt, sondern an das *Hinausgreifen des Menschen über das ihm gesetzte Maß* oder an das *Verletzen der Ordnungen, in die die Menschen zueinander gestellt sind*. Die πλεονεξία zerstört den Kosmos, die harmonische Ordnung im Innern des Menschen oder im Zusammenleben der Menschen oder in beidem« (ThWNT VI 270). *Ovid* – um ein Beispiel aus der römischen Welt zu nennen – charakterisiert in seiner Erzählung von den vier Weltaltern das letzte, gegenwärtige so: »Das letzte ist von hartem Eisen. Alsbald brach in das Zeitalter des schlechteren Metalls alle Sünde ein, es flohen Scham, Wahrheitsliebe und Treue (pudor verumque fidesque); an ihre Stelle rückten Betrug, Arglist, Heimtücke, Gewalt und *frevelhafte Habgier* (amor sceleratus habendi)« (Metamorphosen I 128–131 [Übers. M. von Albrecht]). Nicht grundlos nimmt in diesem Lasterkatalog die »Habgier« die letzte, betonte Stelle ein (so auch in Eph 5,3.5). *Plutarch*, Über die Liebe zum Reichtum 2: »Das Verlangen nach Geld wird von Silber und Gold nicht gestillt und die Habgier (πλεον-εξία) hört nicht auf, das Mehr (τὸ πλέον) zu erwerben« (Mor. 523 E). Vgl. auch 1 Tim 6,10.

[65] In Kol 3,10f., der Vorlage für Eph 4,24, ist die Anspielung auf die Genesis noch deutlicher: »und ihr, die ihr den neuen (Menschen) angezogen

den Menschen, wie der Schöpfer ihn sich *von Anfang an* gedacht hat, dass er sein sollte: gerecht und heilig (24b)[66]! Unterstrichen wird das dadurch, dass mit letzterem – jüdisch-hellenistischem Denken gemäß – die beiden Grunddimensionen angesprochen sind, die menschliches Dasein bestimmen: das Verhältnis zum Mitmenschen (Gerechtigkeit) und das zu Gott (Heiligkeit)[67]. Beides kommt zur Erfüllung im Raum der »Wahrheit« (24b), wie sie im Evangelium aufscheint.

C. *Bedeutung und Fragen für heute*: Obwohl unser Text ganz auf den Kontrast christlichen und heidnischen Lebens-

---

habt, der erneuert ist zu Erkenntnis *nach dem Bilde seines Schöpfers*: Da ist nicht Grieche und Jude, Beschneidung und Vorhaut, Barbar, Skythe, Sklave, Freier, sondern alles und in allen Christus!« Gleichzeitig besagt dieser Text, dass der wahre Adam, dessen Gottebenbildlichkeit durch nichts getrübt ist, Christus selbst ist. Dahinter steht eine Auslegung der beiden Schöpfungserzählungen im hellenistischen Judentum, welche Genesis 1 auf den himmlischen Menschen oder Ideal-Menschen bezieht, Genesis 2f. aber auf den Menschen, so wie er wirklich ist. So heißt es bei *Philo*: »Zwei Arten von Menschen gibt es: der eine ist der Himmlische der andere der Irdische. Der Himmlische ist im Ebenbilde Gottes geschaffen (Gen 1,27) und deshalb ohne Anteil an allem Vergänglichen und Erdhaften überhaupt; der Irdische ist aus einem auseinandergestreuten Stoffe, den die Schrift Staub nennt, gestaltet worden« (Legum Allegoriae I 31, zu Gen 2,7). Von daher lässt sich auch Eph 4,22–24 besser begreifen: Der »neue Mensch«, wie Christus ihn (auch nach 2,15) darstellt, ist der wahre Adam in seiner Gottebenbildlichkeit; ihn »zieht« der Glaubende an, den sündigen Adam von Genesis 3 aber, der sich in seinen Begierden selbst zerstört, legt er ab.

[66] V. 24b: ἐν δικαιοσύνῃ καὶ ὁσιότητι.
[67] Vgl. bereits *Platon*, Theaetetus 176a.b, wo Sokrates sagt: »Das Böse, o Theodoros, kann weder ausgerottet werden, denn es muss immer etwas dem Guten Entgegengesetztes geben, noch auch bei den Göttern seinen Sitz haben. Unter der sterblichen Natur aber und in dieser Gegend zieht es umher jener Notwendigkeit gemäß. Deshalb muss man auch trachten, von hier dorthin zu entfliehen aufs schleunigste. Der Weg dazu ist Verähnlichung mit Gott (ὁμοίωσις θεῷ) so weit als möglich, und diese Verähnlichung besteht darin, dass man *gerecht* und *heilig* (δίκαιον καὶ ὅσιον) werde, verbunden mit Einsicht«. Weitere Belege dazu, auch aus dem hellenistischen Judentum, bietet *K. Berger*, Die Gesetzesauslegung Jesu. Ihr historischer Hintergrund im Judentum und im Alten Testament, Teil I: Markus und Parallelen (WMANT 40), Neukirchen 1972, 142–168 (»Vorneutestamentliche Verknüpfung von Gottes- und Nächstenliebe«).

stils abhebt – »wandelt *nicht* mehr so, *wie* die Heiden wandeln!« –, proklamiert er doch keine Gruppen- oder Sonderethik, die nur für bestimmte Menschen unter besonderen Bedingungen von Bedeutung wäre. Vielmehr zeigt er sich davon überzeugt, dass es im Evangelium um das Menschsein schlechthin geht, dieses also *alle* Menschen *unbedingt* angeht. Dabei kommt es auf beides an, Gerechtigkeit *und* Heiligkeit. Die heilsame Gegenwart des Heiligen in dieser Welt leuchtet nur da auf, wo dem Nächsten bedingungslos Gerechtigkeit widerfährt. Das aber geschieht da, wo nicht mehr »die Existenzweise des Habens« und Haben-Wollens sich aller Lebensvollzüge bemächtigt, sondern die »Existenzweise des Seins« regiert (Erich Fromm). Diese aber wird freigesetzt von der »Wahrheit« des Evangeliums, der Erfahrung des Gottes, der in Christus das Leben schenkt.

4. Kirchliches Miteinander
Zu beherzigende Grundregeln (4,25–32)

25a Deshalb legt die Lüge ab,
25b »redet Wahrheit,
25c ein jeder mit seinem Nächsten« (Sach 8,16),
25d denn wir sind *untereinander* Glieder.

26a »Zürnt und sündigt nicht« (Ps 4,5).
26b Die Sonne gehe nicht unter über eurem Zorn.
27   Und gebt dem Teufel keinen Raum!

28a Der Dieb stehle nicht mehr (Ex 20,15),
28b vielmehr mühe er sich ab,
28c indem er mit seinen eigenen Händen das Gute erwirkt,
28d damit er (etwas) hat,
28e um es dem Bedürftigen zu geben.

29a Kein übles Wort komme aus eurem Mund,
29b sondern wenn eins,
29c (dann) ein gutes zur Auferbauung in der Not,
29d damit es den Hörern Gnade gibt.
30a Und beleidigt nicht den heiligen Geist Gottes (Jes 63,10),

30b in dem ihr versiegelt wurdet für den Tag der Erlösung!
31 Alle Erbitterung, Wut, Zorn, Geschrei und Lästerrede weiche von euch samt aller Schlechtigkeit.
32a Vielmehr seid gütig *zueinander,*
32b barmherzig,
32c gewährt einander Gnade,
32d wie auch Gott in Christus euch Gnade gewährt hat.

A. *Form und Aufbau des Textes*: Wir haben ein Mosaik aus locker zusammengefügten Mahnungen vor uns zu ausgewählten Themen des kirchlichen Zusammenlebens: Wahrhaftigkeit (25), Versöhnungsbereitschaft (26f.), Verhältnis zum Besitz (28), Umgang mit der Sprache und dem Wort (29f.). Ein sogenannter »Lasterkatalog« (31) und eine Mahnung zu gegenseitiger Barmherzigkeit (32) bündeln das Ganze und bringen es auf den Punkt.
Enthalten die einzelnen Mahnungen handfeste Regeln zum Umgang miteinander, so münden sie doch alle (mit Ausnahme von 28) in theologische Aussagen ein (25d.27.30.32d). Diese bezeichnen den *religiösen Orientierungs- und Motivationshorizont*, in dem die lebenspraktischen Regeln zu sehen sind. So gilt nach *Vers 25d* zunächst, dass »wir – als Leib Christi – untereinander Glieder sind« (vgl. Röm 12,5) – und das soll sich im alltäglichen Miteinander bewähren. Sodann gemahnen die *Verse 27* und *30* daran, bei allem Lebensoptimismus die Wirklichkeit nicht zu leicht zu nehmen, sie nicht einflächig zu verharmlosen: Gründet der Ernst im Umgang miteinander im Glauben an den in der Kirche gegenwärtigen »*heiligen Geist Gottes*« (30a; vgl. 4,4a), so steht diesem in der Welt noch der »*Teufel*« gegenüber, dem die in der Taufe mit dem Geist »Versiegelten« keinen Raum gewähren sollen (27). Schon in 2,2 hatte unser Autor zu verstehen gegeben, dass er einen von Bosheit diktierten Lebenswandel im Einflussbereich böser Mächte sieht. Diesen haben auch die Getauften zu widerstehen; sie können das, weil sie »für den (noch ausstehenden) Tag der Erlösung[68] im Geist Gottes

---

[68] In Anknüpfung an 1,13f. spricht unser Autor hier (und nur an unserer Stelle) von einem »Tag der Erlösung«, nicht aber (wie es dem urchristlichen Sprachgebrauch entsprechen würde: vgl. 1 Thess 5,2; 1 Kor 1,8; 5,3;

versiegelt«, das heißt von ihm in Besitz genommen wurden. So dürfen sie sich durch ihn auch geschützt wissen, verwahrt für jenen letzten Tag. Schließlich erinnert *Vers 32d* an Gottes Heilstat in Christus, womit am Ende die entscheidende Motivation für alles gute Handeln genannt ist: *Gottes* Gnade in *Christus*, durch seinen *Geist* in der Kirche gegenwärtig – bis in die lebenspraktischen Regeln hinein will der Glaube an den dreifaltigen Gott konkret werden!
Die ethischen Regeln selbst atmen ganz biblisch-frühjüdischen Geist, wie die Anspielungen auf Schrifttexte belegen[69]. Hier wird anschaulich, was es heißt, dass den Heidenchristen Anteil am jüdischen Erbe geschenkt wurde (vgl. zu 2,11–22). Zu diesem gehört auch die Lebenserfahrung, die sich in so manchen weisheitlichen Regeln und Maximen niedergeschlagen hat. Schon viele Generationen durften aus ihnen leben.
In unserem Text bedient der Autor sich auch wieder des Stilmittels der *inclusio*, also der Rahmung eines Textabschnitts mit Hilfe eines charakteristischen Stichworts[70]. Dieses Stichwort liefert hier ein unauffälliges griechisches Wort, das wir mit »untereinander« (25d) beziehungsweise »zueinander« (32a; vgl. 32c) übersetzt haben. Es bringt die Grundintention unserer Verse auf einen Nenner: »Miteinander«!

B. *Inhalt und Auslegung des Textes:* Gehen wir die einzelnen Mahnungen, aus denen unser Text besteht, kurz durch:
Vers 25: Im Abschnitt zuvor hörten wir, dass »in Jesus Wahrheit ist« (4,21). Wenn das Evangelium aber Wahrheit über den Menschen enthält, wie dringend ist dann die Mahnung zu gegenseitiger *Wahrhaftigkeit*! Die Lebenslügen »abzulegen« (25a) vermag der Mensch von sich aus nicht; wohl aber versetzt ihn das Evangelium dazu in den Stand. Das ist auch der Grund, warum unser Autor die Mahnung

---

2 Kor 1,14) vom »Tag des *Herrn*«, der Parusie. »Wenn dieser geprägte Ausdruck vermieden ist, kann der ›Tag‹ auch allgemein den Hoffnungshorizont auftun, die im Himmel schon bereitliegende, durch den Geist verbürgte Erbschaft zu erlangen ... Der Gerichtsgedanke tritt durch die Beifügung ›Erlösung‹ ganz zurück« (*Schnackenburg*, Eph 214).

[69] Sach 8,16; Ps 4,5 (in der griechischen Übersetzung); Jes 63,10.
[70] Vgl. oben S. 69 f.!

von Vers 25 aus dem vorhergehenden Abschnitt schlussfolgert: »*Deshalb* legt die Lüge ab, ›redet Wahrheit, ein jeder mit seinem Nächsten‹ (Sach 8,16)«. Und er fügt hinzu: »denn wir sind *untereinander* Glieder«. So stellt er gleich zu Beginn seiner Mahnungen klar: Der Glaube, dass die Kirche beziehungsweise die Gemeinde der Leib Christi ist, muss auch im Umgang miteinander konkret werden.

Vers 26f.: Zornesausbrüche kommen vor. Doch schwelt der Zorn weiter, dann erstickt er den Nächsten[71]. So steht die Arbeit der Versöhnung obenan. Sie ist derart dringend, dass sie nicht aufgeschoben werden darf, vielmehr noch *heute* beginnen muss: »Die Sonne gehe nicht unter über eurem Zorn« (26b). »Nicht zu zürnen *von einem Tag zum anderen*« ist zum Beispiel auch das Anliegen der jüdischen Damaskusschrift[72]. Klug ist das allemal, denn nur so wird einem die nötige Nachtruhe von den eigenen Hassgefühlen und Aggressionen gegen den Mitmenschen nicht geraubt.

Vers 28: Dem Nächsten sein Hab und Gut nicht wegzunehmen, versteht sich von selbst (vgl. Ex 20,15; Dtn 5,19). Mit den eigenen Händen zu arbeiten (vgl. 1 Thess 4,10f.), um Notleidenden in der Gemeinde helfen zu können, nicht aber um Besitz zu horten – das widerstreitet dem, was »man« gewöhnlich über dieses Thema denkt. Hier wird deutlich, wie stark der Autor seine ethischen Regeln von den Belangen nicht des Einzelnen, sondern von denen der Gemeinde her entwirft. Beim Thema Besitz und Reichtum erfordert das ein schmerzhaftes Umdenken; auch beim Thema Arbeit, die es in unserer hochspezialisierten Gesellschaft heute mit denen zu teilen gilt, die keine haben.

Vers 29f.: Was Worte verderben, aber auch an Gutem bewirken können, das weiß die Schrift[73]. Unsere Mahnung erwartet nicht, dass man viele Worte macht (29b), aber wenn man

---

[71] Vgl. Mt 5,21f.: »Ihr habt gehört, dass zu den Alten gesagt wurde: ›Du sollst nicht töten!‹, wer aber tötet, soll dem Gericht verfallen. Ich aber sage euch: Jeder, der seinem Bruder *zürnt*, soll dem Gericht verfallen«.
[72] Vgl. CD 7,2f.
[73] Vgl. nur Jak 3,1–12: »Aber die Zunge zu zähmen – kein Mensch vermag es. Dies unstete Übel, voll totbringenden Giftes! Mit ihr preisen wir den Herrn und Vater; mit ihr verfluchen wir die nach dem Gleichbild Gottes geschaffenen Menschen. Aus ein und demselben Mund kommt Lobpreis und Fluch ...« (Übersetzung F. Stier).

spricht, soll es eine aufbauende Rede sein mit Blick für die Not des anderen. So geschieht den Hörern »Gnade«, wie das entsprechende griechische Wort hier wohl zu übersetzen ist; es kann aber auch »Wohltat«, »Gunst« sowie »Anmut«[74] bedeuten. Das alles setzen gute Worte frei. Verletzende und üble Worte aber »beleidigen den heiligen Geist Gottes«, der doch die Wirklichkeit der Gemeinde bestimmt.

Vers 31f.: Mit dem »Lasterkatalog« (31), den unser Autor mehr oder weniger wörtlich aus Kol 3,8 übernommen hat, fasst er die voranstehenden Mahnungen zunächst nach ihrer negativen Seite hin zusammen: »Alle Erbitterung, Wut, Zorn (vgl. 26f.), Geschrei (vgl. 29) und Lästerrede (vgl. 30a) mögen von euch weichen samt aller Schlechtigkeit«. Bitterkeit und Aggressionen gegen den Nächsten schaffen sich Luft und entlarven sich in unbeherrschten Reden oder Geschrei; sie machen vergessen, dass Gottes heiliger Geist in der Gemeinde gegenwärtig ist, der so »gelästert« wird. All dem sollen die Christen widerstehen. Zuletzt erinnert unser Autor in Vers 32 an die überragende Rolle, die der Barmherzigkeit im Zusammenleben der Gemeinde zufällt: dass man Gnade gewährt, wo einem selbst von Gott in Christus Gnade gewährt wurde; dass man verzeiht, wo Gott in Christus einem selbst verziehen hat.

C. Bedeutung und Fragen für heute: Man ist überrascht, wie wichtig nach unserem Autor für das kirchliche Miteinander die Kultivierung der gemeinsamen Sprache ist: Wahrhaftigkeit, versöhnungsbereite und aufbauende Rede, Worte voller Anmut und Gnade, sensible Worte in der Not – so lauten die Stichwörter unseres Textes. Hier können wir alle nur lernen: weniger kirchliche Diplomatie und rhetorische Sprachmanöver, dafür Wahrhaftigkeit auf allen Ebenen; offene Worte, aber auch Worte voll Barmherzigkeit; keine »üblen Worte« (29a), auch kein »Geschrei« (31), sondern noble Rede mit dem Blick für die Not des Nächsten – beglaubigt durch konkrete Taten der Liebe (28)!

---

[74] Vgl. Kol 4,6: »Euer Wort sei allezeit voll Anmut, mit Salz gewürzt; so wisst ihr, wie ihr einem jeden antworten müsst«.

5. Köstlicher Wohlgeruch. Eine Theologie der Liebe (5,1–2)

1   Werdet also Nachahmer Gottes als geliebte Kinder
2a und wandelt in der Liebe,
2b wie auch Christus euch geliebt
2c und sich für uns dahingegeben hat,
2d als »Gabe und Opfer« für Gott (Ps 40[39],7)
2e zu köstlichem Wohlgeruch (Ex 29,28 u. ö.).

A. Form und Ort der Verse im Briefkontext: Mit 5,1f. treten wir in das Zentrum der zweiten Briefhälfte ein. Alle anderen Abschnitte der Kapitel 4,1–6,9 (der Briefschluss beginnt in 6,10) sind spiegelbildlich um die Achse dieser beiden Verse herum angeordnet[75]. Wir dürfen also von der Annahme ausgehen, dass hier der Autor das *Prinzip* seiner ethischen Weisungen formuliert, den *Grundsatz*, an dem sich die Mahnungen im Einzelnen auszurichten und zu messen haben.
Die herausragende Rolle der Verse wird auch klar, wenn man sieht, dass ihr Thema – die *Liebe* – Leitmotiv des ganzen Schreibens ist. Fünfzehnmal begegnet das Hauptwort »*Liebe*« (ἀγάπη) (im Vergleich dazu nur fünfmal im Kolosserbrief) und zehnmal das Tunwort »*lieben*« (ἀγαπᾶν) (zweimal in Kol). Geht man die einzelnen Texte durch, dann zeichnen sich die Konturen einer erstaunlichen *Theologie der Liebe* ab. Einige Hinweise dazu sind nötig, will man verstehen, wie sich die einzelnen Linien des Briefs in 5,1f. bündeln und zu einem beeindruckenden Akkord vereinen.
»*In Liebe*« ist eine Formel, die insgesamt sechsmal im Brief begegnet, zum erstenmal in 1,5a: »in Liebe hat uns *Gott* vorherbestimmt zur Sohnschaft durch Jesus Christus auf ihn hin«. Für unsere Ohren mag es abgegriffen klingen, doch im Kontext der Antike mit ihrer Fülle schillernder Gottesbilder ist es eine mutige Leistung, mit welcher Entschiedenheit unser Autor (mit anderen Theologen des Neuen Testaments) die Liebe – ohne Wenn und Aber – zum einzigen Beweggrund für Gottes Heilshandeln an uns erhoben hat: »um seiner großen Liebe willen, mit der er uns geliebt hat«, heißt es an hervorragender Stelle (in 2,4b.c).

---

[75] Vgl. oben S. 23 f.!

Wie kommt unser Autor zu dieser Überzeugung? Hat er all das Leid, das unverschuldet über die Menschen aller Zeiten hereinbricht, vergessen und das Böse der Weltgeschichte verdrängt, dass er, scheinbar so unangefochten, von Gottes Liebe reden kann? Wohl nicht, wenn man an die bedrückende Erfahrung der »Mächte und Gewalten« denkt, auf die er in seinem Schreiben immer wieder zurückkommt. Was also ist der Grund für sein ungebrochenes Überzeugtsein von Gottes Liebe zu den Menschen?

Gottes Liebe hat sich *geäußert* – so die zweite Aussagenreihe zum Thema – in der »alle Erkenntnis übersteigenden Liebe *Christi*« (3,19); diese – seine Selbsthingabe für die Menschen (5,2c.25) – war nicht die heldenhafte Tat eines Ausnahmemenschen, der bis zur letzten Konsequenz für andere einzutreten den Mut besaß, nein, dieses »Für-Andere-Dasein« des von Gott »Geliebten« (1,6) war das leibhafte Zeichen der Liebe Gottes *selbst*, das Ereignis, das allein es erlaubt, das Geheimnis Gottes mit diesem einzigartigen wie verletzlichen Wort zu umschreiben. Hier wird deutlich: Gott steht trotz allem, was dagegen sprechen könnte, fest auf Seiten des Menschen.

Die dritte Aussagenreihe betrifft demgemäß das Wesen der Kirche als der Gemeinschaft derer, »die in der Liebe verwurzelt und gegründet sind« (3,17) und sich deshalb »auch einander in Liebe ertragen sollen« (4,2; vgl. auch 4,15.16; 6,23.24). Das zieht unser Autor bis in den Alltag der christlichen Hausgemeinschaft aus, wenn er (in 5,25.28.30) von der ehelichen Liebe von Mann und Frau spricht.

Alle drei Linien – die Aussagen über Gott, Christus und die Kirche – treffen in 5,1f. zusammen. Dabei bedient sich der Autor in Vers 2b.c einer geprägten Glaubensformel[76], die er in Vers 2d.e mit Anspielungen auf das Alte Testament anreichert.

Seiner Form nach ist unser Text sehr einfach: Er enthält die grundlegende Weisung (1.2a) und nennt ihren Maßstab (2b–e).

---

[76] Vgl. Gal 1,4: »Jesus Christus, der sich um unserer Sünden willen hingegeben hat«; Gal 2,20: »Der Sohn Gottes, der mich geliebt und sich für mich hingegeben hat«; 1 Tim 2,6: »Christus Jesus, der sich als Lösegeld für alle hingegeben hat«.

B. Inhalt und Auslegung des Textes: Von einer Nachahmung *Gottes* ist im Neuen Testament ausdrücklich nur hier die Rede[77]. Gott ähnlich werden, ihn nachahmen ist an sich eine griechische Vorstellung, die bis auf Platon zurückgeht[78]. Im jüdisch-christlichen Bereich begegnet man ihr mit Ausnahmen (Philo von Alexandrien) zunächst mit Reserve, weil sie dazu verleiten konnte, den unendlichen Abstand zwischen dem heiligen Gott und dem hinfälligen, sündigen Menschen zu verschleiern. Nach dem Epheserbrief hat Gott diesen unendlichen Abstand in seinem »geliebten« Sohn (1,6) von sich aus überbrückt und die Menschen zu seinen »geliebten Kindern« – Söhnen und Töchtern – erhoben. So können sie den liebenden Vater-Gott[79] auch nachahmen, indem sie selbst sich in ihrem Handeln von seiner Liebe bestimmen lassen.

Diese Liebe ist (nach 2a) der Lebensraum, »in« dem sie »wandeln«, atmen und sich bewegen dürfen, der Lebensraum der Familie Gottes, wie das herangezogene Bildfeld kühn behauptet. *Maß* dieser Liebe ist die Hingabe Jesu, also seine zur Tat gewordene Liebe, die Ernst mit ihren Worten macht; aber auch *Grund* und *Ermöglichung* unserer Liebe ist sie, denn – wie die kultischen Bilder (von 2d.e) besagen – war Jesu Lebenseinsatz *für uns* zugleich die *Gott* wohlgefällige »Gabe«: das Geschehen, durch das er uns seinen unbedingten Versöhnungswillen glaubhaft zeigen konnte.

C. Bedeutung und Fragen für heute: Zwei Gedanken bewegen einen nach der Lektüre von 5,1f.: Bei uns wird die Liebe viel zu oft gepredigt, gefordert, eingeklagt, als hohe Messlatte aufgelegt; gleichzeitig ist man erschrocken über das sich dabei zeigende Maß an so genannter Liebesunfähigkeit. Aber zur Tat der Liebe will man befreit werden. Doch wie?

---

[77] Vgl. aber Mt 5,48, wo freilich die spezifische Terminologie fehlt: »Auch ihr sollt also vollkommen werden, wie euer himmlischer Vater vollkommen ist«.
[78] Die wirkungsgeschichtlich bedeutendeste Stelle ist die oben (S. 145 Anm. 67) zitierte Passage aus *Platon*, Theaetetus 176b. Dazu wie zu den Hintergründen unseres Textes insgesamt vgl. G. *Sellin*, Imitatio Dei. Traditions- und religionsgeschichtliche Hintergründe von Eph 5,1–2, in: ΕΠΙΤΟΑΥΤΟ (FS P. Pokorný), Prag 1998, 298–313.
[79] Vgl. 1,2f. 17; 3,14; 4,6; 5,20.

Unser Text meint: Liebe ist »köstlicher Wohlgeruch«; wer ihn im Lebensraum der Familie Gottes einatmet, der lebt anders, wandelt auch selbst »in der Liebe«. Solchen Lebensraum in unseren Gemeinden und Familien herzustellen ist Aufgabe des Glaubens.

Und ein Zweites: 5,1f. bezeichnet das Prinzip, das *alle* konkreten ethischen Weisungen durchwaltet. Wer für sich »prüft, was (in einer gegebenen Situation) dem Herrn gefällt«, wie es im nächsten Abschnitt heißt (5,10), der erinnere sich an 5,1f.: »Liebe und tu, was du willst!« heißt es bei Augustinus.

6. Licht statt Finsternis. Katalogartige Mahnungen (5,3–14)

3a	Unzucht aber und jede Unreinheit oder Habgier soll unter euch nicht einmal ausgesprochen werden,
3b	wie es Heiligen geziemt,
4a	auch nicht Schändliches und dummes Geschwätz oder üble Witze,
4b	was sich nicht gebührt,
4c	sondern vielmehr Danksagung.
5a	Das nämlich sollt ihr wissen und bedenken:
5b	Kein Unzüchtiger oder Unreiner oder Habgieriger
5c	– das heißt Götzendiener –
5d	hat ein Erbe im Reich Christi und Gottes.
6a	Niemand betrüge euch mit leeren Worten:
6b	Deswegen nämlich kommt der Zorn Gottes über die Söhne des Ungehorsams.
7	Macht euch mit ihnen also nicht gemein!
8a	Denn einst wart ihr *Finsternis*,
8b	jetzt aber (seid ihr) *Licht* im Herrn;
8c	wandelt als Kinder des Lichts
9	– die Frucht des Lichts nämlich (besteht) in lauter Güte und Gerechtigkeit und Wahrheit –,
10a	wobei ihr prüft,
10b	was dem Herrn gefällt!
11a	Und nehmt nicht teil an den fruchtlosen Werken der *Finsternis,*

11b vielmehr deckt (sie) sogar auf!
12a Denn was heimlich von ihnen getan wird,
12b schändlich ist es,
12c davon auch nur zu reden.
13a Was aber alles vom *Licht* aufgedeckt wird,
13b das wird offenbar;
14a denn was alles offenbar wird,
14b (das) ist selbst *Licht*.
14c Darum heißt es:
14d »Erheb dich, du Schläfer,
14e und steh auf von den *Toten*,
14f und *aufstrahlen* wird dir Christus.«

A. Form und Aufbau der Verse: Mit unserem Abschnitt kehrt der Autor wieder zur katalogartigen Mahnung zurück, wie wir sie schon von 4,25–32 her kennen. Ein Lasterkatalog und ein Tugendkatalog mit jeweils drei Gliedern stehen sich in den beiden Hälften unseres Textes (3–6/7–14) gegenüber: »Unzucht, Unreinheit und Habgier« (3a.5b) auf der einen, »Güte, Gerechtigkeit und Wahrheit« (9) auf der anderen Seite.
Was ist das Gütesiegel der christlichen Gemeinde, was ihr Profil im Kontext der zeitgenössischen Stadtgesellschaft? Christen leben *anders* – so der Tenor der Antwort, die unser Autor auf diese Frage in den Kapiteln 4–6 seines Schreibens erteilt, wobei er vor Schwarz-Weiß-Malerei nicht zurückschreckt. Das sieht man auch an unserem Textabschnitt. Zwei große Gegensatzpaare durchziehen ihn: *Heiligkeit* (3b) *und Unreinheit* (3a.5b) in der ersten Hälfte des Textes (3–6), *Licht und Finsternis* in seiner zweiten (7–14). Lehnt der Autor sich in Vers 3–6 stark an den Kolosserbrief an (vgl. Kol 3,5f.8), so schöpft er in Vers 7–14 aus traditioneller Taufkatechese, woher auch der Licht-Finsternis-Gegensatz stammt (vgl. auch 1 Petr 2,9). Zwar dürfte auch hier der Kolosserbrief mit seiner Erinnerung an die Taufe (in 1,12f.) Pate gestanden haben, doch hat der Autor das Bildfeld unter Rückgriff auf Formulierungen der authentischen Paulusbriefe erheblich ausgebaut[80]. Jetzt steht der Licht-Finsternis-

---

[80] Mit V. 8c vgl. 1 Thess 5,5, mit V. 11a vgl. Röm 13,12, zum Gegensatz böse *Werke* – gute *Frucht* (V. 9.11a) vgl. Gal 5,19.22, mit V. 10 vgl. Röm 12,2.

Kontrast für den Gegensatz von christlicher Gemeinde und Heidentum, wie er schärfer und unversöhnlicher nicht gezeichnet werden könnte.

Als Besonderheit unseres Abschnittes ist das *Zitat* an seinem Ende zu vermerken: nicht aus der Heiligen Schrift stammt es, wie die Zitateinleitung (14c; vgl. 4,8a) es erwarten lässt, sondern aus der Liturgie der Gemeinde. Wahrscheinlich handelt es sich bei dem auch sprachlich sorgfältig gestalteten poetischen Stück um einen liturgischen Zuspruch an den Täufling, der aus einem Weckruf (14d.e) samt Verheißung (14f) besteht. Man kann sich gut vorstellen, dass dieser Dreizeiler – vielleicht Fragment eines umfangreicheren Tauflieds – dem Täufling kurz vor dem eigentlichen Taufakt zugerufen wurde: Ihm, der noch im Schlaf der Todesnacht gefangen war, erschallt der Weckruf, verbunden mit der Verheißung, dass Christus, die Sonne eines neuen Tages, über ihm aufstrahlen wird. Für diesen Bezug des Dreizeilers auf die Taufhandlung spricht, dass aus der späteren kirchlichen Literatur manche Tauftexte bekannt sind, die gleichfalls um die Metapher des Sonnenlichts kreisen. So spricht Meliton von Sardes von Christus als der »Sonne des Aufgangs«[81] oder die syrische Didaskalie vom »großen Licht«, das »über euch (den Täuflingen) aufgegangen ist«[82]. Dieses Bild ist wohl der Grund, warum der Autor den Zuruf am Ende seiner Licht-Finsternis-Mahnung zitiert.

Auch die Mitglieder der jüdisch-essenischen Gemeinde von Qumran verstanden sich als »Söhne des Lichts«, die mit den »Söhnen des Unrechts«, die »auf den Wegen der Finsternis wandelten«, nichts gemein hatten; ein unüberbrückbarer Graben verlief zwischen ihnen[83]. Solche Einstellung zu den

---

[81] Vgl. bei *Schnackenburg*, Eph 234, Anm. 580.
[82] Vgl. *F.J. Dölger*, Sol Salutis. Gebet und Gesang im christlichen Altertum (LF 4f.), Münster ²1925, 367 (weitere Texte ebd. 364–410).
[83] Vgl. 1 QS III 13-IV 26: »... in der Hand des Fürsten des Lichtes [eines Engels: Michael?] liegt die Herrschaft über alle Söhne der Gerechtigkeit, auf den Wegen des Lichtes wandeln sie. Aber in der Hand des Engels der Finsternis liegt alle Herrschaft über die Söhne des Frevels, und auf den Wegen der Finsternis wandeln sie. Und durch den Engel der Finsternis kommt Verirrung über alle Söhne der Gerechtigkeit, und alle ihre Sünde, Missetat und Schuld und die Verstöße ihrer Taten stehen unter seiner Herrschaft entsprechend den Geheimnissen Gottes, bis zu seiner Zeit ...

Menschen außerhalb der Gemeinde war Ausdruck einer Sektenmentalität, die sich mit Erwählungsstolz und elitärem Bewusstsein paaren konnte.
Trotz der Ähnlichkeit der Bildsprache scheint es sich in 5,3–14 damit aber doch anders zu verhalten. Das *missionarische* Interesse unseres Autors, der die *ganze* Schöpfung dem *einen* Gott und *einen* Herrn Jesus Christus unterstellt sieht (3,9; 4,5.6), bricht sich gerade in unserem Text Bahn: Dass die Finsternis vom Licht durchdrungen und erhellt wird, scheint seine Hoffnung gewesen zu sein, wie die Auslegung im Einzelnen zu zeigen vermag (13a–14b).

B. *Inhalt und Auslegung des Textes*: Entschiedene Abgrenzung der Gemeinde vom Lebensstil der heidnischen Umwelt – das ist die Forderung, die unser Autor in 5,3–14 erhebt. Sie formuliert er in den beiden Hälften des Textes in gegenläufiger Weise: in Vers 3–6 eher negativ, in Vers 7–14 eher positiv; in Vers 3–6 auf Distanz bedacht, in Vers 7–14 mit der Absicht, dass die Abgrenzung der Gemeinde von der Welt nicht mit ihrem Rückzug aus ihr verwechselt wird: Das Licht soll in der Finsternis leuchten!
Wenn unser Autor an Lastern »Unzucht, Unreinheit und Habgier« aufzählt, die »unter euch nicht einmal genannt« (3a), das heißt zum Gegenstand von Klatsch und Tratsch gemacht werden sollen, dann entspricht das ganz der Art, wie Juden heidnisches Unwesen sahen: Unzucht (Verkehr mit Dirnen, auch Ehebruch), überhaupt alles Schamlose sowie Raffsucht und Habgier (vgl. schon 4,19b) – das sind nicht lediglich Symptome großstädtischer Dekadenz, sondern viel schlimmer: Götzendienst (5c), also Versklavung an selbstfabrizierte Idole, Absage an den lebendigen Gott.
Seinen Ausdruck findet dieser Niedergang im Verfall der Sprache (4a): Von allem »Schmutzigen, das sich in der blöden oder elegant scherzenden Rede äußert«, sollen die Christen sich fernhalten[84]. Doch wohlgemerkt: Nicht um ein »humorloses Christentum« geht es dabei, sondern um »kon-

---

Und alle seine Geister seines Loses suchen die Söhne des Lichtes zu Fall zu bringen. Aber der Gott Israels und der Engel seiner Wahrheit hilft allen Söhnen des Lichtes ...« (III 20–23.24f.).

[84] *Schlier*, Eph 234.

sequente Absage an Zügellosigkeit und Zweideutigkeit«[85] – bis in die Sprache hinein. Wenn dem unser Autor (in 4c) die »Danksagung« (*eucharistia*) entgegensetzt, dann hat er nicht nur Gefallen am Wortspiel mit dem griechischen Begriff für »üble Witzrede« (*eutrapelia*), sondern bringt vielmehr auf den Punkt, was die Absage an den Götzendienst bedeutet: Das *Sich-dem-Schöpfer-Verdanken*, das alles Tun und Sagen des Christen bestimmen soll[86].

Die den ethischen Weisungen zugrundeliegende Werteordnung basiert auf dem Gegenüber von »Unreinheit« (3a.5b) und »Heiligkeit« (3b)[87]. Dieser Gegensatz ist nicht kultischer Natur, sondern leitet sich vom christologisch interpretierten Gottesbild her: Wie die »Unreinheit« Domäne der Götzen ist, so die »Heiligkeit« die Aura des in Christus nahe gekommenen Gottes. »Heilige« sind die Christen (3b; vgl. 1,1.4), weil sie ihr »Erbteil am Reich Christi und Gottes« erlangt haben (5d). Dabei denkt unser Autor nicht an ein zukünftiges Reich Gottes, das sich erst am Ende der Zeiten Bahn brechen wird, sondern meint die Teilhabe der Getauften an der österlichen Herrschaft Christi hier und jetzt: Wie in 2,4–6 ausgeführt, hat Gott sie nämlich schon mit Christus Jesus »in den himmlischen Bereichen *auf den Thron gesetzt*« (2,6), was nichts anderes heißt als: Sie haben Anteil am »*Reich* Christi und Gottes« erlangt[88]. Die so geschenkte

---

[85] *Schnackenburg*, Eph 224.

[86] »Das Danken ist die eigentliche und bevorzugte Weise des Sagens der Christen. Es entspringt ja auch einer Dankbarkeit, Kol 3,15, in der das Sich-dem-Schöpfer-Verdanken, das der Mensch preisgegeben hat, Röm 1,21, wieder aufgebrochen und also die geschöpfliche Seinsweise erneuert ist« (*Schlier*, Eph 234).

[87] Lesenswert sind die Ausführungen von *B.J. Malina*, Die Welt des Neuen Testaments. Kulturanthropologische Einsichten, Stuttgart 1993, 145–177, zu den fundamentalen Unterscheidungen »heilig-profan«, »rein-unrein« in der Kultur Israels und ihrer neuen Sicht in der Jesus-Bewegung. Aufgegeben wurde »das System von Grenzen«, wie es in den Reinheitsvorschriften des Alten Testaments zum Ausdruck kommt, als solches nicht, aber die »Prioritäten« wurden neu gesetzt, »die Jesu eigene Anschauung von Gott und dem Willen Gottes zur Grundlage haben« (167f.).

[88] Deshalb – aufgrund der österlichen Installation dieses Reiches – steht hier Christus vor Gott, was angesichts der starken Theozentrik unseres Schreibens zunächst auffällig ist.

Nähe Gottes verträgt aber nichts Unreines, weshalb die Christen sich keinen Illusionen hingeben sollten: Wegen all dieser schlimmen Dinge bricht Gottes »Zorn über die Söhne des Ungehorsams« herein (vgl. 2,2).
Die zweite Hälfte unseres Textes (7–14) wendet dies alles ins Positive: Die Christen waren einst Finsternis, jetzt sind sie »Licht im Herrn« (8b). Man beachte, dass nicht gesagt ist: sie gehören dem Licht oder stehen im Licht, sondern: »sie *sind* Licht«. Das aber meint nicht nur ihr »Erleuchtet-Sein« im Herrn, sondern schließt ihr »Leuchte-Sein« *für andere* mit ein[89]. Sie verbreiten das Licht, indem sie die Dunkelheit um sich herum lichten. Wie, das sagen die etwas schwierigen Verse 11–14b. Hier heißt es: Sie sollen die »fruchtlosen Werke der Finsternis« »*aufdecken*« (11b). Aber das kann (nach 12) nicht bloß durch Worte geschehen, welche die Dinge beim Namen nennen und öffentlich machen, sondern besagt wesentlich mehr: Es ist die *Ausstrahlung* der Gemeinde, ihre »Güte, Gerechtigkeit und Wahrheit« (9), wodurch das Licht sich verbreitet. Mit anderen Worten: Mission geschieht durch Taten, weniger durch Worte[90]. Dadurch, dass Menschen an der christlichen Gemeinde zu *sehen* bekommen, was Güte und Gerechtigkeit sind, werden sie ihrer eigenen Dunkelheit gewahr (13). Bekehren sie sich, dann treten sie gleichfalls ins Licht (14.a.b). Nichts anderes meint das abschließende Tauflied, das den im Schlaf des Todes und der Sünde Befindlichen zuruft, sie möchten aufwachen, damit Christus, das Licht, über ihnen erstrahle (14d–f).

---

[89] *Schlier*, Eph 237. »Sie, die Christen, sind jetzt Licht in dem Sinn, dass sie gelichtet Licht verbreiten oder lichten«.
[90] Vgl. auch Mt 5,14–16: »Ihr seid das Licht der Welt.
Es ist unmöglich,
dass eine Stadt, die oben auf einem Berg liegt, verborgen bleibt.
Man lässt auch nicht eine Lampe brennen und stellt sie
unter den Scheffel,
sondern auf den Leuchter,
so wird sie allen im Haus leuchten.
So soll euer Licht vor den Menschen leuchten,
so dass sie *eure guten Werke* sehen
und euren Vater in den Himmeln preisen«.

Bildworte sind mehr als nur Schmuck der Rede; sie stellen vor Augen, wohin Begriffe nur schwerlich gelangen. »*Frucht des Lichts*« (9): Genauer könnte mit Paulus (Gal 5,22) nicht gesagt werden, dass »Güte, Gerechtigkeit und Wahrheit« keine Leistungen des Menschen sind, sondern Ausstrahlungen der Güte Gottes selbst. Demgegenüber bringt die Finsternis nur »*Werke*« hervor (vgl. Gal 5,19), eigenmächtige und »*fruchtlose*« dazu (11a).

C. *Bedeutung und Fragen für heute*: Zweierlei bedarf besonderer Erwähnung. Das »Licht-Sein« der Glaubenden umfasst auch ihr ethisches Urteils- und Erkenntnisvermögen: »Prüft selbst, was dem Herrn gefällt«, heißt es in Vers 10 im Anschluss an Röm 12,2. Der Autor erteilt den Adressaten keine Vorschriften. Er formuliert nur allgemeine ethische Leitlinien in der Überzeugung, dass sie auch fähig sind, in den konkreten Situationen ihres Lebens am Maßstab der Liebe (5,1f.) selbst zu prüfen und zu entscheiden, was »dem Herrn wohlgefällig ist«. Kirchliche Moralverkündigung hat das zu beherzigen. Ihr Ziel ist die Mündigkeit des Christen, zu der auch seine ethische Urteilskompetenz gehört.

»Auferweckung« ist nach unserem Tauflied (14d–f) wie überhaupt nach dem Epheserbrief (vgl. 2,5f.) nicht einfach eine Hoffnung, die nur das Jenseits des Todes betrifft. Anteilhabe am Leben, an Gottes Nähe, wird *jetzt* schon geschenkt. Außerdem hält das Tauflied die Bildhaftigkeit des Wortes in seinem Gebrauch noch lebendig: Auferweckung hat mit Überwindung von Schlaf zu tun, mit Aufstehen, Geistesgegenwart und klarem Bewusstsein. Dabei weiß das Tauflied, dass es zu alldem eines Rufs oder Anstoßes bedarf: Aus der Banalität des gedanken- und lieblosen Dahinlebens im Augenblick will man herausgerufen werden. Auch darin erweist sich die Kraft des Lichts.

7. Kauft die Zeit aus!
Zum christlichen Gottesdienst (5,15–20)

15a Seht also genau zu,
15b wie ihr wandelt,
15c *nicht* wie Toren,
15d *sondern* wie Weise,
16a wobei ihr die Zeit auskauft,
16b denn die Tage sind böse.

17a Darum seid *nicht* unverständig,
17b *sondern* versteht,
17c was der Wille des Herrn ist.

18a Und »berauscht euch *nicht* mit Wein« (Spr 23,31[91])
18b – das ist liederlich –,
18c *sondern* lasst euch mit dem Geist erfüllen,
19a indem ihr zueinander sprecht mit Psalmen, Hymnen und geisterfüllten Liedern,
19b mit eurem Herzen singt und preist dem Herrn,
20 danksagend jederzeit für alles im Namen unseres Herrn Jesus Christus
dem Gott und Vater.

A. *Form und Aufbau der Verse:* Dem der zweiten Briefhälfte zugrundeliegenden Bauplan zufolge bilden die Verse das genaue Gegenstück zum Abschnitt 4,17–24[92]: Ging es dort um den *alten* und den *neuen* Menschen, so werden hier die hervorstechenden Merkmale dieser beiden Existenzweisen miteinander kontrastiert: Weisheit, Verständigkeit und Geisterfülltheit (vgl. 4,23) auf der einen, Torheit, Unverstand (vgl. 4,17f.) und Leben im Rausch auf der anderen Seite.
Dementsprechend sind die drei Weisungen unseres Abschnitts (15f., 17 und 18–20) gebaut: Sie setzen jeweils damit ein, was für Christen *nicht* mehr gelten soll, und fügen dem mit einem »*sondern*« (15d.17b.18c) die positive Mahnung an. Der feierliche und liturgisch klingende Schluss von Vers 20 signalisiert eine Zäsur.

[91] Wörtlich nach der griechischen Übersetzung.
[92] Vgl. oben S. 142ff.!

B. *Inhalt und Auslegung des Textes*: »Seht also genau zu, wie ihr wandelt ...«! Damit spricht unser Autor seine Adressaten gleich eingangs (vgl. schon 5,10!) auf die Verantwortung hin an, die sie haben, wenn sie selbst im Licht des Evangeliums prüfen und entscheiden sollen, was in einer gegebenen Lebenssituation von ihnen verlangt wird. Hier das Richtige zu tun, ist Zeichen von Weisheit (15d). Weisheit aber hat mit Zeit-Gespür zu tun, der Fähigkeit zur Wahrnehmung dessen, was die Stunde geschlagen hat. Unser Autor formuliert das im Anschluss an den Kolosserbrief (4,5) so: »kauft die Zeit aus!«, wobei er über Kol 4,5 hinaus in gewollter Paradoxie noch hinzufügt: »denn die Tage sind böse« (16b[93]). Einerseits bringt also die Zeit lauter Gefährdungen mit sich – nach 6,11 trachtet der »Teufel« immer noch danach, Anschläge auf die Menschen zu verüben (16b erinnert an die apokalyptische Rede von der gegenwärtigen bösen Weltzeit) –, andererseits eröffnet die Zeit (im Blick auf Eph 1,20–23 muss man sagen: seit und aufgrund von Ostern) ungeahnte Perspektiven, die es unbedingt wahrzunehmen gilt. Nach dem gelungenen Bild von Vers 16a: Die Zeit ist ein Krämerladen mit Angeboten der Saison; wer sie bei der ersten Gelegenheit ausschlägt, wird bei der zweiten vergebens kommen und dann mit leeren Händen dastehen. Die Zeit auskaufen meint also, »sie in dem, was sie ist: Gottes uns im Evangelium angebotene Heilssituation, ausnützen und aufkaufen. Solches tun heißt, existentiell ›weise‹ sein«[94].

[93] ὅτι αἱ ἡμέραι πονηραί εἰσιν. Damit vgl. Am 5,12f.: »Ja, ich weiß, wie vielfältig eure Verbrechen und wie zahlreich eure Vergehen sind, die ihr den Unschuldigen anfeindet, Bestechungsgelder nehmt und die Armen im Tor zurückstoßt! Darum schweigt der Kluge in jener Zeit; *denn es ist schlimme Zeit* (ὅτι καιρὸς πονηρός ἐστιν)«. Vgl. auch Mi 2,3 (ὅτι καιρὸς πονηρός ἐστιν).

[94] *Schlier*, Eph 244. In Dan 2,8 (Septuaginta) ist die Wendung καιρὸν ἐξαγοράζεσθαι im Sinn von »Zeit gewinnen« benutzt; hier aber liegt der gebräuchliche Sinn des Verbs (= auskaufen) zugrunde. Als »Kommentar« zu unserer Stelle lese man die Eröffnung der Briefsammlung des *Seneca*: »So handle, mein Lucilius: nimm dich für dich selbst in Anspruch, und die Zeit, die [dir] bis jetzt entweder weggenommen oder entwendet wurde oder einfach verloren ging, halte zusammen und behüte. Sei überzeugt, es ist so, wie ich schreibe: manche Zeit wird uns entrissen, manche gestohlen, manche verrinnt einfach. Am schimpflichsten dennoch ist ein Verlust, der durch Lässigkeit entsteht. Und, wenn du

»Darum seid nicht unverständig, sondern versteht, was der Wille des Herrn ist« (17) – so lautet die zweite Mahnung. Des »Herren Wille« ist also kein ehernes, zeitenthobenes Gesetz, sondern hat Menschen zu einer gegebenen Stunde vor Augen. Mutet uns heute die Rede vom »Willen Gottes« wie eine abgegriffene, fromme Floskel an, die auch noch nach Fremdbestimmung schmeckt, so ist sie doch alles andere als das. In 1,5.9.11 bezeichnet sie den Heilswillen Gottes, den er in Christus verbindlich geäußert hat. Dieser wird konkret in der Biographie eines jeden einzelnen, weshalb es auch gilt, sich unermüdlich um das Verstehen des Willen Gottes zu mühen. »Denn dieser ist niemals auf einmal und für immer verstanden«[95]. Er steht über meinem Leben und teilt ihm seinen inneren Richtungssinn mit. Doch wie erkenne ich ihn?

Nicht grundlos lenkt die dritte und letzte Weisung ausdrücklich hin zu den Versammlungen der Gemeinde und erinnert damit an den Rahmen, in dem die Einzelnen sich konkret ihrer Lebensorientierung vergewissern können: im gegenseitigen Austausch in ihrer Gemeinde[96]. Aber wie

darauf achten wolltest: der größte Teil des Lebens entgleitet unvermerkt, während man Schlechtes tut, ein großer Teil, während man nichts tut, das ganze Leben, während man Belangloses tut. Wen wirst du mir zeigen, der irgendeinen Wert der Zeit beimisst, der den Tag zu schätzen weiß, der einsieht, täglich sterbe er? Darin nämlich täuschen wir uns, dass wir den Tod vor uns sehen: ein großer Teil ist bereits vorbei, was immer an Lebenszeit in der Vergangenheit liegt – der Tod besitzt es. Tue also, mein Lucilius, was du zu tun schreibst – *alle Stunden umfasse mit beiden Armen*. So wirst du weniger vom Morgen abhängen, wenn auf das Heute du die Hand legst. Während es aufgeschoben wird, enteilt das Leben« (Epistulae morales I 1,1–2) (Übers. M. Rosenbach).

[95] *Schlier*, Eph 245.
[96] Die Vorlage des Kolosserbriefs lautet hier:
»Das Wort Christi soll in reichem Maße unter euch wohnen,
indem ihr in aller Weisheit einander belehrt und zurecht weist
(und) mit Psalmen, Hymnen und geisterfüllten Liedern, (euch gegeben)
durch die Gnade, in euren Herzen Gott Lob singt« (Kol 3,16).
Interessanterweise lässt unser Autor die beiden ersten Zeilen dieser Weisung in seinem Text unberücksichtigt. Da es zu seiner Zeit »nach 4,11 bereits besondere Ämter für das Wort« gibt, kann »die Verkündigung durch die Gemeinde insgesamt« zurücktreten (*Luz*, Eph 169). Anders als im Kolosserbrief »scheint der Dienst des Wortes nicht mehr Aufgabe der ganzen Gemeinde zu sein, sondern einzelnen Menschen übertragen« (ebd. 157).

sehen deren Versammlungen aus? »Berauscht euch nicht mit Wein, werdet vielmehr voll des Geistes!« Huldigen die Reichen der Stadt bei ihren Gastmählern und Trinkgelagen, auf die hier angespielt wird, dem Alkoholrausch des Vergessens, so herrsche auf den Festen der Gemeinde, ihren gottesdienstlichen Versammlungen, »nüchterne Trunkenheit«[97]. Auch unser Autor weiß anscheinend noch um den ursprünglich ekstatischen Charakter der Geistergriffenheit (vgl. Apg 2,5–13), nimmt diese jetzt aber in den eher einfachen und maßvollen Formen des gemeindlichen Beisammenseins wahr: »in den Psalmen, Hymnen und geistlichen Gesängen«, mit denen die Christen (im Wechselgesang?) sich gegenseitig auferbauen: Musik und geistliche Inspiration gehen hier eine fruchtbare Partnerschaft ein. Freilich: Es muss ein Singen »mit dem Herzen« sein (19b), getragen von der Danksagung, die allezeit (20) das Tun und Sagen der Christen begleiten soll.

C. *Bedeutung und Fragen für heute*: Geisterfüllter Gottesdienst, gehaltvolle Lieder, inspiriertes Singen – all das trägt zur Auferbauung der Gemeinde bei! Aber auch anderes lernt man in den Gemeindeversammlungen: den nüchternen Blick auf die eigene Gegenwart, kritisch und offen zugleich: »Kauft die Zeit aus, denn die Tage sind böse!« Ob unsere gottesdienstlichen Versammlungen nicht etwas mehr von solcher *kritischen* Zeitgenossenschaft und *Geistes-Gegenwart* haben sollten?

8. *Das Haus der Christen (5,21–6,9)*

Die Mahnung an die Eheleute (5,21–33) bildet gemeinsam mit den nachstehenden Mahnungen an die Kinder und Väter, Sklaven und Herren (6,1–9) einen großen zusammenhängenden Textblock, der seit langem, nach *Martin Luthers*

---

[97] Dieses Paradoxons (νηφάλιος μέθη) bedient sich Philo des Öfteren, um »die Vereinigung der Seele mit der Gottheit in Anlehnung an ekstatische Formen, wie sie im Dionysoskult durch Trinken von Wein gepflegt werden«, zum Ausdruck zu bringen (*H. Preisker*: ThWNT IV 552, mit zahlreichen Belegen).

»Kleinem Katechismus«⁹⁸, die Bezeichnung »Haustafel« trägt. Ältestes Zeugnis für diese im Bereich der paulinischen Gemeinden entstandene Textgattung ist Kol 3,18–4,1, ein Abschnitt, der unserem Eph-Text als Vorlage gedient hat. Eine Variante der Gattung findet man auch im 1. Petrusbrief (2,18–3,7).

Exkurs: Was ist eine »Haustafel«?

Charakteristisch für die »Haustafeln« des Neuen Testaments⁹⁹ ist, dass sie die Mitglieder des zeitgenössischen Haushalts jeweils auf ihre *gegenseitige Beziehung* hin ansprechen, also die Ehefrauen in ihrem Verhältnis zu den Ehemännern und umgekehrt, ebenso die Kinder und die Väter (nicht Mütter!) sowie die Sklaven und ihre Herren. In allen drei Relationen bleibt nur *ein* Pol identisch: Es ist der Hausherr, der *pater familias*, in seinen drei verschiedenen sozialen Rollen als Ehemann, Inhaber väterlicher Autorität und Sklavenbesitzer, was die zugrunde liegende patriarchale Struktur hinlänglich belegt. Die ihm untergeordneten Glieder der Familie (Frau, Kinder und Sklaven) stehen in den sechs Mahnungen jeweils voran.

Mit diesen drei Bezugsfeldern ist die soziale Struktur des antiken Hauses im Wesentlichen erfasst. Dabei fällt auf, dass

---

⁹⁸ Dieser endet mit einer Zusammenstellung von Bibeltexten »für allerlei heilige Orden und Stände, dadurch dieselbigen als durch eigen Lektion ihres Ampts und Diensts zu ermahnen«. Überschrieben ist sie mit »Die Haustafel etlicher Spruche« (Der kleine Katechismus, in: Die Bekenntnisschriften der evangelisch-lutherischen Kirche, Göttingen ¹¹1992, 523–527:523). Später erscheint dann der Begriff in der Lutherbibel als Überschrift zu Kol 3,18–4,1 bzw. Eph 5,22–6,9. Näheres bei *Woyke*, Haustafeln (Anm. 99) 12.

⁹⁹ Die jüngere Forschungsgeschichte hat jetzt umfassend aufgearbeitet J. *Woyke*, Die neutestamentlichen Haustafeln. Ein kritischer und konstruktiver Forschungsüberblick (SBS 184), Stuttgart 2000. Aus der jüngsten Literatur vgl. besonders *M. Gielen*, Tradition und Theologie der neutestamentlichen Haustafelethik (BBB 75), Bonn 1990. Nachzutragen bleibt *A. T. Lincoln*, The Household Code and Wisdom Mode of Colossians: JSNT 74 (1999) 93–112; *R. Dudrey*, »Submit Yourselves to One Another«: A socio-historical Look at the Household Code of Ephesians 5:16–6:9: Rest Q 41 (1999) 27–44.

weder Kol 3,18–4,1 noch unser Text zwischen getauften und heidnischen Mitgliedern im Haushalt unterscheidet. Die Phase der Mission, in der im Regelfall nur einzelne in einem Haus, vielleicht ein Sklave oder eine Sklavin, sich zum christlichen Glauben bekannten, scheint vorüber zu sein; jedenfalls rechnet unser Autor mit der Möglichkeit, dass jetzt auch ganze Haushalte den christlichen Glauben annehmen[100]. Solche Häuser waren dann für den Aufbau einer Gemeinde in der Stadt von unschätzbarer Bedeutung. Hatte erst einmal ein Hausbesitzer (auch eine Hausbesitzerin [!][101]) sich zu Christus bekehrt, dann konnte er (oder sie) das eigene Anwesen, war es geräumig genug, der Gemeinde für ihre Versammlungen zur Verfügung stellen (vgl. z. B. Röm 16,3–5.23), und eine Hausgemeinde entstand.

Bedenkt man diese Zusammenhänge, dann begreift man auch, warum gemäß dem Bauplan der zweiten Briefhälfte[102] die Abschnitte 4,1–16 und die »Haustafel« 5,21–6,9 sich genau entsprechen: Ging es dort grundsätzlich um die Einheit des Leibes Christi, der Kirche, so hier um die Verwirklichung dieser Einheit in sozialethischer Hinsicht, im Kontext des antiken Hauses als der Keimzelle der Kirche. Weiß die Unterweisung zu den kirchlichen Ämtern (4,7–16) um die Notwendigkeit von Leitungsstrukturen für die Gemeinde – jene decken sich womöglich mit den sozial gewachsenen Autoritäten vor Ort (ein bewährter Hausherr bot sich als »Hirt« oder Gemeindeleiter unmittelbar an!) –, so macht die »Haustafel« die sozialen Verhältnisse als Herausforderung für ein Leben gemäß dem Evangelium selbst zum Thema. Kirche als »Haus Gottes« (2,19[103]) und als »Haus der Menschen«: Beides hängt notwendigerweise zusammen und ist auch Ausdruck für die Einwurzelung des Evangeliums vor Ort.

---

[100] Auch das ist wieder ein Indiz für eine späte Datierung des Epheserbriefs.
[101] Vgl. Kol 4,15; Apg 16,14f.40.
[102] Vgl. oben S. 23f.
[103] Vgl. 1 Tim 3,15: »... damit du weißt, wie man sich im *Haus Gottes* verhalten muss, d. h. in der Kirche des lebendigen Gottes«; entsprechend heißt es in Tit 1,7: »... ein Bischof muss unbescholten sein, weil er *das Haus Gottes* verwaltet«.

Bei dem stoischen Philosophen *L. Seneca* (1. Jh. n. Chr.) liest man: »Ein Teilgebiet der Philosophie gibt besondere Vorschriften jeder Person und bildet den Menschen nicht insgesamt, sondern rät dem *Ehemann*, wie er sich verhält gegenüber seiner *Frau*, dem *Vater*, wie er erzieht die *Kinder*, dem *Herrn*, wie er seine *Sklaven* anleitet. Das haben manche Philosophen als einziges gutgeheißen, die übrigen Gebiete als gleichsam außerhalb unseres Nutzens befindlich außer Betracht gelassen – als ob jemand in einem Teil Rat erteilen könnte, wenn er nicht vorher den Inbegriff menschlichen Lebens umfassend in sich aufgenommen hat«[104].

Offenkundig spielt hier Seneca auf die griechisch-hellenistische Tradition sozialethischer Traktate an, die Anleitungen an den Hausherrn enthielten, das ihm unterstellte Haus mit allen seinen Mitgliedern und Einrichtungen optimal zu führen. Da die Hausgemeinschaft als autarke Lebens- und Produktionsgemeinschaft die wichtigste elementare Sozial- und Wirtschaftseinheit der hellenistischen Gesellschaft darstellte, bedurfte sie besonderer sozialethischer Aufmerksamkeit. Diese brachten die erwähnten Traktate auf, als deren ältester der »Oikonomikos« des *Xenophon* (5./4. Jh. v. Chr.) gilt. Im 1. Jahrhundert n. Chr. hatten solche Texte Konjunktur[105].

Von ihrer Grundtendenz her vertrat diese Oikonomik-Literatur eine konservativ gemäßigte Mittelposition: Einerseits lehnte sie das stoische Gleichheitsideal ab, um die patriarchale Stellung des Familienoberhaupts zu stärken; andererseits nahm sie dieses in die Pflicht, für gute zwischenmenschliche Beziehungen in der Hausgemeinschaft Sorge zu tragen. Dem dienten auch die Empfehlungen für eine möglichst wirtschaftliche Führung des Hauses, die allen zugute kommen sollte.

Die neuestamentlichen »Haustafeln« stehen wahrscheinlich in dieser Tradition. Auch sie weisen (wie der Seneca-Text und die fraglichen Traktate) eine *Dreierstruktur* auf (Mann–Frau, Väter–Kinder, Herren–Sklaven); auch ihnen

---

[104] Epistulae morales XV 94,1.
[105] Vgl. *Gielen*, Tradition, a.a.O. (S. 165 Anm. 99) 55–62; *G. Schöllgen*, Art. Hausgemeinde II (Hausgemeinschaft): RAC 13,815–830.

liegt an der *Gegenseitigkeit* der Beziehungen im Hauswesen, wodurch die reine Machtausübung auf der einen und die bedingungslose Unterordnung auf der anderen Seite bereits gemildert werden; auch sie atmen den konservativ patriarchalen Geist, der aber *humane* Züge trägt. Haben die hellenistischen Oikonomik-Traktate den Hausherrn zum *alleinigen* Adressaten, so richten die neutestamentlichen »Haustafeln« sich aber unmittelbar an jede einzelne Gruppe, an die Frauen, Kinder und Sklaven genauso wie an den Hausherrn. »Paulus« spricht hier also *alle* an, ohne den Umweg über den sozial Höhergestellten zu suchen, was Ausdruck des christlichen Gemeindeverständnisses ist. Auch wenn die nachapostolische Generation sich verstärkt an die durchschnittlich sozialen Verhältnisse ihrer Umwelt angeglichen hat, so ist sie sich dennoch nach wie vor dessen bewusst, dass nur *einer* Herr der Gemeinde ist: Jesus Christus[106].

Dürfte der Kolosserbriefautor als frühester Zeuge der »Haustafel«-Tradition mit ihrer Aufnahme eine gezielte Entscheidung für deren sozialethischen Konservatismus getroffen haben, so sieht die Sachlage beim Autor des Epheserbriefs, der die »Haustafel« vom Kolosserbrief nicht ohne tiefgreifende Überarbeitung übernommen hat, doch differenzierter aus. Haben die christlichen Motivationen für die häuslichen Verhaltensregeln im Kolosserbrief noch einen sehr bescheidenen Stellenwert[107], so legt der Epheserbriefautor gerade hierauf größtes Gewicht[108]. Das zeigt schon, dass sein Interesse nicht auf die Etablierung geordneter sozialer Verhältnisse in der Gemeinde als solcher abzielt[109]. Vielmehr

---

[106] Vgl. Kol 3,22/4,1; Eph 6,9.

[107] In den beiden ersten »Tafeln« (Frauen-Männer; Kinder-Väter) beschränken sie sich auf formelhafte Wendungen, z. B. »wie es sich im Herrn geziemt«; erst die dritte »Tafel« (Sklaven-Herren) wird hier ausführlicher.

[108] Vgl. 5,23b–24a; 25c–27/29c–32.

[109] Zutreffend *W. Schrage*, Ethik des Neuen Testaments (NTD.E 4), Göttingen 1982, 236: »Zwar wird in Eph 5,31 die Ehe mit dem Willen des Schöpfers begründet, aber die Mahnung zur Agape in der Ehe ist auch hier eindeutig christologisch orientiert. Es ist darum kaum überzeugend, dass die Haustafeln in erster Linie dem Ziel dienen sollen, ›den Bestand des *oikos* (Hauses) zu sichern und ihm die Erfüllung seiner Aufgaben ... in Übereinstimmung mit dem Willen Gottes als des Schöpfers zu ermöglichen‹ (so *K.H. Rengstorf*, Mann und Frau im Urchri-

geht es ihm um den spezifisch *christlichen Geist*, der die Häuser der Christen von denen der Heiden deutlich unterscheiden soll (vgl. zu 4,17–24). Der mit der »Haustafel«-Tradition verbundene soziale Patriarchalismus wird dadurch natürlich *nicht* zerbrochen, etwa zugunsten des urchristlichen Gleichheitsgedankens[110], aber – zumindest das wird man sagen können – er bleibt von dem neuen, vertieften Motivationsrahmen nicht unberührt. Um ein erstes wichtiges Signal in dieser Richtung zu nennen: Heißt es im Kolosserbrief: »Ihr Frauen, ordnet euch euren Männern unter, wie es sich im Herrn geziemt« (Kol 3,18), so behält der Autor des Epheserbriefs diese Weisung in 5,22 zwar nahezu wörtlich bei, doch setzt er davor – als *Überschrift* über die *ganze* »Haustafel« (5,22–6,9) – den Satz: »Ordnet euch *einander* unter in der Furcht Christi!« (5,21) Die soziale Unterordnung der »schwächeren« Glieder unter das »starke« des Familienoberhaupts soll also umfangen sein von der *gegenseitigen* Unterordnung *aller* – »in der Furcht Christi«, und das heißt: in der Überzeugung, dass *alle* in gleicher Weise unter dem *einen* Herrn Jesus Christus stehen, dem allein letzte Ehrfurcht gebührt. Wir werden sehen, ob und wie sich diese Überschrift im Text selbst bemerkbar macht.

8.1 Weisungen an Mann und Frau (5,21–33)

21   Ordnet euch einander unter in der Furcht Christi!
22   Ihr Frauen euren Männern wie dem Herrn;
23a denn der Mann ist das Haupt der Frau,
23b wie auch der Christus das Haupt der Kirche ist;
23c *er ist der Retter des Leibes.*
24a Aber wie die Kirche sich dem Christus unterordnet,
24b so auch die Frauen den Männern in allem.

---

stentum, in: Arbeitsgemeinschaft für Forschung des Landes NRW 12, 1954, 7–52, 29). Wie in Röm 13 wird nicht die Institution christologisch begründet, sondern das Verhalten der Gemeinde in ihr«.

[110] Vgl. Gal 3,28: »Da gibt es nicht Jude oder Grieche,
nicht Sklave oder Freier,
nicht männlich und weiblich,
alle nämlich seid ihr einer in Christus Jesus«.

25a Ihr Männer,
25b liebt die Frauen,
25c wie auch Christus die Kirche liebgewonnen
25d und sich für sie hingegeben hat,
26a damit er sie heilige,
26b nachdem er sie gereinigt hat durch das Wasserbad im Wort,
27a damit er selbst die Kirche sich herrlich bereite,
27b ohne Flecken oder Runzeln oder sonst dergleichen,
27c auf dass sie vielmehr heilig und makellos sei.

28a So müssen auch die Männer ihre Frauen lieben wie ihre eigenen Leiber.
28b Der seine Frau Liebende liebt sich selbst,
29a denn niemand hat je sein eigenes Fleisch gehasst,
29b sondern er nährt und pflegt es,
29c wie auch Christus die Kirche,
30   weil wir Glieder seines Leibes sind.
31a »Deshalb wird der Mann Vater und Mutter verlassen
31b und wird seiner Frau anhangen,
31c und die zwei werden ein Fleisch sein« (Gen 2,24).
32a Dieses Geheimnis ist groß;
32b ich aber beziehe es auf Christus und die Kirche.

33a Jedenfalls auch ihr,
33b einer um den anderen,
33c jeder liebe seine Frau so wie sich selbst,
33d die Frau aber fürchte (=ehre) den Mann!

A. *Aufbau des Textes:* Die Struktur der Eheunterweisung[111] ist klar: Auf die »Überschrift« Vers 21 folgt zunächst die Mahnung an die *Frauen* (22–24), dann die an die *Männer* (25–27/28–32); Vers 33 spricht abschließend noch einmal

---

[111] Zum folgenden vgl. *M. Theobald*, Heilige Hochzeit. Motive des Mythos im Horizont von Eph 5,21–33, in: K. Kertelge (Hg.), Metaphorik und Mythos im Neuen Testament (QD 126), Freiburg 1990, 220–254. Einen Einblick in die Forschung gewährt *K.-H. Fleckenstein*, Ordnet euch einander unter in der Furcht Christi. Die Eheperikope in Eph 5,21– 33. Geschichte der Interpretation. Analyse und Aktualisierung des Textes (FzB 73), Würzburg 1994.

beide an. Verzahnt sind die Mahnungen auf der Motivationsebene jeweils mit einem religiösen Vergleich: Das Verhältnis von Mann und Frau entspricht (oder soll entsprechen) demjenigen Christi zu seiner Kirche (23b–24a; 25c–27c/29–32). Dabei fällt auf, dass die an zweiter Stelle stehende Mahnung an die *Männer* mehr als doppelt so lang ist wie die an die Frauen. Das mag mit an der dort entwickelten Beziehung der Liebe Christi zu seiner Kirche liegen, doch erklärt dies nicht alles: Der Autor will offenkundig die Ehemänner besonders in die Pflicht nehmen!

B. *Inhalt und Auslegung des Textes:* Die ethische Weisung unseres Textes besteht eigentlich nur aus zwei Sätzen, alles andere dient deren Motivation und Sinngebung: »Ihr Frauen, *ordnet euch* euren Männern *unter*!« (22.24b.33d) – »Ihr Männer, *liebt* eure Frauen!« (25a.b.28.33c)
Ganz abgesehen davon, dass diese Aufteilung von Handlungsmustern jeweils auf Frau und Mann *uns heute* völlig unannehmbar erscheint (vgl. unter C), besitzt sie auch nach der Logik des Epheserbriefautors selbst schon ihre Grenzen: Einerseits spricht dieser in der Überschrift (21) von »*gegenseitiger* Unterordnung«, müsste dieses Wort also konsequenterweise auch für das Verhältnis des Mannes zu seiner Frau benutzen (was er aber nicht tut). Andererseits hat er (in 5,1f.) die Liebe zum Prinzip christlichen Handelns überhaupt erhoben[112]. Das verstärkt noch die Verwunderung darüber, dass er die Hinwendung der Frau zu ihrem Mann nicht genauso wie die des Mannes zu seiner Frau mit dem einen Wort der Liebe bezeichnet.
Es gibt aber Gründe, warum er in dieser für uns merkwürdigen Weise zwischen Mann und Frau differenziert. Zum einen schließt er sich damit einfach seiner Vorlage, dem Kolosserbrief, an, wobei er aber dessen patriarchales Modell der Über- und Unterordnung strukturell voll akzeptiert. Danach hat die Weisung an die Frauen (»ordnet euch unter!«) einen stark *sozialen* Akzent (= fügt euch in die Ordnung des Hauses ein, erkennt seinen Ehrenkodex an: Vers 33d) und ist weniger *personal* gemeint (von »gehorchen« ist

[112] Vgl. oben S. 151.

erst bei den Kindern und Sklaven, in 6,1.5, die Rede). Zum anderen kommt unserem Autor die Zuweisung der Unterordnung an die Frauen und die der Liebe an die Männer deshalb gelegen, weil sie genau dem Gefälle des Urbilds der Ehe entspricht, so wie er es sieht, also der Vereinigung Christi mit seiner Kirche. Hier aber liegen die Dinge so: »Christus *liebte* die Kirche, das heißt, er hat sich für sie hingegeben« (wie es in 25c.d im Anschluss an 5,1f. heißt), und »die Kirche (seine Braut) *ordnet sich* ihm *unter*« (24a).

Allerdings ist nach unserem Autor dieses Urbild aller Ehe – die Vereinigung Christi mit seiner Braut, der Kirche – derart, dass es dazu geeignet scheint, die patriarchalen Strukturen des Hauses, auch wenn es sie faktisch religiös zementiert, doch mit neuem Geist zu füllen. Da dieses Urbild die Liebe im Blick auf Jesu Tod als Einsatz und Hingabe des eigenen Lebens für die anderen versteht (5,1f.), kann die Liebe, zu der hier die Ehemänner aufgerufen werden, keine in Besitz nehmende Liebe mehr sein, die nach christlichem Verständnis diesen Namen auch nicht verdiente. Herrschaft und Überordnung haben da ihr Ende, wo der »Hausherr« das Verhältnis zu seiner Frau im Lichte solcher Liebe begreift.

Unter dieser Voraussetzung erscheint dann auch das Herrschaft meinende Bildwort vom Mann als dem »*Haupt* der Frau« gleich zu Beginn unseres Textes (23a) in neuem Licht. Es stammt aus dem 1. Korintherbrief (11,3), wo es mit der *Schöpfungsordnung* (nach Gen 2,18–25) in Verbindung steht: »denn nicht wurde der Mann um der Frau, sondern die Frau um des Mannes willen geschaffen« (1 Kor 11,9). Hier, in Eph 5,23a.b, ist das Bildwort aber in die *Heilsordnung* eingestellt, bemisst sich in seinem Gehalt also an dem, worin die Haupt-Stellung Christi seiner Kirche gegenüber gründet, und das ist seine Liebe, die das Leben eröffnet. Dabei merkt unser Autor (in 23c) aber gleich an, worin die Grenze seines Vergleichs besteht: Ist Christus als Haupt der Kirche ihr »*Retter*«, so gilt das für den Mann als das »Haupt der Frau« ihr gegenüber natürlich nicht. Er bildet die einzigartige Liebe Christi, die sie beide rettet, im Verhalten zu seiner Gattin nur ab.

Überhaupt kommt es dem Autor entschieden darauf an, dass

die Ehe als *Abbild* jener *urbildlichen* Liebe zu begreifen sei. Das ist ihre tiefste Sinngebung im Glauben, die auch erst die Eheunterweisung im Einzelnen motiviert. Um dieses Urbild-Abbild-Verhältnis anschaulich zu machen, beschreibt er in Vers 25c–27c die Liebe Christi zu seiner Kirche unter dem Bild *bräutlicher* Liebe, wobei sozusagen die Zeit der »ersten Liebe« (Offb 2,4) als das bleibende Maß aufscheint: »Christus hat die Kirche liebgewonnen« (25c). Wie die Braut sich vor ihrer Hochzeit einem reinigenden Bad unterzieht, so hat auch Christus die Kirche im Taufbad geheiligt (26b). Jetzt steht sie da im Glanz der Liebe Christi wie eine herrliche Braut – in makelloser Schönheit (27)! Inspiriert ist das alles – auch wenn kein bestimmter Text im Hintergrund steht – vom Alten Testament. Vor allem die Propheten sprachen vom Bund JHWHs mit Israel als einem ehelichen Bund der Liebe[113]. So heißt es bei Jesaja: »Wie der Bräutigam sich freut an seiner Braut, so freut sich dein Gott an dir« (Jes 62,5b)[114].

Auch die zweite Hälfte der Unterweisung an die Männer (28f.) schöpft aus der Heiligen Schrift, denn die Mahnung: »so müssen auch die Männer ihre Frauen lieben *wie ihre eigenen Leiber*; der seine Frau Liebende liebt *sich selbst*«,

---

[113] Vgl. vor allem Ez 16,1–14: »Das Wort des Herrn erging an mich: Menschensohn, ... sag, so spricht Gott, der Herr, zu Jerusalem: ... Da kam ich an dir vorüber und sah dich, und siehe, deine Zeit war gekommen, die Zeit der Liebe. Ich breitete meinen Mantel über dich und bedeckte deine Nacktheit. Ich leistete dir den Eid und ging mit dir einen Bund ein – Spruch Gottes, des Herrn –, und du wurdest mein. Dann habe ich dich gebadet, dein Blut von dir abgewaschen und dich mit Öl gesalbt. Ich kleidete dich in bunte Gewänder, zog dir Schuhe aus Tahasch-Leder an und hüllte dich in Leinen und kostbare Gewänder. Ich legte dir prächtigen Schmuck an, legte dir Spangen an die Arme und eine Kette um den Hals. Deine Nase schmückte ich mit einem Reif, Ohrringe hängte ich dir an die Ohren und setzte dir eine herrliche Krone auf. Mit Gold und Silber konntest du dich schmücken, in Byssus, Seide und bunte Gewebe dich kleiden. Feinmehl, Honig und Öl war deine Nahrung. So wurdest du strahlend schön und wurdest sogar Königin. Der Ruf deiner Schönheit drang zu allen Völkern; denn mein Schmuck, den ich dir anlegte, hatte deine Schönheit vollkommen gemacht – Spruch Gottes, des Herrn« (V. 1–3a.8–14).

[114] Vgl. jetzt den Überblick über die alttestamentlichen Texte bei G. Baumann, Liebe und Gewalt. Die Ehe als Metapher für das Verhältnis JHWH-Israel in den Prophetenbüchern (SBS 185), Stuttgart 2000.

stellt eine konkrete Anwendung des biblischen Liebesgebots auf die Eheleute dar (Lev 19,18: »du sollst deinen Nächsten lieben *wie dich selbst*«). Das zu sehen ist nicht unwichtig im Blick auf die innere Bezogenheit von Eros und Agape, Sexualität und Liebe, die in der Ehe zusammengehören (vgl. unter C). Wenn Vers 29 weiterfährt: »denn niemand hat je sein eigenes *Fleisch* gehasst, sondern er nährt und pflegt es«, dann ist das schon im Blick auf Vers 31 gesagt, wo es (mit Gen 2,24) heißt: »und die zwei werden *ein Fleisch* sein«. Freilich bezieht das der Autor in einer für uns überraschenden Auslegung auf die Vereinigung Christi mit seiner Braut, der Kirche (32a: »dieses Geheimnis ist groß« meint solches Geheimnis der Schriftstelle, nicht das Geheimnis der Ehe![115]), will aber mit dieser tiefen »geistlichen« Deutung das überlieferte wörtliche Verständnis der Schriftstelle auf die Ehe keineswegs durchstreichen. Im Gegenteil: *Beides* ist gültig. Denn für die hier entwickelte Ehetheologie bleibt es grundlegend, dass die Eheleute die Vereinigung Christi mit den Menschen in *ihrem* Liebesbund *abbilden*, oder anders gesagt: dass sie *durch ihre Liebe* Zeugnis von der Liebe *Christi* zu den Menschen ablegen.

C. *Bedeutung und Fragen für heute*: Die Eheunterweisung des Epheserbriefs gehört zu den Texten des Neuen Testaments, die heute eher als unpopulär gelten. Sie wird zwar von der Ordnung der Kirche als Lesung für die Liturgie der Trauung vorgeschlagen, doch welches Paar entscheidet sich noch für diesen Text?
Zugegeben: Sein patriarchales Denken ist überholt. Für unser Eheverständnis sind Gleichheit und Partnerschaft der Geschlechter grundlegend, was soziale Verhältnisse und Mentalitäten voraussetzt, die von denen des antiken griechisch-römischen Hauses völlig verschieden sind. Sollen wir den Text also zu den Akten legen? Das wäre schade, denn was wir hier vor uns haben, ist nicht weniger als der Entwurf einer attraktiven Ehetheologie in Grundzügen, der im

---

[115] Die Vulgata übersetzt V. 32 mit: *sacramentum hoc magnum est*, was als biblischer Anknüpfungspunkt für die spätere Deutung der Ehe als Sakrament wichtig wurde.

Neuen Testament seinesgleichen sucht. Das sei im Folgenden kurz entfaltet.

Exkurs: Grundzüge einer Ehe-Theologie

Zunächst muss man sehen, dass Paulus selbst in seinen Briefen der Ehe nur wenig Aufmerksamkeit geschenkt hat[116], und dann auch nur aus der Perspektive seiner eigenen Lebensform: »Ich wünschte, alle Menschen wären unverheiratet wie ich. Doch jeder hat seine Gnadengabe von Gott, der eine so, der andere so« (1 Kor 7,7). Und einige Zeilen später: »Der Unverheiratete sorgt sich um die Sache des Herrn; er will dem Herrn gefallen. Der Verheiratete sorgt sich um die Dinge der Welt; er will seiner Frau gefallen« (1 Kor 7,32f.). Demgegenüber will nun unser Autor die Lücke, die Paulus nicht nur aus biographischen Gründen gelassen hat, ausdrücklich mit seiner Ehetheologie schließen – im Namen des Apostels![117] Auf ihn jedenfalls sollte man sich (trotz 1 Kor 7,1f.) nicht berufen können, wenn man aus asketisch-leibfeindlichen Gründen einer Abwertung der Sexualität das Wort redete. Dass es so etwas gab, belegt der erste Timotheusbrief (4,3), wo wir über bestimmte Leute, die »vom Glauben abfallen«, hören: »Sie verbieten die Heirat ...«. Dabei ist doch (wie 1 Tim 4,4 im Blick auf Gen 1,31 dagegenhält) »*alles*, was Gott geschaffen hat, *gut*«. Auch für den Epheserbriefautor steht fest: Eros und Agape, Sexualität und Liebe dürfen nicht auseinandergerissen werden!

Aber unser Text ist nicht nur oder vielleicht auch nicht vorrangig mit der Abwehr *innerchristlicher* Fehlhaltungen befasst. Zielen die Mahnungen der zweiten Briefhälfte insge-

---

[116] Eine gerechtere Beurteilung als gewöhnlich lässt dem Apostel zuteil werden *N. Baumert*, Ehelosigkeit und Ehe im Herren. Eine Neuinterpretation von 1 Kor 7 (FzB 47), Würzburg 1984. Zu 1 Kor 7 vgl. zuletzt vor allem *W. Schrage*, Der erste Brief an die Korinther (1 Kor 6,12–11,16) (EKK VII/2), Solothurn 1995, 48–211. Vgl. unten S. 224f.

[117] Hier gewinnt wieder einmal die pseudepigraphische Form des Schreibens eine wichtige hermeneutische Funktion. Die literarische Hinterlassenschaft des Apostels soll dadurch überhaupt einer asketischen, leibfeindlichen Interpretation entzogen werden.

samt darauf, zur Stärkung der Identität der Gemeinde das, was den *christlichen* Lebensstil von *heidnischer* Lebensart unterscheidet, hervorzuheben[118], so könnte dieser *Außenaspekt* auch bei der Eheunterweisung im Vordergrund gestanden haben. Inwiefern?
Für die heidnischen Mitbürger war die Ehe, trotz verbreiteter Skepsis gegenüber der Religion ihrer Väter, nicht einfach ein »weltlich Ding«, sondern besaß, zumindest in gewissen Kreisen, auch sakrale Aspekte. So pilgerte man – um ein Beispiel zu nennen – auch noch im ersten Jahrhundert nach Christus von Ephesus aus zu Schiff zum Heiligtum des Zeus und der Hera auf der nahegelegenen Insel Samos. Dort feierte man deren alljährlich im Kult wiederholte Hochzeit in ausgelassener Festesfreude. Man tat dies, weil die Ehe von Zeus und Hera (unbeschadet der Verbindungen des Göttervaters mit anderen Göttinnen) seit alters als das *Urbild* der ehelichen Vereinigung schlechthin galt und man sich vom kultischen Miterleben ihrer Hochzeit Segen für die eigene Ehe versprach[119]. Wenn dabei verschiedene Hochzeitsbräuche, etwa die Zeremonie des Brautbads, Eingang in Mythos und Kult der Hera gefunden haben – ihr Kultbild wurde in Argos alljährlich zu Beginn des Festes in der Quelle Kanathos bei Nauplia *gewaschen*[120] –, so zeigt das sehr schön, dass man die *heilige* Ehe der Götter und die *irdische* der Menschen in einem engen Segensverhältnis sah. Das entsprach einem weitverbreiteten Empfinden.
Auf unseren Epheserbrieftext wirft das erhellendes Licht. Abgesehen davon, dass auch er die Zeremonie des Brautbads in die Erzählung von der heiligen Hochzeit Christi mit der Kirche übernommen hat[121] (freilich ist es hier der Bräutigam, der seine Braut »durch das Wasserbad im Wort gereinigt hat«: Vers 26b), so greift er auch insgesamt jenes weit verbreitete hellenistische Empfinden auf: *Christliche Ehe bildet*

---

[118] Vgl. oben zu 4,17–24; 5,3ff. 15ff.
[119] Vgl. W. *Böttcher*, Hera. Eine Strukturanalyse im Vergleich mit Athena, Darmstadt 1987.
[120] Das erfahren wir aus dem antiken Baedeker: Pausanias 2,38,3. Weitere Belege bei *Theobald*, Hochzeit, a.a.O. (S. 170 Anm. 111) 226–230.
[121] Vgl. auch oben (S. 173 Anm. 113) Ez 16,9. Bezugspunkt der Metapher vom »Wasserbad« ist die Taufe.

die urbildliche Vereinigung Christi mit der Kirche ab! Man ahnt, dass solches Eheverständnis für einstige Heiden attraktiv gewesen sein dürfte. Es bot einen Gegenentwurf zu dem, was in ihrer Umwelt lebendig war und dem auch sie vielleicht einmal angehangen haben. Zudem besitzt die Ehedeutung des Epheserbriefs die Würde des Alters: Sie schöpft aus der Heiligen Schrift (vgl. unter B) und konkretisiert so an einem Einzelfall, was es heißt, dass die Heidenchristen am ehrwürdigen Erbe Israels segenbringenden Anteil erhalten.
Bei einer »Übersetzung« des Textes in den Horizont unserer Zeit hinein dürften drei Gesichtspunkte wichtig sein:
Erstens: Wenn die Ehe nach dem Epheserbrief Abbild der urbildlichen Liebe Christi ist, dann besitzt sie *Zeichencharakter.* Es wäre für die Kirche fatal, nur vom Zeichen der Ehelosigkeit »um des Himmelreiches willen« (Mt 19,12) zu sprechen, darüber aber das (korrespondierende) Zeugnis der Eheleute geringer zu schätzen[122]. Heute, da beinahe jede zweite Ehe geschieden wird, erhält eine aus dem Geist christlicher Versöhnung schöpfende Ehe die Chance, zum *Zeichen* in unserer Gesellschaft zu werden: zum Zeichen für die wirkmächtige *Gegenwart* der Liebe, Treue und Versöhnungskraft Christi. Es ist bemerkenswert, dass für ein solches Verständnis ehelicher Liebe gerade ein Autor plädiert, der von der *Gegenwärtigkeit* des Heils Gottes überzeugt ist. Umgekehrt wollte der ehelose Paulus mit seiner Lebensform Zeugnis von der *Vergänglichkeit* dieser Welt geben (1 Kor 7,31)[123].
Zweitens: Das Schriftwort Gen 2,24 (»... und die zwei werden *ein* Fleisch sein«) steht im Epheserbrief im Horizont der in Christus offenbar gewordenen Liebe Gottes. Dies deutet

---

[122] Dieses bringt das Zweite Vaticanum in seiner Dogmatischen Konstitution über die Kirche Nr. 11 präzis so auf den Punkt: »Die christlichen Gatten ... bezeichnen (significant) das Geheimnis der Einheit und der fruchtbaren Liebe zwischen Christus und der Kirche und bekommen daran Anteil (participant) (vgl. Eph 5,32)«. Dazu *A. Grillmeier*: »Die ekklesiologische Bedeutung der Ehe der Getauften« wird hier »von ihrer sakramentalen Zeichenkraft her« bedacht, »in der das Geheimnis der Liebe zwischen Christus und der Kirche bezeichnet und zur Form der Gemeinschaft der Ehegatten selber wird« (LThK² E 3, 188).

[123] Von der Spannung christlicher Eschatologie her ergibt sich also die notwendige Korrespondenz und innere Zuordnung der beiden christlichen Lebensformen.

Heinrich Schlier in trefflicher Weise so: »Die Heilsliebe Jesu Christi, die er seiner Kirche erweist, ist die Bewegung, auf die die geschöpfliche Liebe in sich verweist, ist das von ihr ›Gemeinte‹. Und umgekehrt: die Liebe des Geschöpfes zum Geschöpf ist auf diese Heilsliebe angelegt und wird in ihr zuletzt offenbar ... Auch der Eros ›meint‹ noch die Agape. Die Agape erfüllt auch – freilich kritisch – den Eros«[124].

Drittens: Der Sinn der Ehe besteht nach Eph 5 nun nicht mehr nur in der sexuellen Gemeinschaft als solcher oder in der durch die sexuelle Gemeinschaft vermittelten Fortpflanzung[125], sondern im Liebesbund der Eheleute selbst, der Abbild der Liebe Gottes zu den Menschen ist[126]. Worauf

[124] Vgl. *Schlier*, Eph 278f.
[125] So die klassische Ehezweck-Lehre, wie man sie bei *Platon*, aber auch jüdischen Philosophen wie *Philo von Alexandrien* finden kann. *Platon*, Nomoi 838e: »Die Vereinigung zur Erzeugung von Kindern« ist »nur ihrem natürlichen Zweck entsprechend zu vollziehen« (τοῦ κατὰ φύσιν χρῆσθαι τῆς παιδογονίας συνουσίᾳ); in gleichem Sinn spricht *Philo*, De Abrahamo 137, vom »natürlichen Verkehr von Männern und Frauen, der nur zum Zweck der Kindererzeugung gepflegt wird« (τὰς μὲν κατὰ φύσιν ἀνδρῶν καὶ γυναικῶν συνόδους γινομένας ἕνεκα παίδων σπορᾶς); das entspricht dem Schöpferwillen wie der Tora. *Josephus*, Contra Apionem II 199: »The Law recognizes no sexual connection, except the natural union of man and wife (κατὰ φύσιν), and that only for the procreation of children«.
Differenziertere Töne vernimmt man von *Musonius* (1. Jh.), der in seiner Diatribe »Was das eigentliche Wesen der Ehe ist« schreibt: »Aber dies [nämlich: die Erzeugung von Kindern] reicht noch nicht zur wahren Ehe, weil es ja auch ohne Ehe geschehen könnte, indem sie sich auf anderem Wege vereinigten, wie ja auch die Tiere sich miteinander paaren. In der Ehe aber muss in jeder Hinsicht ein enges Zusammenleben stattfinden und eine gegenseitige Fürsorge von Mann und Frau, wenn sie gesund und wenn sie krank sind, und überhaupt in jeder Lebenslage; das wollen beide, wie sie ja auch mit dem Wunsch, Kinder zu haben, den Ehebund schließen. Wo nun dieses gegenseitige Treueverhältnis vollkommen ist und beide durch ihr Zusammenleben miteinander dies vollkommen verwirklichen und wetteifern, einander in Liebe zu überbieten – eine solche Ehe ist, wie sie sein soll, und ein Vorbild für andere« (in: Epiktet, Teles, Musonius. Wege zum Glück [Übers. R. Nickel], München 1991 [DTV: Bibliothek der Antike], 261f.).
[126] In diesem Sinne auch die Pastoralkonstitution des Zweiten Vaticanum über die Kirche in der Welt von heute in ihrer Nr. 50: »Die Ehe ist aber nicht nur zur Zeugung von Kindern eingesetzt, sondern die Eigenart des unauflöslichen personalen Bundes und das Wohl der Kinder fordern, dass auch die gegenseitige Liebe der Ehegatten ihren gebührenden Platz behalte, wachse und reife« (LThK² E 3, 441).

sonst sollte man das Abenteuer eines *unbedingten* Ja zum Partner gründen?

8.2 Kindererziehung christlich (6,1–4)

1a Ihr Kinder,
1b gehorcht euren Eltern im *Herrn*;
1c denn das ist gerecht.
2a »Ehre deinen Vater und die Mutter« (Ex 20,12; Dtn 5,16)
2b – das ist das erste Gebot mit einer Verheißung:
3a «damit es dir wohl ergeht
3b und du lange lebst auf Erden«.

4a Und ihr Väter,
4b erbittert eure Kinder nicht,
4c sondern zieht sie auf in der Erziehung und Weisung des *Herrn*.

A. *Vorlage und Form der Verse:* Die Weisung an die Kinder und Väter – der zweite Teil der »Haustafel« – ist im Vergleich zur voranstehenden Eheunterweisung sehr knapp gehalten. Unser Autor folgt hier weiter seiner Vorlage Kol 3,20f., hat an ihr aber auch einige charakteristische Änderungen angebracht. Diese betreffen wieder vor allem die Ebene der Motivation.

Im Kolosserbrief heißt die Weisung an die Kinder: »Ihr Kinder, gehorcht euren Eltern *in allem*, denn das ist *wohlgefällig* im Herrn!« Dem fügt der Epheserbriefautor (in 2f.) aus seiner griechischen Bibel das vierte Gebot des Dekalogs hinzu, ersetzt »wohlgefällig« durch »gerecht« und streicht bei der Mahnung zum Gehorsam das unbedingte »in allem«. Dafür zieht er das »im Herrn« aus Kol 3,21 nach vorne.

Die Weisung an die Väter lautet im Kolosserbrief: »Ihr Väter, *reizt* eure Kinder nicht, *damit sie nicht mutlos werden*«! Das formuliert der Epheserbriefautor neu (»*erbittert* eure Kinder nicht!«) und schließt eine allgemeine Aussage zur Erziehung an, die – freilich nur grundsätzlich und inhaltlich nicht entfaltet – ihren religiösen Rahmen benennt: »erzieht sie vielmehr in der *Zucht und Weisung des Herrn*«.

Der motivierende Hinweis auf den *Herrn* (1b. 4c) rahmt also die sorgfältig gestalteten Verse (= *inclusio*)[127]. Wie in der Eheunterweisung, so stehen auch hier die Anreden – »ihr Kinder«/»ihr Väter« – den Mahnungen jeweils voran. Daraus dürfen wir folgern: Bei der Verlesung des »Paulusbriefs« in der Gemeindeversammlung sprach der Lektor die anwesenden Kinder und Jugendlichen *direkt* an. Schon das zeigt, dass man sie ernst nahm.

B. *Inhalt und Auslegung der Verse*: Auf die in der griechisch-römischen Popularphilosophie des Öfteren gestellte Frage[128], »ob man *in allem* den Eltern gehorchen muss oder aber es Fälle gibt, wo man ihnen ungehorsam sein muss«, erteilte der stoische Philosoph Musonius (etwa 30 bis 108 nach Chr.) in einem seiner Lehrgespräche (Nr. 16) die Antwort: »Wenn jemand dem Befehl seines Vaters oder seines Vorgesetzten oder gar, beim Zeus, eines Gewaltherrschers nicht gehorcht, wenn er ihm Arges oder Ungerechtes oder Schändliches befiehlt, dann ist er überhaupt nicht ungehorsam ... Nur der ist ungehorsam, der sich um kluge, verständige und heilbringende Befehle nicht kümmert und nicht gehorcht«[129]. Wenn der Epheserbriefautor aus seiner Vorlage das »in allem« herausstreicht, um statt dessen zu formulieren: »gehorcht euren Eltern *im Herrn*«, dann verrät er vielleicht Kenntnis von jener zeitgenössischen Diskussion über die Grenzen des Gehorsams. Doch beteiligt er sich nicht an ihr, sondern verweist nur allgemein auf den Grund und die Norm des Gehorsams. Entscheidend für ihn ist, dass der *Geist* der Erziehung stimmt, der Raum bereitgestellt ist, in dem die Heranwachsenden ihren Eltern vertrauensvoll gehorchen können: »*im Herrn*«.

Dass solcher Gehorsam »gerecht« ist (1c), das heißt dem Willen Gottes entspricht, belegt der Autor sodann mit dem Zitat des Elterngebots aus dem Dekalog, das freilich mit seiner

---

[127] Vgl. oben S.69f.!
[128] Vgl. bereits *Aristoteles*, Nikomachische Ethik 9,2 (1164b): »Schwierig sind auch Fragen wie die folgenden, ob man seinem Vater *alles* gewähren und ihm *in allem* folgen müsse ...«.
[129] Epiktet, Teles, Musonius. Wege zum Glück, a.a.O. (S. 178 Anm. 125) 270ff.

Einschärfung *lebenslanger* Verpflichtung gegenüber den Eltern ursprünglich viel weiter gefasst war, als seine Anwendung auf Heranwachsende es hier zu erkennen gibt: »Ehre deinen Vater und die Mutter!« Zur Motivation des Gehorsams eignet es sich deshalb, weil es mit einer Verheißung verknüpft ist. Auf ihr liegt der Akzent, weshalb der Autor auch ausdrücklich vom »ersten Gebot« in der Abfolge der zehn Gebote spricht, das mit einer solchen Verheißung versehen ist: Die Klugheit empfiehlt den Gehorsam, weil ihm – so die Meinung des Autors – irdisches Wohlergehen entspringt.

Die Weisung an die Adresse der Eltern berücksichtigt nur die *Väter* als die eigentlichen Inhaber der erzieherischen Gewalt. Sie sollen ihre Kinder nicht »erbittern« oder »zum Zorn reizen«, das heißt keine Aggressionen bei ihnen schüren. Wie das zu bewerkstelligen ist, sagt die Mahnung nicht, aber man kann es sich denken: Die Erziehung soll *sachlich* und *liebevoll* zugleich sein. Aggressionen wecken die Gebärden, Worte und Taten, »die selbst dem Zorn entspringen und ihn also in sich tragen, aber darüber hinaus alle solche, in denen der Erziehende, nicht von sich abgelöst, nicht oder nicht nur das Wohl des Kindes meint, sondern auch oder nur das eigene, es ist aber auch alles ungerechte oder selbstgerechte erzieherische Handeln«[130].

Den Abschluss der kleinen Unterweisung bildet die Mahnung, die Kinder »in der Erziehung und (Zurecht-) Weisung des *Herrn*« aufzuziehen. Gemeint ist wohl, dass die »Erziehung« als ganze wie auch die »Weisung« – also die aufbauenden Worte, die sie begleiten (die nur ein Teil und längst nicht die Hauptsache einer guten Erziehung sind) – sich am Willen des *Herrn* orientieren (vgl. 5,10). Der Gedanke der »Erziehung« (griechisch: paideia [παιδεία]) folgt hier nicht dem umfassenden hellenistischen Bildungsideal, einschließlich etwa musischer Fertigkeiten, sondern lehnt sich an das frühjüdische Weisheitsideal an: »Mein Sohn, verachte nicht die *Zucht* (= paideia) *des Herrn*, widersetze dich nicht, wenn er dich *zurechtweist*. Wen der Herr liebt, den nimmt er in Zucht (= erzieht ihn), wie ein Vater seinen Sohn, den er gern hat«, heißt es im Buch der Sprüche (3,10f.).

---

[130] *Schlier*, Eph 282f.

C. *Bedeutung und Fragen für heute:* Zu allen Zeiten bietet der Umgang mit Heranwachsenden Anlass zu lebhaften Diskussionen unter den Pädagogen über die Ziele der Erziehung und die Wege, die zu ihrem Erfolg führen. Im ersten Jahrhundert nach Christus standen sich, grob gesprochen, altrömische Strenge und griechisch-hellenistische Liberalität gegenüber[131]. Die Vernünftigen empfahlen: Erziehung durch Argumente, nicht durch Schläge; Begrenzung unumschränkter väterlicher Rechte durch Benennung entsprechender sittlicher Pflichten; väterlicher Anspruch auf den Gehorsam der Kinder, aber nur zu deren Wohl. Einem solchen Modell scheint auch unser Text sich zuzuneigen, ohne freilich Details der vielschichtigen Erziehungsproblematik zu diskutieren. Worin die in ihm angedeutete Orientierung der Erziehung am Willen des Herrn *inhaltlich* besteht, sagt er nicht; aber vielleicht beginnt sie schon mit der bewussten Entscheidung für das in der Gesellschaft erprobte Modell eines auf die Vernunft gegründeten Mittelwegs, der die Heranwachsenden und ihre Probleme wirklich ernst nimmt. Uns lädt der Text mit seiner grundsätzlichen Behauptung einer »Erziehung *im Herrn*« eher zur Diskussion darüber ein, worin *christliche* Erziehung heute bestehen könnte, als dass er uns schon fertige Antworten dazu liefert.

8.3 Sklaven und Herren. Ein überholtes Problem? (6,5–9)

5a Ihr Sklaven,
5b gehorcht euren Herren nach dem Fleisch mit Furcht und Zittern,
5c in der Aufrichtigkeit eures Herzens,
5d als (gehorchtet ihr) Christus,
6a nicht in Augendienerei den Menschen zu Gefallen,
6b sondern wie Sklaven Christi,
6c die den Willen Gottes von Herzen tun,
7a indem ihr in guter Gesinnung dient,
7b als (dientet ihr) dem Herrn und nicht Menschen;

---

[131] Vgl. die informative Skizze: *Gielen*, Tradition, a.a.O. (S. 165 Anm. 99) 146–158 (»Exkurs: Die patria potestas«).

8a *ihr wisst doch,*
8b dass jeder,
8c wenn er etwas Gutes tut,
8d dieses wieder bekommt vom Herrn,
8e sei er Sklave oder Freier.

9a Und ihr Herren,
9b handelt ebenso gegen sie,
9c indem ihr das Drohen lasst;
9d *ihr wisst doch,*
9e dass ihr und euer Herr im Himmel ist
9f und dass es bei ihm kein Ansehen der Person gibt.

A. *Vorlage und Form der Verse*: Auch im dritten Teil seiner »Haustafel« folgt der Autor seiner Vorlage (Kol 3,22–4,1), bewahrt gleichfalls ihre Struktur: Die Weisungen an die Sklaven und Herren sind beide zweiteilig. An die eigentliche Mahnung (5–7; 9a-c) schließt sich jeweils eine motivierende Aussage an, die mit einem »*ihr wisst doch*« eingeleitet wird (8; 9d–f).

Dennoch sind auch wieder ein paar kleinere Änderungen aufschlussreich. Mahnt der Kolosserbrief: »Ihr Sklaven, gehorcht euren Herren dem Fleisch nach *in allem*« (Kol 3,22), so tilgt unser Autor das »in allem«, wie er das auch schon bei der Weisung an die Kinder getan hat. Dafür bietet er jetzt – über Kol 3,23b hinaus – dreimal den Gedanken, die Sklaven sollten ihren Dienst so verrichten, »als ob sie *Christus* dienten« (5d.7b), beziehungsweise sollten sich »als Diener *Christi*« verstehen, »die den Willen Gottes von Herzen tun« (6b.c). Wahrscheinlich hängen beide Änderungen miteinander zusammen. Einen *unbedingten* Gehorsam gegenüber Mitmenschen gibt es nicht. Nur dem Willen Gottes eignet letzte Verbindlichkeit. Deshalb dürfte auch das über den Kolosserbrief hinaus in Vers 5b hinzugefügte »mit Furcht und Zittern« keine devote und angstbesetzte Unterwerfung der Sklaven unter ihre *Herren* meinen, sondern – dem im Hintergrund stehenden Sprachgebrauch des Paulus gemäß (Phil 2,12) – die religiöse Furcht, die dem *Christus*dienst gebührt.

Steht der biblische Grundsatz »bei Gott gilt kein Ansehen

der Person« (Dtn 10,17) im Kolosserbrief in der Mahnung an die Sklaven (Kol 3,25c), so hat der Epheserbriefautor ihn in die an die Herren verpflanzt (9f). Als Warnung an sie passt er auch besser.

Die Weisung an die Sklaven ist um einiges länger als die an die Herren. Der Grund dafür wird darin zu suchen sein, dass dem Eindruck entgegengewirkt werden sollte, die bekannte frühchristliche Parole, dass »(vor Gott) nicht Sklave oder Freier« gilt (Gal 3,28; Kol 3,11), enthalte die Forderung nach Abschaffung der Sklaverei. So wie die Weisung jetzt gewichtet ist, konnte das niemand argwöhnen.

B. *Inhalt und Auslegung des Textes*: Zwei Interessen bestimmen unseren Autor bei seiner Weisung an die Sklaven: Zum einen sollten sie wissen, dass der Gehorsam gegen Christus das Entscheidende ihres Lebens ist, demgegenüber ihre Sklavendienste im Haus einen nur untergeordneten Rang einnehmen. Deswegen erklärt er auch ihre Herren in Vers 5b zu »Herren *dem Fleisch nach*«, womit er sagen will, dass sie von Jesus Christus, dem eigentlichen Herrn der Menschheit (8), in die Schranken einer niederen Ordnung verwiesen werden. Aber er münzt seine Glaubensüberzeugung von dem nicht zu verwischenden Unterschied zwischen *menschlicher* Herrschaft und dem Herrsein *Gottes* und *Christi* (vgl. 5,5) nicht um in eine Kritik am Sklavendienst als solchen, sondern setzt schlicht voraus, dass dieser dem Willen Gottes entspricht.

Doch soll er – und das ist sein *zweites* Anliegen – so ausgefüllt werden, dass die Menschen, die ihn leisten, vor *sich selbst* wie vor *Christus* bestehen können. Konkret: Sie sollen ihn »in der Aufrichtigkeit ihres Herzens« ausüben, »nicht unter Augendienerei, um Menschen zu gefallen«, sondern »in einer guten Gesinnung«, »als ob sie Christus dienten«. Aber die Herren werden hier noch nicht »Abbild Gottes« genannt, wie schon bald in der *Didache*, einer christlichen Schrift aus dem frühen zweiten Jahrhundert[132]; das ließ die deutliche Unterscheidung *menschlicher* und *göttlicher* Herrschaft im Epheserbrief nicht zu.

---

[132] »Ihr Sklaven aber sollt euren Herren als einem Abbild Gottes (τύπῳ θεοῦ) mit Respekt und Erfurcht gehorchen!« (Did 4,11).

Diese prägt auch die sich anschließende kürzere Weisung an die Herren. Wenn es in ihr ein wenig blass heißt, »sie sollten sich zu den Sklaven genauso verhalten (wie diese zu ihnen)« (9b), dann besagt das wohl: Auch sie müssten sich »als Knechte Christi« (6b) dem Willen Gottes unterstellen (6c). Konkret: Sie hätten Drohungen gegen die ihnen Unterstellten zu unterlassen (9c) beziehungsweise auf ein Ausnutzen der ihnen sozial zugestandenen Machtfülle zu verzichten. Grund dieser Mahnung ist die Überzeugung, dass Christus der Herr *aller* ist, gerade auch der *ihre*, und sie bei ihm nicht mit einer Bevorzugung ihrer Person rechnen dürfen (9d-f; vgl. 8).

C. *Fragen und Bedeutung für heute*: Eine Illusion wäre es zu meinen, in unserer modernen Welt gäbe es keine Sklaverei mehr. In Europa wie in anderen Teilen der Erde gibt es sie noch, geächtet zwar in Menschenrechtserklärungen, doch gebilligt in nicht wenigen Formen (Textilsklavinnen in den Entwicklungsländern[133], Kinderarbeit, Verkauf in die Prostitution usw.). Die Probleme sind geblieben, wenn auch anders geworden; sie schreien nach Lösungen, zu denen unser Text allerdings nichts mehr beitragen kann. Mit der Abschaffung des antiken Sklaveninstituts wurde auch er hoffnungslos überholt. Dennoch steht er in der Schrift und gibt zu denken.

Erstaunlich ist die Klarheit, mit der er die beiden Ordnungen unterscheidet, in denen der Christ steht: die soziale Ordnung des antiken Hauses und seine Stellung vor Gott. Was diese betrifft, so sind alle gleich, Sklaven und Herren. Dort aber greifen die Ungleichheiten, in rechtlicher und sozialer Hinsicht. Nun vertritt unser Autor aber kein friedliches Nebeneinander dieser beiden Ordnungen. Im Gegenteil: Sein Versuch, das Sklaveninstitut zu humanisieren (mit dem er im ersten Jahrhundert keineswegs allein stand[134]), entspringt seiner Glaubensüberzeugung. Humanisierung –

---

[133] Vgl. *D. Sölle*, Mystik und Widerstand, Hamburg 1997.
[134] Zuletzt vgl. *H. Gülzow*, Christentum und Sklaverei in den ersten drei Jahrhunderten (HThS), Münster 1999; außerdem *E. Flaig*, Art. Sklaverei: HWPh 9, 976–985.

»mehr« war für die christliche Minderheit nicht drin und von ihr wohl auch nicht beabsichtigt – bedeutete aber auch Stabilisierung der Gesellschaft und Zementierung ihrer rechtlichen und sozialen Ungleichheiten. Damit taucht ein Dilemma auf, das die »christliche Nächstenliebe« fortan begleiten wird: Ihr Sinn für den Nächsten als Person steht auch in der Gefahr, zum Hindernis zu werden, das es erschwert, *strukturelle* Unterdrückungen von Minderheiten schonungslos beim Namen zu nennen und bei ihrer Überwindung aktiv mitzuhelfen. Diese Problematik, die uns heute bewegt, übersteigt freilich den Horizont unseres Textes bei weitem.

9. Die Waffenrüstung Gottes
Eine zusammenfassende Schlussermahnung (6,10–17)

10a Schließlich:
10b Erstarkt im Herrn und in der Kraft seiner Stärke!
11a *Zieht die Waffenrüstung Gottes an,*
11b *damit ihr bestehen könnt* gegen die Intrigen des Teufels.
12a Denn unser Kampf geht nicht gegen Blut und Fleisch,
12b sondern gegen die Mächte,
12c gegen die Gewalten,
12d gegen die Weltbeherrscher dieser Finsternis,
12e gegen die Geister der Bosheit in den himmlischen Bereichen.
13a *Deshalb legt die Waffenrüstung Gottes an,*
13b *damit ihr* am bösen Tag widerstehen
13c und, wenn ihr alles vollbracht habt,
13d *bestehen* könnt.
14a *Haltet also stand,*
14b eure Hüfte umgürtet mit Wahrheit
14c und angetan mit dem Brustpanzer der Gerechtigkeit
15 und beschuht an den Füßen mit Bereitschaft für das Evangelium des Friedens,
16a wobei ihr zu alldem den Langschild des Glaubens ergriffen habt,
16b mit dem ihr alle Brandpfeile des Bösen werdet auslöschen können.

17a Und nehmt den Helm des Heiles
17b und das Schwert des Geistes,
17c das ist das Wort Gottes.

A. *Kontext, Form und Aufbau der Verse*: Mit 6,10–17 neigt der Epheserbrief sich seinem Ende zu. »Schließlich« sagt unser Autor in Vers 10a und zeigt damit an, dass die ethischen Weisungen an die Adresse der Gemeinde nun abgeschlossen sind. Was folgt, ist eine Art *Epilog* oder *Nachwort*, das die wichtigsten Inhalte des Schreibens mit Hilfe seiner Leitworte noch einmal in Erinnerung ruft[135]: »Wahrheit« (1,13; 4,15.24.25), »Gerechtigkeit« (4,24; 5,9), »Glaube« (1,15; 2,8; 3,12; 4,5.13; 6,23), »Geist« (14 mal insgesamt), »Wort Gottes« (1,13; 5,26), vor allem aber »*Evangelium des Friedens*« (15), was als Kurzformel für die Botschaft des Schreibens insgesamt gelten darf (1,2; 2,14.15.17; 4,3; 6,23). Aber auch die Rede vom »Teufel« bzw. den »Mächten und Gewalten« oder »Geistern der Bosheit« in Vers 11f. bündelt noch einmal alle diejenigen Stellen im Brief, die den dunklen und dämonischen Seiten der Wirklichkeit galten, welche dem Frieden Gottes in Jesus Christus entgegenstehen (vgl. 1,21; 2,2; 3,10). Jetzt, am Ende des Schreibens, da seine Hörer und Hörerinnen gleichsam in ihren Alltag entlassen werden, hilft die Erinnerung daran, ihnen den Ernst und die Tragweite ihrer Lebensführung vor Augen zu stellen. Wenn diese hier als ein »*Kampf*« (12a) erscheint, dann widerspricht das nicht – wir werden es sehen – der Grundüberzeugung unseres Schreibens, dass die Glaubenden in Christus schon zu *neuen* Menschen geworden sind (2,15; 4,24), »*geschaffen* zu guten Werken« (2,10), die zu tun ihnen im Geist Gottes ein Leichtes ist[136].
Der *Aufbau* der Verse, für die unser Autor im Kolosserbrief kein Vorbild besaß, sieht so aus: Vorweg steht eine alles Folgende schon in sich enthaltende Mahnung (10b), die an den Anfang des Briefs, 1,19, erinnert (vgl. auch 3,16). Es folgt die zweifache Aufforderung, die Waffenrüstung Gottes anzulegen (11/13), was zwischendrin, in Vers 12, durch einen Blick

---

[135] Vgl. oben S. 22 Anm. 25!
[136] Vgl. oben zu 2,11–22!

auf die scheinbar übermächtigen Feinde als unumgänglich begründet wird. In der zweiten Hälfte des Textes (14–17) wird die Rüstung – in deutlicher Anspielung auf das Erscheinungsbild eines römischen Legionärs![137] – im Einzelnen vorgeführt und auf den Christen gedeutet. Dabei handelt es sich durchweg um Waffen der Verteidigung, mit Ausnahme des »Schwerts«, der effektivsten Angriffswaffe eines römischen Legionärs, die als Pointe am Ende des Textes genannt wird. Auch das »Standhalten« oder »Stehen« verweist auf die Welt der Soldaten; gleich dreimal begegnet dieses Motiv (11b.13d.14a: im Griechischen immer dasselbe Wort) und unterstreicht die hier vorgeschlagene Gliederung des Textes. Dessen zweiter Teil (14–17) ist stark von Anspielungen auf alttestamentliche Texte durchsetzt. Das betrifft zunächst das bildhafte Verständnis der einzelnen Waffen. So heißt es bei Jesaja über JHWH: »Gerechtigkeit zog er an wie einen Brustpanzer, den Helm des Heils setzte er auf sein Haupt« (Jes 59,17). Und im Buch der Weisheit: »Als Panzer zieht er Gerechtigkeit an, und als Helm setzt er strenges Gericht auf. Als Schild nimmt er unüberwindliche Heiligkeit, und grimmigen Zorn schärft er zum Schwert ...« (Weish 5,18ff.). Was hier vom Kämpfer-Gott selbst gesagt ist, das bezieht Eph 6,14–17 auf die kämpfenden Christen und die ihnen von Gott verliehenen Waffen[138].

[137] So bereits *A. Oepke*, ThWNT V, 300: »An unserer Stelle tritt der Gedanke der Militia Christi mit so greifbarer Deutlichkeit hervor wie sonst nirgends. Die verwendeten Verben entstammen der Militärsprache [...] Sechs Bestandteile der Vollrüstung, gegliedert in 3 + 3, werden dann V. 14–17 in zwangloser, aber der Wirklichkeit abgelauschter Reihe aufgezählt: Leibgurt, Panzer, Schuhe, Schild, Helm, Schwert. Das Fehlen der Lanze oder des Speers ist archäologisch nicht zu erklären [...] Im übrigen aber entspricht die Aufzählung [...] genau der Bewaffnung des römischen Legionärs zur Zeit des Paulus. Charakteristisch ist: das Fehlen der Beinschienen, viereckiger Langschild, caliga [311: »Der Legionar trägt die caliga, einen niedrigen Halbstiefel aus massiver Sohle und durchbrochenem Oberlederwerk«]. Die Letztere hat nach Ausweis der Denkmäler erst die römische Zeit, die besonders starke Marschleistungen forderte, als Bestandteil der Rüstung empfunden. Paulus romantisiert also nicht, sondern er hat die harte, kraftvolle Wirklichkeit des Soldaten seiner Zeit vor Augen«.

[138] Vgl. auch 1 Thess 5,8: »Wir aber, da wir dem Tag zugehören, wollen nüchtern sein, bekleidet mit dem *Panzer* des Glaubens und der Liebe und dem *Helm* der Heilshoffnung«; Röm 13,12: »Die Nacht ist vor-

Ein Bildelement aber hat der Epheserbrief, das die alttestamentlichen Texte vom Krieger JHWH nicht kennen: das von den Schuhen oder Stiefeln des Soldaten Christi[139]. Angeregt wurde es, das zeigt der Zusammenhang von Vers 15, durch ein weiteres biblisches Wort, nur kein kriegerisches, sondern ein Heil kündendes: »Wie willkommen sind auf den Bergen die *Füße* des Freudenboten, der Frieden ankündigt, der eine frohe Botschaft bringt und Rettung verheißt, der zu Zion sagt: Dein Gott ist König!« (Jes 52,7). Schon in 2,17 stand dieses Wort Pate; ursprünglich auf die Befreiung und Heimkehr der babylonischen Gefangenen zum Zion bezogen, sah unser Autor in jenem Freudenboten Christus selbst als den Bringer des endzeitlichen Friedens. Hier, in 6,15, zeichnet er diesen Zug in das kriegerische Bild ein, und aus dem Soldaten wird unter der Hand ein Bote des Friedens. Ein Kontrapunkt, der aufhorchen lässt!

B. *Inhalt und Auslegung des Textes:* Stark werden die Glaubenden allein »im Herrn« (10b)[140] – aus sich selbst heraus

gerückt, der Tag ist nahe. Lasst uns daher die Werke der Finsternis ablegen und anlegen die *Waffen* des Lichts«.

[139] *Faust*, Pax, a.a.O. (S. 13 Anm. 4) 442f.: »Auf Denkmälern von römischen Legionären wurden die Legionärsstiefel (caligae) regelmäßig hervorgehoben – ihnen kam also eine für die römischen Landtruppen charakterisierende Bedeutung zu. Diese römischen Legionärsstiefel (caligae) waren jedoch entsprechend der offiziellen Ideologie für militärische Ausbreitung und Garantie der *pax Romana* unterwegs«. Dazu lese man die Rede des Cerialis vor den Treverern und Lingonen, die *Tacitus* den römischen Heerführer in Trier halten lässt (Historiae IV 73–74: »Despotie und Kriege hat es in Gallien immer gegeben, bis ihr in unsere Rechtsordnung eintratet. Wir haben, so oft wir auch gereizt wurden, von dem Recht des Siegers nur insoweit Gebrauch gemacht, dass wir euch nicht mehr aufbürdeten, als was zum *Schutz des Friedens* diente. Es kann nämlich Ruhe unter den Völkern nicht bestehen ohne Waffenmacht, Waffenmacht nicht ohne Soldzahlung, Soldzahlung nicht ohne Tribute. Alles übrige haben wir gemeinsam ... Werden nämlich, was die Götter verhüten mögen, die Römer aus dem Lande verjagt, was kann es dann anderes geben als gegenseitige Kriege aller Völkerschaften? ... So schenkt denn dem *Frieden* und der *Reichshauptstadt*, auf die wir, ob Besiegte oder Sieger, das gleiche Anrecht haben, euer Herz und eure Verehrung!« (74).

[140] *Faust*, Pax a.a.O. (S. 13 Anm. 4) 442ff., der unseren Text durchweg von der »These einer bewussten Kontrafaktur gegen die bedrängende Wirklichkeit des Imperium Romanum« her deutet, erkennt bereits in der

sind sie nichts. Deshalb wäre es ein grobes Missverständnis unseres Textes, wollte man seine Mahnung mit ihrem scheinbar kriegerischen Pathos als Appell an die eigene Kampfeskraft der Christen deuten. Die Pointe des Bildes ist doch die, dass es sich hier um *Gottes* Waffenrüstung handelt, die *er* bereitstellt und die es lediglich »*anzuziehen*« gilt, wie man den »neuen Menschen anzieht« (4,24). Tut man das, dann ist der Kampf gegen den »Teufel« (11b) und seine Trabanten schon entschieden.

In Vers 16b heißt der »Teufel« auch »der Böse«; wahrscheinlich ist er mit dem »Herrscher über die Erdatmosphäre« von 2,2 identisch. Er ist nicht allein, sondern hat eine Vielzahl von Genossen um sich, nämlich »Mächte und Gewalten«, die in Vers 12d.e auch »Weltbeherrscher dieser Finsternis« und »Geister der Bosheit« heißen. Woran unser Autor bei ihnen konkret denkt, lässt sich zwei Hinweisen entnehmen: »Weltbeherrscher« nannte man in Astrologenkreisen seit dem zweiten Jahrhundert vor Christus die sieben Wandelsterne oder Planeten (einschließlich Sonne und Mond)[141]. Dem entspricht, dass unser Autor die »Mächte und Gewalten« nach Vers 12e überhaupt »in den himmlischen Zonen« ansiedelt. So dürfte auch er in ihnen Astralmächte, vor allem die Planeten, aber auch andere Sterne gesehen haben: schicksalswirkende böse Kräfte[142].

> eröffnenden Mahnung V. 10b (»Erstarkt im Herrn und in der Kraft seiner Stärke!«) eine diesbezügliche Strukturanalogie, und zwar wegen des Begriffs τὸ κράτος (= Kraft), der »nicht nur in Parallele zu allgemeinen Aussagen über *Roms* militärische Macht (= τὸ κράτος)« steht, sondern insbesondere auch »die Militärmacht des *einzelnen Kaisers*, also sein *Imperium,* bezeichnen« konnte (ebd. 445). Vor dem Hintergrund der Vorstellung, »nach der der imperator aufgrund des Besitzes außergewöhnlicher Dynamis das imperium / τὸ κράτος inne hat und in dieser dynamistischen Weise seinen Truppen den Erfolg gewährt, ist m.E. die Aufforderung Eph 6,10 verstehbar, ἐν τῷ κράτει ἰσχύος αὐτοῦ stark zu werden und die von Gott gestellte Militärrüstung anzulegen: Der Kyrios Christus erscheint hier strukturhomolog zur Rolle des kaiserlichen αὐτοκράτωρ / imperator ...« (446).

[141] So *Faust*, Pax, a.a.O. (S. 13 Anm. 4) 453, im Anschluss an F. Cumont und L. Canet: »noch die Neuplatoniker belegen später diesen astrologischen Sprachgebrauch: καλούμενοι πλάνητες κοσμοκράτορές εἰσιν« (*Proclus*, In Platonis Timaeum Commentarius III p. 58,8).

[142] Andererseits verband man im römischen Reich die Herrschaft der Planeten mit der pankosmischen Herrschaft der Kaiser, die durch jene

Dies hatte er schon in 2,2f. zum Ausdruck gebracht, wo es heißt, »in ihren Verfehlungen und Sünden« hätten die Adressaten einst »dem Herrscher über die Erdatmosphäre *gemäß*« gelebt. Damit wollte der Autor sagen: Sie standen im Einflussbereich des Teufels, hatten sich von der Macht des Bösen bestimmen lassen. In 5,8a wird das ein »Finsternis-Sein« genannt, weshalb hier, in 6,12d, den »Weltbeherrschern« die »Finsternis« als ihr Herrschaftsraum zugeordnet wird. Man begreift, dass es im Kampf gegen die im Dienst des Teufels stehenden »Weltbeherrscher« der Waffenrüstung *Gottes* bedarf, wie es ja auch Gott selbst war, der in der österlichen Erhöhung Jesu »über alle Mächte und Gewalten« diese schon grundsätzlich entmachtet hat. Für die Christen richtet sich dieser Kampf gegen die Versuchungen des Bösen in den eigenen Reihen, was die vorausstehenden Gemeinde-Mahnungen überdeutlich zeigen.

Was unser Autor genau unter dem »bösen (d. h. schlimmen) Tag«[143] versteht, an dem die Christen, »wenn sie alles vollbracht haben, bestehen können« (13b-d), bleibt rätselhaft. Die meisten Ausleger beziehen die Aussage entsprechend 5,16b (»denn *die Tage* sind böse«) auf die gegenwärtige Zeit überhaupt. Vers 13b bedeutet dann: Der böse Tag – an ihm gilt es, den Angriffen des Teufels zu widerstehen! – ist kein

---

gestützt wurde. So *Faust*, Pax, a.a.O. (S. 13 Anm. 4) 465ff., der auf Alexander-Statuen der hellenistischen Zeit verweist, die mit Strahlenkranz versehen sind, »um ihn als Helios-Kosmokrator zu stilisieren«. »Diese aus dem hellenistischen Osten stammende astrale Herrschaftssymbolik, also die Assoziation der Herrscher mit den Gestirnen, konnte im Prinzipat das kaiserliche Image stützen, sich entsprechend dem Weltherrschaftsgedanken in enger Allianz mit den schicksalsbestimmenden Sternzeichen und Gestirnen zu befinden, gelegentlich sogar ihrer Macht überlegen zu sein« (ebd. 465f., mit zahlreichen Belegen und Lit.).

[143] Ob ἐν τῇ ἡμέρᾳ τῇ πονηρᾷ eine Anspielung auf den Psalter enthält? Vgl. Ps 41,2f.: »Wohl dem, der sich des Schwachen annimmt! Den wird der Herr *am bösen Tag/ zur bösen Zeit* (בְּיוֹם רָעָה / ἐν ἡμέρᾳ πονηρᾷ) retten. Der Herr wird ihn bewahren und beim Leben erhalten«; Ps 27,3–5: » ... Mag Krieg gegen mich toben: Ich bleibe dennoch voll Zuversicht. Nur eines erbitte ich vom Herrn, danach verlangt mich: Im Haus des Herrn zu wohnen alle Tage meines Lebens, die Freundlichkeit zu schauen und nachzusinnen in seinem Tempel. Denn er birgt mich in seinem Haus *am Tag des Unheils* (בְּיוֹם רָעָה / ἐν ἡμέρᾳ κακῶν μου).«

Kalendertag der Geschichte, er kommt mit jedem Tag neu. Eine Deutung der merkwürdigen Formulierung auf den Gerichtstag scheint ausgeschlossen, denn erstens müsste an ihm niemand mehr den bösen »Mächten und Gewalten« widerstehen, jetzt triumphiert allein »der Herr« (6,8), und zweitens scheint es überhaupt zweifelhaft, ob der Epheserbriefautor noch an der traditionellen Vorstellung eines solchen »weltöffentlichen«, zukünftigen Gerichtstages im Stil der Apokalyptik festgehalten hat. Möglich und sinnvoll scheint aber eine andere, bislang kaum erwogene Deutung[144], und zwar auf den Todestag jedes einzelnen Christen (13a: »wenn ihr alles vollbracht habt«!). An ihm nämlich muss die Seele eine gefährliche Himmelsreise antreten, weil sie dann auch die bösen Kräfte in der Atmosphäre der Erde passiert[145]. Solcher Blick auf das Ende[146] wäre am Schluss eines frühchristlichen Schreibens nicht ungewöhnlich[147].

In den Versen 14–17 zählt dann der Autor die Waffen im Einzelnen auf, die Gott dem Christen für seine Verteidigung gegen die Angriffe des Bösen zur Verfügung gestellt hat: die *»Wahrheit«* der Offenbarung als Gürtel; die *»Gerechtigkeit«*, das heißt das Tun des Willens Gottes, als Brustpanzer; die *»Bereitschaft«*, das *»Evangelium des Friedens«* missiona-

---

[144] Aber vgl. bei *Schlier,* Eph 292 Anm. 4, den Hinweis auf vereinzelte ältere Vertreter dieser Deutung, u. a. *Schlier* – *V. Warnach*, Die Kirche im Epheserbrief, Münster 1949, 101.

[145] Zur Vorstellung einer solchen »Himmelsreise« vgl. *W. Bousset*, Die Himmelsreise der Seele: ARW 4 (1901) 136–169. 229–273; S. 144 zu unserer Stelle.

[146] Vgl. schon 6,8f. (»Ihr wisst doch, dass jeder, wenn er etwas Gutes tut, dieses wiederbekommt vom Herrn ...«), wo aber nicht deutlich wird, wann und in welchem Rahmen nach Meinung des Epheserbriefautors jene »Vergeltung« geschieht. Aufmerken lässt immerhin, dass er aus seiner Vorlage Kol 3,24 die dort gebotene inhaltliche Umschreibung der Vergeltung («die Vergeltung *der Erbschaft*«) in seinen Text nicht mitübernommen hat; Anteil am »Erbe« wird den Glaubenden nämlich schon bei ihrer Taufe zuteil (vgl. Eph 1,14.18; 5,5). Zudem darf man festhalten: »Mit einer Gerichtsdrohung hält der Verf. (wie schon Kol) zurück; jedenfalls bringt er das eschatologische Vergeltungsgericht (vgl. Röm 2,5–11; 2 Kor 5,10) nicht zur Sprache. Obwohl das herkömmliche Motiv noch zu erkennen ist, verheißt er den Sklaven nur den Lohn für ihr Gutes tun und verweist er die Herren allgemein auf ihre Verantwortung vor dem himmlischen Herrn« (*Schnackenburg,* Eph 271).

[147] Vgl. 1 Thess 4,13–5,11; 1 Kor 15; Gal 6,7–10; Did 16,1–8 usw.

risch weiterzutragen, als seine Stiefel; zu alldem aber den »*Glauben*« als Langschild sowie das »*Heil*« Gottes als schützenden oder schmückenden Helm und schließlich das »*Wort Gottes*« – Inbegriff der Gewaltlosigkeit und des Friedens! – als »Schwert des Geistes«.
Man muss die feinen Zwischentöne dieses Textes vor dem zeitgenössischen Hintergrund heraushören. Waren es nicht die römischen Soldaten, die im ganzen Reich unterwegs waren, um die Menschen mit dem politischen Programm der *Pax Romana* zu beglücken, ihnen die Proklamation des *Weltfriedens* zu überbringen – zu den Bedingungen Roms?[148] War es nicht der Anspruch des römischen Kaisers, unter seiner Herrschaft die Welt zu einen und zu befrieden? All das wird hier im Bild verschlüsselt und leicht ironisch beiseite geschoben. Die Herrschaft Christi sieht anders aus, das Erscheinungsbild seiner Boten zeigt es: Einer von ihnen, Paulus, liegt in römischen Ketten, wie es im Anschluss an unseren Text (in 6,20) heißt, und hat doch seinen »Freimut« nicht verloren. Gestützt auf ihre Hauptwaffe, das Wort Gottes, verkündigen die Christen der Welt den Frieden Jesu.
Deshalb sind sie aber nach unserem Autor noch lange keine »Weltverbesserer«. Freilich schuldet die Kirche dank des in ihrer Mitte schon angebrochenen endzeitlichen Friedens der Welt ein Zeugnis, das ihr sonst keiner zu geben imstande ist.

C. *Bedeutung und Fragen für heute:* Das Bild, das unser Autor von der Wirklichkeit besitzt, ist alles andere als eindimensional, harmlos-oberflächlich; es ist abgründig, rechnet mit der Dämonie des Bösen, den »Intrigen des Teufels« (11b) oder der »satanischen Intelligenz«[149]. Die mythologische Personifizierung dieses Bösen durch die Gestalt des

---

[148] Vgl. oben in S. 189 Anm 139 den Tacitus-Text!
[149] So *Hübner*, Eph 259, zum griechischen Wort, das oben mit »Intrigen« übersetzt ist: »Besagt das verbreitete Wort ἡ μέθοδος das methodisch überlegte Vorgehen, das geradezu systematische, planmäßige Vorgehen und somit den intelligenten Akt des Umgangs auch mit Menschen ..., so ist zu fragen, ob der AuctEph den Kampf des Teufels gegen die Kirche als ein äußerst raffiniertes, methodisch angelegtes Handeln beschreiben will. Dieses Verständnis von μεθοδεία legt sich durchaus nahe: Der Teufel setzt seine ganze diabolische Intelligenz ein, um die Christen zu täuschen«.

»Teufels«, mit der unser Autor der zeitgenössischen Vorstellungswelt des Frühjudentums verpflichtet ist[150], sollte uns aber nicht zu lange aufhalten. Sie ist sprechender Ausdruck für die Aggressivität des Bösen, seine Angriffslust, die sich in den unterschiedlichsten Formen zeigt. Vom Mythos des Teufels Abschied zu nehmen[151], heißt deshalb nicht, das Böse in seinem gerade heute unfassbar gewordenen Ausmaß zu verharmlosen. Die Rede vom »Teufel« erklärt da überhaupt nichts, sie verführt im Gegenteil zu einem völlig unangebrachten, lähmenden und deshalb höchst schädlichen Irrationalismus.

Ein weiteres, damit zusammenhängendes Thema, das unser Text anstößt, heißt Entlarvung des Militarismus (als einer kollektiven Form des Bösen). Spätestens am Ende unseres Schreibens zeigt sich, dass seine religiöse Botschaft vom Frieden Gottes[152] auch eine *politische* Dimension besitzt.[153]

---

[150] Vgl. *M. Limbeck*, Die Wurzeln der biblischen Auffassung vom Teufel und den Dämonen: Conc (D) 11 (1975) 161– 168.
[151] Vgl. *H. Haag*, Abschied vom Teufel (ThM 23), Einsiedeln ⁶1978. *Ders.*, Teufelsglaube, Tübingen ⁶1980.
[152] Neutestamentliche Perspektiven zu diesem Thema insgesamt bietet *A. Vögtle*, Was ist Frieden? Orientierungshilfen aus dem Neuen Testament, Freiburg ²1983.
[153] Insofern ist der »Epilog« des Briefs ein Schlüsseltext zu seiner Gesamtdeutung.

Der Briefschluss

1. Mahnung zum Gebet und briefliche Schlussnotiz (6,18–22)

18a Bei lauter Gebet und Bitte betet zu jeder Zeit im Geist
18b und seid wachsam dazu,
18c in aller Ausdauer und Fürbitte für alle Heiligen,
19a auch für mich,
19b dass mir das Wort gegeben werde, wenn ich meinen Mund öffne,
19c um mit Freimut das Geheimnis des Evangeliums kundzutun,
20a für das ich Gesandtendienste verrichte in Ketten,
20b damit ich freimütig in ihm rede,
20c wie ich reden muß.

21a Damit aber auch ihr um meine Sache Bescheid wißt,
21b wie es mir geht,
21c wird euch Tychikus alles berichten –
21d der geliebte Bruder und treue Diener im Herrn –,
22a den ich zu euch schicke zu dem Zweck,
22b dass ihr von unserem Ergehen erfahrt
22c und er eure Herzen ermutige.

A. *Vorlage, Form und Aufbau der Verse*: Der Briefschluss setzt sich aus drei Bausteinen zusammen, der Gebetsmahnung Vers 18–20, der brieflichen Notiz Vers 21f. sowie dem abschließenden Segenswunsch Vers 23f. Bei allen drei Stücken konnte der Autor auf den Kolosserbrief zurückgreifen (Kol 4,1–4.7–8.18), hat dabei aber auch eigene Akzente gesetzt.

Im Unterschied zum Kolosserbrief, der nirgends Aussagen zum Heiligen Geist trifft, ist sich der Epheserbriefautor der

großen Bedeutung bewusst, die dem Geist bei einer sachgemäßen Sicht auf Offenbarung, Kirche und christliches Leben zukommt. So fügt er auch hier in der Gebetsmahnung hinzu, dass »*im Geist*« gebetet wird (18a). Auch dass die Fürbitte »*allen Heiligen*« gilt (18c), entstammt seiner Feder, denn sein Interesse richtet sich über die Grenzen der Ortsgemeinden hinaus auf die Belange der *ganzen* Kirche[1].
Schließlich besitzt auch das Bild vom Apostel in Vers 19f. spezifische Züge: Mit dem hier vom Autor gleich zweimal in seine Vorlage eingefügten Stichwort »Freimut« (19c.20b: vgl. 3,12) sowie der Rede vom »Geheimnis des Evangeliums«, das kundzutun Aufgabe des Apostels ist (19c: vgl. 3,3ff.)[2], rufen die Verse jetzt den Abschnitt 3,1–13 in Erinnerung, in dem Paulus als *der* Offenbarungsmittler des erhöhten Herrn schlechthin vorgestellt worden war. Ihm war bei seiner Berufung die Einsicht zuteil geworden, dass die Einheit der Kirche aus Juden *und* Heiden *das* »Geheimnis des Evangeliums« beinhaltet, von dem hier der Brief zum letztenmal spricht.
Die umfangreiche Liste von übermittelten Grüßen und Grußaufträgen Kol 4,10–17, die eine Fülle von Namen und sonstigen Informationen enthält, hat unser Autor aus seiner Vorlage nicht übernommen; offensichtlich konnte er sie nicht gebrauchen. Über die Gründe lässt sich nur spekulieren. Vielleicht wollte er sein erhabenes Porträt vom gefangenen Apostel als Offenbarungszeugen nicht durch ablenkende Namen neben ihm verwischen (auch in 1,1 hatte er schon gegen den Kolosserbrief den Timotheus als Mitabsender gestrichen). Nur die Notiz über Tychikus hat er in Vers 21f. bewahrt, vielleicht weil dieser in besonderer Beziehung zu Ephesus stand: Nach 2 Tim 4,12 hatte Paulus ihn als Bote dorthin geschickt und nach Apg 20,4 war er Gemeindege-

---

[1] Vgl. bereits Eph 1,15b, wo unser Autor die Liebe seiner Adressaten »zu *allen* Heiligen« rühmt.
[2] Möglicherweise steht dies in Opposition zu den zahlreichen »Mysterienreligionen« der Zeit, die ihre Kult-Geheimnisse vor Außenstehenden geheim hielten (vgl. *W. Burkert*, Antike Mysterien. Funktionen und Gehalt, München ²1991, 14: »Nun ist in der Tat die Geheimhaltung eines der wesentlichen und notwendigen Charakteristika der antiken Mysterien ...«). Demgegenüber beansprucht das Evangelium die Weltöffentlichkeit.

sandter der Kirche der Provinz Asia[3]. So geht unser Autor bei seiner Neugestaltung des Kolosserbriefschlusses von Kol 4,7f. gleich zu Kol 4,18c über.

B. *Inhalt und Auslegung des Textes*: Gebet und Wachsamkeit sind zwei Seiten einer Medaille (18a.b). Nur wer aufmerksam und nüchtern der Welt begegnet, vermag auch zu beten. Inständig beten »zu jeder Zeit« heißt, solche Wachheit vor Gott zur bleibenden Lebenseinstellung werden zu lassen; möglich ist das »im Geist«.
Kennzeichen des wachsamen Christen ist überdies seine Aufmerksamkeit für die Nöte »*aller* Heiligen«. In der Fürbitte trägt er sie vor Gott. Aber auch *für sich selbst* erbittet »Paulus« das Gebet von seinen Adressaten (19f.), wie er auch *für sie* gebetet hat[4]. Des Apostels im Gebet zu gedenken, heißt für die Adressaten der nachapostolischen Generation, der bleibenden Verwiesenheit der Kirche auf ihr Fundament, die Apostel und Propheten, in Dankbarkeit eingedenk zu bleiben[5]. Dabei werden sie sich auch dessen bewusst, dass nun sie es sind, die mit dem »*Freimut*« des Apostels, den er selbst als *Gefangener* nicht verloren hat[6], die apostolische Verkündigung weiterzutragen haben (vgl. 6,15).
Hier gewinnt dann auch die Notiz über Tychikus ihren Sinn: Im Auftrag des Paulus sollte er die Empfänger des Schreibens »stärken, ermutigen, trösten« (22c), also fortsetzen, was dieser selbst getan hat (vgl. 4,1). Gleiches obliegt jetzt den Adressaten, womit auch sie in die Fußstapfen des Apostels treten.

C. *Bedeutung und Fragen für heute*: Das Gebet in seinen Ausprägungen als Lobpreis, Danksagung und Fürbitte gehört zu den Leitmotiven des Schreibens. Wenn der Autor vom Gebet Weite und Offenheit für die Nöte der Kirche als

---

[3] Vgl. oben S. 35f. mit den Anm. 7 und 8!
[4] Vgl. 1,15ff.; 3,1.14–19!
[5] Vgl. 3,1–13.
[6] Dieses Bild des Apostels erinnert nachdrücklich an das, welches Lukas am Ende seiner Apostelgeschichte zeichnet, wenn er vom Gefangenen Paulus sagt: »er verkündigte das Reich Gottes und lehrte über den Herrn Jesus mit lauter *Freimut*, ungehindert« (Apg 28,31).

ganzer erwartet, dann können auch wir nur davon lernen. Den Blick für den Nächsten bringt freilich nur der auf, der von sich selbst abzusehen gelernt hat – gerade auch im Gebet. Dieses setzt Wachsamkeit voraus und Sensibilität in der Begegnung mit den Anderen. »Aufmerksamkeit ist das natürliche Gebet der Seele«, sagt Paul Celan (im Anschluss an Malebranche)[7]; das Gebet »im Geist« ist Aufmerksamkeit in der Gegenwart Gottes.

2. Segenswunsch (6,23–24)

23 Friede den Brüdern und Liebe einschließlich Glauben von Gott dem Vater und dem Herrn Jesus Christus.
24a Die Gnade (sei) mit allen,
24b die unseren Herrn Jesus Christus lieben
24c – in Unvergänglichkeit!

A. *Vorlage, Form und Aufbau des Textes:* Der Schlusssegen Vers 23f. umfasst zwei Elemente: den Friedensgruß Vers 23 und den Gnadenwunsch Vers 24. Mit der Brieferöffnung Eph 1,1f. zusammen legt er einen Rahmen um das ganze Schreiben, insofern er die dort schon verwendeten Leitbegriffe des Briefs – »Gnade« und »Frieden« (1,2) – hier in umgekehrter Reihenfolge (Chiasmus) noch einmal aufgreift:

»Gnade« / »Frieden« (1,2) – »Frieden« / »Gnade« (6,23f.)

Dem »Gnadenwunsch« Vers 24 liegt Kol 4,18c zugrunde. Ihn hat der Epheserbriefautor zum vorliegenden feierlichliturgischen Schlusssegen ausgebaut. Dabei war ihm zweierlei dienlich:
Erstens hat er sich noch einmal an die paulinische Trias »Glaube-Liebe-Hoffnung« erinnert, sie aber seinem eigenen Verständnis angepasst: Statt von »Hoffnung« spricht er von »Unvergänglichkeit«, die der Liebe entsprießt, »Liebe« und »Glaube« wünscht er den Adressaten als Gaben »von Gott dem Vater und dem Herrn Jesus Christus«.
Zweitens greift er den Schluss des ersten Korintherbriefs

---

[7] *P. Celan*, Der Meridian, in: Tübinger Ausgabe, Frankfurt 1999, 9.

auf, wo es heißt: »Wenn jemand *den Herrn* nicht *liebt* (vgl. Eph 6,24b), sei er verflucht. Maranatha. *Die Gnade des Herrn Jesus* (vgl. Eph 6,24a) sei mit euch. Meine Liebe sei mit euch allen in Christus Jesus« (1 Kor 16,22–24)[8]. Auch das Stichwort »Unvergänglichkeit«, mit dem er pointiert das Schreiben beschließt, könnte er aus 1 Kor 15 haben: »... denn dieses Vergängliche muss *Unvergänglichkeit* anziehen, und dieses Sterbliche muss Unsterblichkeit anziehen« (1 Kor 15,54; vgl. 15,50). So wird der aufmerksame Leser zuletzt noch einmal an Paulus selbst und seine Briefe erinnert, in deren Reihe unser Autor sein Schreiben eingereiht sehen will.

B. *Inhalt und Auslegung des Textes:* Zu beachten ist, dass es am Ende des Schreibens nicht heißt: »(Friede und) Gnade sei *mit euch*« (wie in 1 Kor 16,24), sondern: »Friede den *Brüdern (und Schwestern)* ...« und: »die Gnade (sei) mit *allen*, die unseren Herrn Jesus Christus lieben«[9]. Der Autor blickt also nicht nur auf die Adressaten in »seinen« Gemeinden zu Ephesus beziehungsweise Kleinasien, sondern hat »alle« vor Augen, die den Herrn lieben, das heißt: die ganze Kirche. So öffnet sich das Schreiben am Ende auf eine unübersehbar große Leserschaft hin und unterstreicht damit seinen Anspruch.

Zu einem vertieften Verständnis des Schlusssegens darf man

---

[8] Nach Ansicht der Forschung sind in diesem Briefschluss mehrere liturgische Elemente enthalten, was den eher aufreihenden Charakter dieser Verse erklärt. So folgt die Verfluchung V. 22a (»wenn jemand den Herrn nicht liebt ...«) scheinbar ohne jeden Zusammenhang den voranstehenden (hier nicht zitierten) Grüßen V. 19.20a.21 und der Aufforderung zum »heiligen Kuss« (V. 20b) (einer liturgischen Geste der Verbundenheit), dürfte aber wie jene und das nachfolgende Maranatha (= Unser *Herr*, komm!) geprägte Motive oder Formulierungen aus der Herrenmahlsfeier aufnehmen (vgl. etwa *C. Wolff*, Der erste Brief des Paulus an die Korinther, 2. Teil [ThHKNT VII/2], Berlin ³1990, 229). – Für die Erklärung von Eph 6,24b (»*die unseren Herrn Jesus Christus lieben*«) ist das insofern aufschlussreich, als wir diesen Zusammenhängen entnehmen können, dass der Autor hier möglicherweise gleichfalls an die Herrenmahlsfeier der Gemeinde erinnert, die der Rahmen für die feierliche Verlesung seines Schreibens gewesen sein könnte.

[9] Vgl. auch Ps 145,20a (LXX): »Alle, die ihn lieben, behütet der Herr« (φυλάσσει κύριος πάντας τοὺς ἀγαπῶντας αὐτόν).

an die »Theologie der Liebe« erinnern, wie unser Autor sie in der Mitte der zweiten Briefhälfte, in 5,1f., auf den Punkt gebracht hat. In 6,23f. greift er zwei Elemente aus ihr auf: »Liebe« ist zutiefst Gabe, die einem zunächst von Gott und Jesus Christus her widerfährt (23). Dann aber ruft sie zweitens zu einer Antwort, ja wird zur bestimmenden Wirklichkeit im glaubenden Menschen dadurch, dass er nun selbst »den Herrn Jesus liebt« (24). Diesem Kreislauf der Liebe in Wort und Antwort wird »Unvergänglichkeit« zugesprochen[10], ja, die Ewigkeit hinterlässt in ihm ihre Spur.

C. *Fragen und Bedeutung für heute*: Überblickt man die in Vers 23f. verwendeten Vokabeln, dann gewinnt man den Eindruck: Der Schlusssegen bietet gleichsam ein Inventar der theologischen Grundbegriffe oder Kernworte, aus denen die Sprache des Epheserbriefs von Anfang bis Ende schöpft. Leider sind es in unserer Sprache vielfach abgenutzte Münzen, ohne Glanz, die erneut zum Leuchten zu bringen wir erst wieder lernen müssen. Die Rückkehr zu den Schriften des Neuen Testaments, die die junge »Grammatik« der christlichen Sprache in aller Frische erproben, leistet uns dabei unschätzbare Hilfe.

---

[10] Dass der Epheserbriefautor diesen hellenistischen Begriff mit seiner spezifischen Heilsvorstellung gerade am Ende des Schreibens aufgreift, scheint kein Zufall zu sein. Für die hellenistische »Epoche des Denkens ist charakteristisch, dass mehr und mehr das Gegensatzpaar φθαρτόν-ἄφθαρτον [vergänglich–unvergänglich] nicht im natur- und seinskritischen Sinn, also nicht im ontologischen oder physikalischen, sondern im religiösen Sinn erfasst wird. Man sucht das Bleibende, das Haltgebende« (G. *Harder*, ThWNT IX, 97).

Epilog
Das Evangelium vom Frieden

1. Eine Kurzformel des Glaubens

»*Evangelium vom Reich Gottes*« (Mt 4,23; 9,35; 21,14): auf diese Formel bringt der erste Evangelist die jesuanische Botschaft; Lukas spricht vom »*Evangelium der Gnade Gottes*« (Apg 20,24) und Paulus definiert es so: »*Das Evangelium ist Gottes Kraft* zur Rettung für *jeden*, der glaubt, dem Juden zuerst und auch dem Griechen ...« (Röm 1,16f.). Griffig und attraktiv klingt die Parole unseres Autors: »*Evangelium vom Frieden*« (Eph 6,15), womit auch er dem verbreiteten Bedürfnis entgegenkommt, das Programm der Christen mit einer prägnanten Kurzformel zu umreißen. Diese zum Leitwort eines Epilogs zu machen, legt sich also nahe.

Evangelium – Frohbotschaft, gute Kunde, Heilsbotschaft! Derartiges gab es in der Antike zuhauf, und auch heute noch werden wir mit »guten Nachrichten« versorgt, die uns auf dem bescheidenen Niveau unserer Konsumgesellschaft allerlei Wege zum großen oder kleinen Glück versprechen. Einen besonderen Klang scheint in der Antike das griechische Wort »Evangelium« im Zusammenhang mit der politischen Ideologie des römischen Kaisertums besessen zu haben. Berühmt ist die 1899 veröffentlichte Kalenderinschrift von *Priene*, einer kleinasiatischen Stadt in der Nähe von Ephesus, aus dem Jahre 9 vor Christus, in der es zum Geburtstag des Kaisers Augustus (63 v. bis 14 n. Chr.) heißt: »Der Geburtstag des Gottes hat für die Welt die an ihn sich knüpfenden *Freudenbotschaften* heraufgeführt«[1]. Wenn hier

---

[1] Der ganze Text der Inschrift findet sich in Übersetzung bei *J. Leipold/ W. Grundmann* (Hg.), Umwelt des Urchristentums II, Berlin 1967, 105–107. Dazu wie insgesamt vgl. *H. Frankemölle*, Evangelium – Begriff und Gattung. Ein Forschungsbericht (SBB 15), Stuttgart 1988, 81.

von Freudenbotschaften in der Mehrzahl die Rede ist, dann dürfte der Geburtstag des Kaisers (am 23. September), den man fortan in den Städten Kleinasiens als Neujahrstag beging, nur deren Anfang bezeichnet haben. Die Thronbesteigung des Kaisers, seine militärischen und politischen Siege über seine Feinde und die Roms, kurz: alle seine Taten zur »Befriedung des Erdkreises« – immerhin waren der Alleinherrschaft des Augustus dunkle Jahrzehnte mit zahlreichen Bürgerkriegen voraufgegangen! – hatten Gelegenheit zu weiteren »Evangelien« – guten Nachrichten – gegeben.

Für unseren Autor war die Zeit des Augustus freilich längst vergangen, verblichen das goldene Zeitalter, das man damals hatte heraufziehen sehen. Für ihn stellte die Ideologie der *Pax Romana*, die immer wieder beschworen wurde[2], um die Herrschaft über die Völker des Reiches zu befestigen, gewiss keine Versuchung dar. Er dachte in anderen Zeiträumen und hatte auch ganz andere Ansprüche, wenn er vom »Frieden« sprach. »Freudenbotschaften« von so kurzer Haltbarkeitsdauer konnten es in vielerlei Hinsicht nicht mit der »Frohbotschaft« Christi aufnehmen, deren Anfänge ja doch schon auf die Heilige Schrift *Israels* zurückgehen, das Alte Testament, in dem Gottes »Verheißung« (2,12) niedergelegt ist.

Schon dort, im Buch des Propheten Jesaja, ist von einem »*Freudenboten*« die Rede, »der Frieden ankündigt, der eine frohe Botschaft bringt und Rettung verheißt, der zu Zion sagt: »*Dein Gott ist König*« (Jes 52,7). Hier eröffnen sich die wahren Perspektiven dessen, was »Evangelium« einzig sein kann: Heilsbotschaft, dass Gott seine Herrschaft über die Welt zum Wohle Zions errichten und durchsetzen wird, dass er dies in Christus getan hat, der nach unserem Autor der »Evangelist« oder »Freudenbote« schlechthin ist, den auch Jes 52,7 meinte: »Und gekommen, kündete er die Heilsbotschaft des Friedens ...« (Eph 2,17).

---

[2] Präsent war sie nach wie vor auch in den Zeugnissen der Bildpropaganda des Kaiserhauses, z. B. auf den Münzen oder in der »Ara Pacis« zu Rom, dem großen Altar zu Ehren der Göttin Pax, aber auch des Kaisers. Vgl. *P. Zanker*, Augustus und die Macht der Bilder, München 1987; Antikenmuseum Berlin (Hg.), Kaiser Augustus und die verlorene Republik, Mainz 1988.

Wie und wann die »Herrschaft Christi und Gottes« (5,5) über die zum Spielball widerstreitender »Mächte und Gewalten« gewordene Welt offenbar geworden ist, darauf gibt es nach unserem Schreiben nur eine Antwort: an Ostern, als nämlich der einzige und wahre Gott Christus »aus den Toten erweckt und zu seiner Rechten in den himmlischen Bereichen auf den (Königs-) Thron gesetzt hat: über alle Mächte und Gewalten« (2,20f.). Seitdem ist Christus *der* Repräsentant Gottes, lebendiges Symbol seiner Herrschaft, die nur *eine* sein kann. Mag die Welt zwischen den sie versklavenden »Mächten und Gewalten« hin und her gerissen werden, mag das römische Imperium den letztlich illusorischen Anspruch erheben, die Welt unter dem Regiment des Kaisers zu *einen* – in Christus, den Gott den Mächten des Todes entrissen hat, wurde der Welt tatsächlich ihr wahres »Haupt« (1,32) geschenkt, wird die Herrschaft Gottes über seine Schöpfung Wirklichkeit.

2. Israel – der bleibende Horizont der Kirche

»*Jetzt*« – sagt unser Autor (2,13) – ist das alles geschehen, und doch verwirklicht sich damit nur, was Gott seit *alters* Israel verheißen und was er auch immer wieder durch seine Propheten und Boten von neuem bekräftigt hat (2,12b[1]). Für uns heute hat das Neue in der Regel alle Trümpfe auf seiner Seite; wenn wir alt sagen, dann denken wir eher an veraltet als an bewährt. In der Antike war das anders[3]. Wer eine neue Weltanschauung auf dem Markt der Meinungen unterbringen wollte (vgl. Apg 17), von dem erwartete man, wie auch immer, einen Altersbeweis: Schon Homer oder Platon hatten so gesagt ...![4] Ähnlich verfährt unser Autor, wenn er

---

[3] Vgl. *P. Pilhofer*, Presbyteron Kreitton. Der Altersbeweis der jüdischen und christlichen Apologeten und seine Vorgeschichte (WUNT II/39), Tübingen 1990.

[4] Vgl. auch Apg 17,28. – Jüdische Theologen überboten solche Argumente, indem sie gegenüber griechischer Philosophie ihrerseits den Altersbeweis antraten, z. B. *Philo*, De aeternitate mundi 17.19: »Für den Vater dieser platonischen Lehre halten einige den Dichter Hesiod; denn sie glauben, er bezeichne die Welt als entstanden und unvergänglich ... Lange Zeit vor ihm aber sagte der jüdische Gesetzgeber Moses in den Heiligen Büchern, die Welt sei entstanden und unvergänglich ...«

seine Adressaten, ehemalige Heiden, in ihrem kirchlichen Selbstbewusstsein dadurch zu bestärken sucht, dass er ihnen zu bedenken gibt: Ihr seid keiner neuen Sekte, keinem religiösen Verein ohne geschichtlichen Hintergrund beigetreten, sondern der Kirche Gottes, die auf den Schultern Israels ruht! *Israel ist Gottes Vorentwurf der Kirche.* So versteht ihr euch auch nur dann recht, wenn ihr die Kirche im Horizont des altehrwürdigen Gottesvolks und seiner Heiligen Schrift begreift[5]. Denn das »Evangelium« ist alles andere als das Neueste vom Markt. Als Frohbotschaft vom Messias Jesus bietet es die Einlösung von Bürgschaften des Gottes Israels seit alters und beansprucht deshalb größte Glaubwürdigkeit. Als »Botschaft vom Heil« (1,13) geht es überdies alle an, und zwar unbedingt: Mit ihm steht das Ganze menschlichen Daseins auf dem Spiel!

3. Das »Mysterium des Evangeliums« (Eph 6,19)

Am Ende des Schreibens (in 6,19), fällt das Wort vom »*Mysterium (d. h. Geheimnis) des Evangeliums*«. Dieses Geheimnis trägt nach 3,4 einen Namen, Jesus Christus, von dem der Autor in 2,14 im Anschluss an den Propheten Micha (Mi 5,4) sagt, er *selbst* sei unser Friede. »Evangelium vom Frieden« (6,15) meint also das »Evangelium von Jesus Christus«, insofern dieser der Inbegriff unseres Friedens ist. Man kann sagen: Der Autor des Epheserbriefs hat ein Christus-Bild gezeichnet, das ganz und gar von der Friedensthe-

---

[5] Das ist auch der Grund, weshalb unser Autor im Unterschied zum Kolosserbrief, der nirgends ausdrücklich auf das Alte Testament rekurriert, des Öfteren mit Zitaten und Anspielungen auf die Bibel Israels arbeitet. Im Einzelnen ergibt sich folgendes Bild: a) Zwar begegnet nur einmal eine ausdrückliche Zitationsformel, nämlich in Eph 4,8 (Ps 68,19); dafür finden sich b) markierte Zitate ohne Zitationsformeln des Öfteren: Eph 1,22 (Ps 8,7); Eph 5,31 (= Gen 2,24); Eph 6,2f. (= Ex 20,12 bzw. Dtn 5,16); c) darüber hinaus bietet der Brief zahlreiche Anspielungen: vgl. 2,13.17 (Jes 57,19); 2,14 (Jes 9,5; Mi 5,4); 2,17 (Jes 52,7); 4,25 (Sach 8,16); 4,26 (Ps 4,5); 4,28 (Ex 20,15); 4,30 (Jes 63,10); 6,14.17 (Jes 59,17; Weish 5,18ff.) etc. – Zum Thema insgesamt vgl. *J. Schmid*, Epheserbrief a.a.O. (S. 17 Anm. 13) 313–331; *A.T. Lincoln*, The Use of the OT in Ephesians: JSNT 14 (1982) 16–57; *Gese*, Vermächtnis, a.a.O. (S. 15 Anm. 8) 101–105.

matik her geprägt ist. *Christus: Verkörperung und Botschafter des Friedens* – das ist sein Beitrag zur Christologie des Neuen Testaments. Wodurch zeichnet sich dieser Beitrag näherhin aus?
Friede – nicht Feindschaft; Eins-Sein (4,4–6) – nicht Zweiheit (2,14b.15b.16a); Versöhnung – nicht Hass! Das sind die Gegensatz-Paare, in denen das Thema sich entfaltet (2,14–18)! Dabei ist bemerkenswert, dass nach griechisch-hellenistischer Weltsicht der Eins als dem Unteilbaren gegenüber der Zwei und der Vielzahl besondere Würde eignet, ja dass Eins und Eins-Sein Kennzeichen des Göttlichen sind[6]: »Einheit« ist das »Ebenbild des einzigen vollkommenen Gottes«, die als solche »weder Vermehrung noch Verminderung« kennt, sagt Philo von Alexandrien[7], oder an anderer Stelle: »Die Einheit ist das Abbild der ersten Ursache (Gott), die Zweiheit das der leidenden und teilbaren Materie«[8]. Ähnlich – freilich von der Erfahrung der Geschichte, nicht einer philosophischen Seinslehre her – denkt unser Autor: »*Ein* Gott und Vater aller« (4,6) – Quelle allen Lebens! »*Ein* Herr« (4,5) – Christus, Urbild wahren Menschseins! »*Ein* Leib und *ein* Geist« (4,4) – Darstellung des neuen Menschseins in der Gemeinschaft der Kirche!
Auch für den Epheserbrief ist also Einheit, Eins-Sein Kennzeichen *göttlicher* Wirklichkeit, die sich nach ihm in Christus in dieser Welt geschichtlich geoffenbart hat. Dabei ist Christus für ihn das göttliche Urbild des Menschseins schlechthin, dem angeglichen zu werden Heil und Erlösung bedeutet. Deshalb spricht unser Autor auch davon, dass »Christus in euren Herzen wohnt« (3,17) oder ihr »den neuen Menschen anzieht, der Gott gemäß geschaffen ist ...« (4,24). Gemeint ist die Hineinnahme des Menschen in Christus (vgl. auch 2,4ff.). Mitzuhören ist bei alldem, dass dieses neue Menschsein *eines* ist (2,15b), es also in seinem Verständnis nicht von *Zweiheiten* überlagert und zugedeckt werden darf. Vielmehr muss es jetzt mit Paulus (Gal 3,28; vgl. Kol 3,11) heißen: »Es gilt nicht mehr Jude oder Grieche,

---

[6] Vgl. *P. Hadot*, Art. Eine (das), Einheit I 1.2: HWPh 2, 362–367.
[7] Quis rerum divinarum heres sit 187.
[8] De specialibus legibus III, 180.

Sklave oder Freier, Mann und Frau; denn alle seid ihr *einer* in Christus«.

Offenkundig hat diese frühchristliche Parole mit ihrem ersten Paar auch Eph 2,11–21, mit ihren beiden anderen die »Haustafel« Eph 5,21–33/6,5–9 beeinflusst. Allerdings liegt das Schwergewicht eindeutig auf der in Christus möglich gewordenen neuen Gemeinschaft von Juden und Heiden in dem *einen* Leib der Kirche, denn dies ist – wie wir gesehen haben – auch genau der Inhalt des »Geheimnisses«, wie es Paulus, dem Heidenapostel aus Israel, unter dessen »Patenschaft« unser Schreiben steht, bei seiner Berufung vor Damaskus zuteil geworden war (3,1–13). Für unseren Autor – wie schon für Paulus selbst – ist folglich die Öffnung des Evangeliums in die Heidenwelt hinein grundlegend für dessen Verständnis, die Einheit der Kirche aus Juden und Heiden eines seiner Wesensmerkmale.

Leitet sich dieses nach dem Gesagten von der Person des »*einen* Herrn« (4,5) Jesus Christus her, so bedarf aber noch die Frage, wie denn dieser als Verkörperung des Friedens die Einheit zwischen den Menschen, Juden und Heiden, erwirkt hat, einer Antwort. Diese erteilt 2,16: »Er (Christus) hat die beiden in einem (einzigen) Leib mit Gott versöhnt, nachdem er durch das Kreuz die Feindschaft in sich getötet hat«. Versöhnung untereinander ist nur auf der Basis vorgängigen Versöhntseins mit Gott möglich. Dieses hat Christus durch sein Leben und Sterben wie seinen österlichen Sieg den Menschen von Gott her vermittelt. Alles, was zwischen Gott und den Menschen steht – unermessliche Schuld und Feindschaft –, das sollte auf sich beruhen bleiben. Ausdruck dafür ist sein Kreuz – an sich Zeichen der Schmach und der Niederlage angesichts übermächtigen Hasses, in Wahrheit aber der Ort, an dem Christus die Feindschaft »in sich« *getötet*, den Hass überwunden und als von Gott Auferweckter dann hinter sich gebracht hat. Die Einheit der Menschen untereinander, ihre gegenseitige Versöhnung in dem *einen* Leib der Kirche, gründet demnach im Geschenk ihrer Versöhnung *mit Gott*, wie es Christus vermittelt hat.

4. Der »dreifaltige« Gott – bergende Heimat des Menschen

Immer wieder sind wir bei der Auslegung auf die durchgängige Gegenwart »trinitarischer« Strukturen im Text gestoßen: *Gott* – durch *Christus* – im Heiligen *Geist!*[9] Gerade gegenüber dem Kolosserbrief fällt auf, wie stark unser Autor den einzigen »Gott und Vater unseres Herrn Jesus Christus« (1,3) als den Grund allen Seins (3,9) und neuen Lebens in Christus stark macht[10]. Dabei verdeutlichen 1,5a; 2,4 und 5,1f., dass die Liebe erster Beweggrund seines Handelns ist. Solche »Theo-zentrik« darf als Ausdruck tiefer Verbundenheit unseres Schreibens mit jüdischem Glauben und Denken gelten.

Andererseits ist klar, dass allein »*durch Christus* der Zugang (der Menschen) zum Vater« eröffnet wird – wie es klassisch in 2,18 heißt. Wenn hier zudem gesagt wird, dass dieser Zugang sich »in dem *einen* (Juden und Heiden miteinander verbindenden) *Geist*« verwirklicht, dann ist zum Verständnis dieser Aussage daran zu erinnern, dass unser Autor den (göttlichen) Geist als das innere *Lebensprinzip* begreift, das den *Leib (der Kirche)* durchweht und durchwaltet (4,4: »*ein* Leib und *ein* Geist«). Dieser ist folglich der Geist des Frie-

---

[9] Vgl. 1,3; 1,13f.; 2,12; 2,18; 2,22;3,4f. (»Mysterium *Christi*« – [von Gott] »offenbart« – »im Geist«); 3,14.16.17; 4,4–6; 4,30.32d; 5,18 (ἐν πνεύματι). 19 (τῷ κυρίῳ). 20 (τῷ θεῷ καὶ πατρί). – Benutzt Kol den theologischen πνεῦμα-Begriff nur einmal, in Kol 1,8, und das Adjektiv πνευματικός nur zweimal, in Kol 1,9 und 3,16, so hat der Epheserbriefautor die Geist-Begrifflichkeit bei seiner Relecture des Kol von sich aus massiv in den Text eingebracht: πνεῦμα (1,13.17; 2,2.18.22; 3,5.16; 4,3f. 23.30; 5,18; 6,17f.), πνευματικός (1,3; 5,19; 6,12). So kann man bei ihm durchaus von einer »Pneumatologie« sprechen (*Mußner*, Eph 27: diese ist in der Forschung »bisher sträflich vernachlässigt worden«. »Die Diskussion um Raum und Zeit im Epheserbrief findet erst die richtige Antwort, wenn sie die Pneumatologie des Briefs berücksichtigt«), vorausgesetzt, man bindet diese in die zu beobachtende »trinitarische« Denkstruktur des Briefs ein. – Vgl. *J. Adai*, Der Heilige Geist als Gegenwart Gottes, in den einzelnen Christen, in der Kirche und in der Welt. Studien zur Pneumatologie des Epheserbriefs (Regensburger Studien zur Theologie Bd. 31), Regensburg 1985.

[10] Vgl. *R. Hoppe*, Theo-logie in den Deuteropaulinen (Kolosser- und Epheserbrief), in: H.-J. Klauck (Hg.), Monotheismus und Christologie. Zur Gottesfrage im hellenistischen Judentum und im Urchristentum (QD 138), Freiburg 1992, 163–185.

dens, der Versöhnung und der Liebe. Müssen wir also sagen: Nach dem Epheserbrief ist die *Kirche* der Raum, in dem Gottes Heilshandeln durch Christus an dem in ihr wirkenden, sie *einenden* Geist (4,3) erfahrbar wird?
Ja und Nein! Denn dem Denken des Briefs scheint eine Umkehrung der Aussage angemessener zu sein: Nicht Gott hat durch Christus mit seinem Geist in der *Kirche* Wohnung genommen, vielmehr hat er, der dreifaltige Gott, *bei sich* den Menschen Raum geschaffen, damit sie, dort beheimatet, jetzt schon angesichts des Todes aufatmen und leben dürfen! Das ist der Sinn der für uns so fremden Aussagen über die Kirche als ein *himmlisches* Gemeinwesen (3,10), zur Versetzung der Gläubigen bei ihrer Taufe in die *himmlischen Bereiche* (2,4–6) oder der Sicht der Kirche als »Leib *Christi*« (1,23). Mit anderen Worten: So sehr es zutrifft, dass die Kirche nach dem Epheserbrief eine irdisch greifbare Sozialgestalt besitzt (mit institutionellen Elementen: vgl. 4,11), so gewiss reicht sie als ein himmlisches Gemeinwesen über sich selbst hinaus, ja findet ihre Identität allein »in Christus«[11]. Man wird solchen Aussagen nur dann gerecht, wenn man in ihnen auch die *kritische Potenz* erkennt, die da zum Zug kommt, wo die Kirche sich auf Erden einrichtet und so vergessen macht, in welche Dimensionen ihr Wesen eigentlich hineinreicht, kurz: da, wo sie den ihr eingestifteten Geist des Friedens und der Versöhnung verrät.

5. Der Epheserbrief – ein ökumenisches Manifest

Wer wollte bezweifeln, dass dem Epheserbrief heute eine besondere Aktualität eignet? Unter den Briefen des Neuen

---

[11] Vgl. auch *Kampling*, Innewerden, a.a.O. (S. 17 Anm. 14) 123: »Das, was die Zuversicht des Eph prägt, ist zutiefst die Erfahrung, dass im Glauben eine neue Wirklichkeit eröffnet wird, die die je gegebene Realität so aufbricht, dass der Glaubende sich in der Nähe dessen weiß, der Grund und Ermöglichung dieses Glaubens ist. Dafür kann im Sinne des Eph auch heute noch das Wort vom Mysterium Geltung haben, da der Mensch im Glauben sein Sein in Gott entdeckt, das ihn über sich und seine statthabende Verfasstheit hinaus öffnet auf das andere. *Wenn man wissen will, was Freude am Glauben und gläubiger Existenz ist, gibt es kaum eine konzentriertere Antwort als die des Eph.*« (Hervor. von mir).

Testaments ist er es, der sich wie ein *ökumenisches Manifest* liest, und zwar in dreifacher Hinsicht.
Als Karl Barth im Herbst 1966 zu Besuch beim Vatikanischen Einheitssekretariat in Rom weilte, soll er laut Zeugen erklärt haben: »Die ökumenische Bewegung wird deutlich vom Geist des Herrn getrieben. Aber wir sollten nicht vergessen, dass es schließlich nur eine tatsächlich große ökumenische Frage gibt: unsere Beziehung zum Judentum.«[12]
Schon der Autor des Epheserbriefs hat alle diejenigen Wesensmerkmale der Kirche durchdacht, die in das spätere Große Glaubensbekenntnis der Kirche Eingang gefunden haben: »die eine, heilige, katholische (= allgemeine, weltumspannende) und apostolische Kirche«.
Aber bezeichnenderweise bestimmt er – und damit bezeugt er die biblische Wahrheit des Ausspruchs von Karl Barth – das Wesensmerkmal der Einheit vorrangig unter dem Gesichtspunkt der *einen* Kirche aus *Juden und Heiden*. Demgegenüber können wir heute angesichts der schlimmen Entzweiungsgeschichte von Christentum und Judentum über die Jahrhunderte hinweg nur beschämt verstummen. Wie es dazu kam, dass bereits sehr früh die Judenchristen an den Rand der Großkirche gedrängt wurden, bis sie schließlich ganz aus ihr verschwanden, braucht uns hier im Einzelnen nicht zu beschäftigen[13]. Es genügt das Ergebnis, dass die Kirche sich schon bald ausschließlich heidenchristlich definierte und das jüdische Element sein Heimatrecht in ihr verlor. Das ist heute nicht wesentlich anders, sieht man einmal von relativ unbedeutenden judenchristlichen Gruppierungen in Israel und anderswo ab. Wir sind nicht mehr die Kirche aus Juden und Heiden, wie sie der Epheserbrief kannte, können die Geschichte mit ihren furchtbaren Folgen aber auch nicht mehr rückgängig machen. Nur das ehrliche und rückhaltlose Eingeständnis, dass wir als *Kirche* im Verhältnis zum Judentum bis an die Wurzel gehend (vgl. Röm 11,16ff.) versagt haben, hilft weiter. Dann vermag uns aber auch der

---

[12] Vgl. bei *F. Mußner*, Was haben die Juden mit der christlichen Ökumene zu tun?, in: ders., Jesus von Nazareth im Umfeld Israels und der Urkirche. Gesammelte Aufsätze, hg. von M. Theobald (WUNT 111), Tübingen 1999, 286–296: 286 mit Anm. 1.

[13] Vgl. oben S. 95 Anm. 125.

Epheserbrief zu einem neuen Denken über das Judentum und Israel anzuleiten, wenn wir mit seiner Einsicht Ernst machen, dass die Kirche, will sie sich selbst verstehen, *bleibend* auf Israel als ihren geistlichen Horizont angewiesen ist. Was die späteren Probleme der *innerchristlichen* Ökumene betrifft, so sind sie – eine Banalität – unserem Autor natürlich noch unbekannt. Ob er sich die zerklüftete Landschaft der heutigen Christenheit mit ihrer Vielzahl sehr unterschiedlicher, nebeneinander her lebender Kirchen überhaupt hätte vorstellen können? Auch das Neben- und Miteinander von Juden- und Heidenchristen seiner Zeit, das man nicht einfach mit den Verhältnissen späterer christlicher Konfessionen vergleichen darf, hätte ihm höchstens von ferne Anschauungsmaterial für die Zerreißproben und tiefen Spaltungen geliefert, denen die Kirche in ihrer Geschichte bis zur Gegenwart ausgesetzt ist. Dennoch zwingt sein Schreiben zu allen Zeiten, über die *Einheit* als Wesensmerkmal der Kirche nachzudenken und (heute zumal) die Zielvorstellungen der Ökumene abzustecken.

Dabei wehrt es sich gegen zwei verbreitete gegenläufige Tendenzen: Zum einen schließt es die Annahme aus, man könne sich mit einem lockeren *Bund* von selbständigen Kirchen als Ausdruck der Einheit begnügen, weil ja Kirche sich *ausschließlich* in den Kirchen vor Ort und von eigenständigem konfessionellem Gepräge verwirkliche[14]. Denn das ist doch gerade der in seiner Begrifflichkeit sich niederschlagende Erkenntnisgewinn unseres Autors über Paulus hinaus, dass er grundsätzlich von der »Kirche« als einer übergreifenden, weltumspannenden Wirklichkeit spricht und nicht mehr,

---

[14] In diesem Sinne *Cullmann*, Einheit, a.a.O. (S. 119 Anm. 9). Freilich konzidiert Cullmann: »Daher sollte die geplante Gemeinschaft, obwohl sie keine Kirche ist, eine, wenn auch gelockerte, Art Superstruktur erhalten, die die Strukturen der in ihr vereinten Kirchen respektiert: Einheit in der Vielfalt auch hier« (ebd. 76). Diese sollte »deutlich zum Ausdruck bringen, dass in jeder der in der geplanten Gemeinschaft zusammengeschlossenen Einzelkirchen, gerade auch *mit* und *in* ihren Einzelstrukturen, *die eine Kirche als Leib Christi* vorhanden ist. Auch die gemeinsame Superstruktur soll, obwohl sie auf keinen Fall in den Bereich eines göttlichen Rechts gehört, doch eine theologische Grundlage haben« (ebd. 78). Vgl. auch oben S. 20 Anm. 20f.!

wie noch der Apostel, von Kirchen in der Mehrzahl – denen zu Korinth oder Thessalonich. Andererseits verbietet es sein Schreiben – und auch das muss mit gleichem Nachdruck betont werden –, Kirche monolithisch, als starren Block, sich vorzustellen und Einheit mit Einförmigkeit und Eintönigkeit zu verwechseln[15]. Nicht die Institution begründet und garantiert die Einheit der Kirche, sondern der lebendige Christus in ihr, weshalb auch »das *eine* Glaubensbekenntnis« (4,5) Maß und Ausdruck ihrer Einheit ist. Entscheidend für den Fortgang der Ökumene wird deshalb die Klärung der Frage sein, wie das Verhältnis der in ihrer geschichtlich gewordenen Gestalt nicht einfach zu negierenden einzelnen Kirchen zur »Una sancta« – der einen, heiligen, katholischen (= allgemeinen) und apostolischen Gesamtkirche – zu denken ist. Dabei sei angemerkt, dass dies – freilich bezogen auf das Verhältnis von Gesamtkirche und Ortskirchen – das vom Zweiten Vatikanischen Konzil auch der römisch-katholischen Kirche *für sie selbst* aufgegebene Thema ist[16]: Nur in dem Maße es ihr gelingt, dieses Verhältnis in Richtung auf eine größere geistliche und strukturelle Autonomie ihrer Ortskirchen hin zu verändern[17], wird sie immer mehr und dann auch in hinreichen-

---

[15] Dazu vgl. die Ausführungen oben zu Eph 4,1–6.

[16] Dazu *W. Kasper*, Zur Theologie und Praxis des bischöflichen Amtes, in: W. Schreer/G. Steins (Hg.), Auf neue Art Kirche sein (FS Bischof Dr. J. Homeyer), München 1999, 32–48, 43: »Als Partikular- bzw. Lokalkirchen (die Terminologie ist in den Konzilstexten nicht einheitlich) sind die einzelnen Diözesen nicht bloße Verwaltungsdistrikte der Universalkirche. Sie bilden eine Teilkirche, ›in der die eine, heilige, katholische und apostolische Kirche wahrhaft wirkt und gegenwärtig ist‹ (CD 11). Sie sind ›ad imaginem Ecclesiae universalis‹ gestaltet, ›in quibus et ex quibus una et unica Ecclesia catholica existet‹ (LG 23). Selbst in den Ortsgemeinden (*congregationes locales*) ist die Kirche Christi wahrhaft anwesend. Die eine katholische Kirche ist also weder die nachträgliche Summe bzw. Konföderation der Teilkirchen (›ex quibus‹), noch ist sie eine Superkirche, deren Teilkirchen lediglich Provinzen der Universalkirche wären. Die Teilkirchen sind in Wahrheit Kirche Jesu Christi ...«. Vgl. auch *Theobald*, Römerbrief, Bd. 2, a.a.O. (S. 119 Anm. 9) 46–63.

[17] Allerdings erkennt Bischof Kasper, a.a.O., im Schreiben der Glaubenskongregation »an die Bischöfe der katholischen Kirche über einige Aspekte der Kirche als Communio« (1992) eine »Weiterentwicklung« der konziliaren Verhältnisbestimmung von Universal- und Partikular- bzw. Ortskirche, »die praktisch mehr oder weniger eine Umkehrung

dem Maße ökumenefähig, ja bietet sie so selbst ein lebendiges Modell kirchlicher Gemeinschaft, das Vorbild-Charakter für die erstrebte »Una Sancta« haben könnte.

»Ökumene« – dieses griechische Wort bedeutet ursprünglich: *Erdkreis, bewohnte Erde, Menschheit*, womit wir beim dritten und letzten Aspekt der Botschaft unseres Schreibens wären. Gott hatte beschlossen, in Christus – dem österlichen Herrn dieser Erde – »das All zusammenzufassen«, es in ihm »unter ein Haupt zu fassen« (Heinrich Schlier), wie es in 1,10 programmatisch heißt. Wir haben gesehen, dass dies auch eine Kritik enthält an allen Versuchen des Menschen, sich selbst zum Herrn über den Erdkreis zu erheben. Das verraten die gegen die Friedensideologie des römischen Imperiums gerichteten feinen Zwischentöne des Schreibens. Laut sind sie nicht, denn nicht die Polemik und auch nicht die Absicht, sich in die Belange der Gesellschaft unmittelbar einzumischen, führen dem Autor die Feder. Vielmehr beseelt ihn der Wunsch, seinen Gemeinden zu verdeutlichen, welches Angebot an die Welt in ihrem Lebens – und Gemeinschaftsentwurf im Namen Christi steckt: »Die Einheit des Geistes im Band des Friedens zu bewahren«, »sich einander in Liebe gelten zu lassen« (4,2f.) – wird dies gelebt, dann mag die Welt am Projekt Kirche ablesen, dass und wie Friede, Einheit und Versöhnung unter Menschen unterschiedlicher Kultur, Herkunft und sozialer Stellung möglich sind. *Kirche in einer zusammenwachsenden Welt*: Das ist das attraktive Bild einer weltweiten Gemeinschaft, die im Geist paulinischer Überlieferung bezeugt: Hier gilt nicht mehr Jude oder Heide, Mann oder Frau, Europäer oder Afrikaner, Weiße oder Schwarze, Reiche oder Arme ..., in Christus habt ihr alle dieselbe Würde und zugleich eine tiefe Verantwortung *füreinander*. Solche ökumenische Weite des *Evangeliums vom Frieden* schärft der Epheserbrief der Kirche heute ein. Ob unser Schreiben die Chance besitzt, gehört und ernst genommen zu werden? Wir möchten es ihm wünschen.

bedeutet« (S. 43). Ebd. 44 spricht er sogar von einer »Verabschiedung« der Communio-Ekklesiologie bzw. dem »Versuch einer theologischen Restauration des römischen Zentralismus«. »Dieser Prozess scheint in der Tat im Gange zu sein. Das Verhältnis von Orts- und Universalkirche ist aus der Balance geraten«.

Renate Pillinger

Wandmalereien und Graffiti als neue Zeugnisse der Paulusverehrung in Ephesus[1]

Am Nordabhang des Bülbüldağ von Ephesus[2] liegt in ca. 80 m Seehöhe ein aus einer großen und einer kleinen, nur grob bearbeiteten natürlichen Höhle bestehender Komplex mit rechteckigem Vorbau (Abb. 1). Wie man ursprünglich zu dem am Rand der Hangbebauung errichteten Heiligtum gelangte, ist noch ungeklärt.
Die große Höhle (Abb. 2) besteht aus einem ca. 15 m langen, 2,10 m breiten und 2,30 m hohen Gang, der sich in den Fels hineinzieht und sich am Ende raumartig auf ca. 2,70 m verbreitert. Die Wände sind alle bearbeitet und tragen mehrere Putzschichten mit Malerei, welche durch weiße Tünche überstrichen wurde. Außerdem gibt es eine große Anzahl verschiedenster Inschriften. Die Ostwand weist zwei Arkosolnischen (vielleicht zum Abstellen für liturgisches Gerät) und drei Wandvertiefungen (für Beleuchtungskörper) auf.

Die Wiederentdeckung der Höhle und ihrer Wandmalereien

Erstmals genannt ist die bis 1922 als Höhlenkirche benützte Anlage 1906 bei O. BENNDORF[3], und zwar als Verehrungsstätte der »*Kryphe Panagia*« (κρυφὴ Παναγία), das heißt der »verborgenen All-Heiligen (= Gottesmutter)«. Dann geriet sie in Vergessenheit bis 1955, also bis zur Wiederentdeckung durch W. MODRIAN und der Abschrift einiger

---

[1] Details und Farbaufnahmen zu den vorläufigen Ergebnissen finden sich in : R. *Pillinger*, Neue Entdeckungen in der sogenannten Paulusgrotte von Ephesos: MiChA 6 (2000) – im Druck; in italienischer Sprache in: VIII Simposio su S. Giovanni Apostolo – ebenfalls im Druck.
[2] Über die genaue Ortslage informiert R. *Pillinger*, Ephesos. Select Jewish, Christian, Muslim Monuments, Wien 1998 (= Stadtplan mit Farbbildern und Kurzkommentaren zu den christlichen Denkmälern).
[3] FiE 1 (1906) 105 (Anm. 4 der S. 104).

Abb. 1: Ansicht der Höhle(n) von außen nach neuerlicher Reinigung.　　　　　　　　　　　　　　(Alle Photos: R. Pillinger)

Abb. 2: Blick in die große Höhle.

Abb. 3: Graffito an der Westseite des Höhlenganges.

Abb. 4: Nordende der Westwand des Höhlenganges.

Abb. 5: Nordende der Westwand des Höhlenganges.

Inschriften durch FR. GSCHNITZER[4]. Diese finden sich zu hunderten auf mindestens drei Putzschichten, und zwar meist als Bleistift- oder Kreidekritzeleien sowie in den Putz geritzt (als Graffiti). Sonderbarerweise sind sie wahrscheinlich zum größten Teil auf dem noch frischen Mörtel angebracht worden. Fast durchweg handelt es sich um Akklamationen oder kurze Gebete wie »Paulus, hilf deinem Diener Nik ...« (Abb. 3) und »Paulus, gib deinem Diener Sophronios rechten Verstand und ...«. Die angeführten Namen, Anastasios, Aphro(di)sios, Eusebios, Juliane, Leontia, Maternos, Paulos, Sophronios und Timotheos, sind durchweg griechische Namen, das heißt, ihre Träger waren wohl keine Auswärtigen, also Pilger im eigentlichen Sinne, sondern – übrigens wie in den Marmorgraffiti der Johanneskirche[5] – Ephesier, die das Heiligtum besucht haben.

Die damals gleichzeitig und erstmals von F. MILTNER durchgeführten Ausgrabungen[6] lieferten bloß einen sehr schematischen Grundriss der Anlage und führten – wohl wegen der Anrufungen im Inneren der großen Höhle – zu ihrer Bezeichnung als Paulusgrotte. Erstaunlicherweise forschte aber auch F. MILTNER nicht weiter nach. Der nächste, der sich mit der Lokalität beschäftigte, war, nach dem Basler Domherrn und Leiter der Stiftung Pro Epheso G. SCHWIND[7], im Sommer 1963 L. HOPFGARTNER, der den Vorbau ins 5. bzw. 4. Jh. datierte. Interessant ist in diesem Zusammenhang auch die neuerdings verwendete Bezeichnung des Ortes als »Kryphi Panaya«, die laut J. NIESSEN[8] auf einer Lokaltradition der Nachfolger der ephesischen Christen im nahe gelegenen Dorf Kirkince (heute Şirince) beruht.

1995 machte sich die Verfasserin erneut auf die Suche nach der Höhle, die sie, da von Gestrüpp völlig überwachsen, dann 1996 abermals freilegte. 1997 erfolgten eine neuerliche Bauaufnahme, eine genaue Lokalisierung im Stadtplan sowie das Abzeichnen aller Inschriften auf Plastikfolie.

---

[4] Näheres im Skizzenbuch 1955, Nr. 2605–2621.
[5] Anders *J. Keil*: FiE 4/3 (1951) 278ff. Nr. 10ff. = IvE 7/2 (1981) 4310ff.
[6] *F. Miltner*, 21. vorläufiger Bericht über die Ausgrabungen in Ephesos: JÖAI 43 (1956–1958) Beibl. 54-58.
[7] Der Ephesische Johannes und die Artemis Ephesia, Basel 1965, 19f.
[8] Panagia Kapuli, Dülmen i. W. 1906, 370.

1998 wurde die *Tünche* im Höhlengang teilweise entfernt und damit eine derzeit einzigartige *Wandmalerei* freigelegt – zunächst an der Nordseite der raumartigen Erweiterung am Ende der großen Höhle. Dabei kamen *drei* schon auf Grund der Vorritzung für die Nimben (= Lichtscheiben) vermutete *Köpfe* zutage. Fest steht derzeit bloß, dass es sich dabei um die letzte (jüngste) Malschicht der ehemaligen Höhlenkirche handelt. Der in der Mitte in einer von Cherubimflügeln (?) getragenen Aureole abgebildete bartlose (!) jugendliche Mann mit Kreuznimbus in weißem Gewand und mit erhobener Rechter stellt wohl den verklärten *Christus* dar. Zu seinen beiden Seiten erkennt man möglicherweise *Moses* und *Elias*. Die hier nach Art einer Theophanie dargestellte Szene der Verklärung Jesu (Metamorphosis) gleicht übrigens dem Apsismosaik der Kirche Hosios David in Thessaloniki aus dem Ende des 5. Jahrhunderts.

Darunter liegt eine *mittlere Malschicht*. An der Ostwand, gleich links hinter dem Eingang zeigt sie die obere Körperhälfte einer sitzenden männlichen Figur in weißem Himation (Obergewand) und mit vorgestreckter Rechter, die ein Schwert hält.

An der gegenüber liegenden Westwand wurde am Nordende (unmittelbar hinter dem Eingang und einer naturbelassenen Höhle) ein ganzer Bilderzyklus freigelegt, der von rechts nach links zu lesen ist. Zunächst sieht man hier (Abb. 4) rechts den Oberteil einer weiblichen Figur in dunkelrotem Maphorion (Schleier) und mit erhobener Rechter sowie mit einer dunkelgraublauen schön gemalten Beischrift ΘΕΟΚΛΙ[. links des Kopfes. Sie wendet sich einer sitzenden Figur zu ihrer Rechten zu (Abb. 5), die durch die Beischrift ΠΑΥ/ΛΟС (»Paulus«) links von dem für ihn typischen Porträtkopf[9] eindeutig identifiziert ist. Er hat ebenfalls seine Rechte erhoben, hat ein aufgeschlagenes Buch auf seinem linken Oberschenkel und wendet sich einem sehr aufwendig gestalteten Häuschen mit Baum zu, in dessen schwarzer Öffnung (Fenster?) der Kopf einer weiteren Frauengestalt in dunkelrotem Maphorion (Schleier) zu sehen ist. An ihrer rechten Seite befinden sich die (auf unse-

---

[9] Siehe den Schluss dieses Beitrags mit Anm. 37!

rer Abbildung schwer erkennbaren) Buchstaben ΘΕ, die auf Grund des Vorangegangenen leicht zum Namen ΘΕ[ΚΛΑ (»Thekla«) ergänzt werden können, ebenso wie die Beischrift der ersten Figur zu ΘΕΟΚΛΙ[Α für »Theoklia«, den Namen der Mutter Theklas. Damit haben wir ohne Zweifel einen kleinen narrativen Bilderzyklus zu »Paulus und Thekla« vor uns.

Was erzählt der Bilderzyklus der Höhle?

Nach Vergleich der entsprechenden Textstellen jüngerer Bearbeitungen der Legende wie z. B. der von Basilius v. Seleukia verfassten Vita[10] mit den »Akten des Paulus und der Thekla« (Πράξεις Παύλου καὶ Θέκλης) scheinen Letztere unseren Bildern näher zu stehen, was heißt, dass sie vermutlich auf eine apokryphe Tradition zurückgehen. Die Acta Theclae waren nämlich ursprünglich ein Teil der Paulusakten, der sich nach der offiziellen Ablehnung dieser durch die Kirche dann allmählich verselbständigt hat. Zunächst – einem Tertullianzitat[11] zufolge – wohl um 180 n. Chr. in griechischer Sprache[12] verfasst, wahrscheinlich von einem Pres-

---

[10] De Vita ac Miraculis B. Theclae Virginis et Martyris Libri duo: PG 85 (1864), 477–618; diese Schrift liegt übrigens in einer ausgezeichneten Edition vor: G. *Dagron*, Vie et miracles de Sainte Thècle. Texte Grec, traduction et commentaire (SHG 62), Bruxelles 1978; er weist sie einem Anonymus des 5. Jh.s zu.

[11] Siehe unsere Anm. 13.

[12] Näheres BHG Nr. 1710. Die einzige verlässliche, allerdings längst verbesserungsbedürftige Textedition dazu ist bis heute die von *R.A. Lipsius* – *M. Bonnet*, Acta Apostolorum Apocrypha, Bd. I 1, Leipzig 1891 (Nachdruck: Darmstadt 1959), XCIV–CVI und 235-272; *C. Schmidt*, Πράξεις Παύλου. Acta Pauli. Nach dem Papyrus der Hamburger Staats- und Universitäts-Bibliothek (Veröffentlichungen aus der Hamburger Staats- und Universitätsbibliothek 2), Hamburg 1936 (mit Übersetzung). Weitere Übersetzungen findet sich bei *C. Holzhey*, Die Thekla-Akten. Ihre Verbreitung und Beurteilung in der Kirche (VKHSM 2.R. Nr. 7), München 1905, 3–19; *E. Hennecke* – *W. Schneemelcher*, Neutestamentliche Apokryphen, Bd. 2, Tübingen ⁵1989, 193–243; *A. Jensen* (Anm. 32f.) und *E. Sitarz* u.a. (Hg.), Die Taten der Thekla. Geschichte einer Jüngerin des Apostels Paulus, Ostfildern 1996; *K. Berger*, Das Neue Testament und frühchristliche Schriften, Frankfurt 1999, 1198–1211. Außerdem vgl. *R.A. Lipsius*, Die apokryphen Apostelge-

byter in Asien »aus Liebe zu Paulus«[13], entwickelten sie sich als romanhafte kirchliche Tendenzschrift für die ἐγκράτεια (Enthaltsamkeit), die – wahrscheinlich im 6. Jh. – auch eine syrische[14], eine koptische[15] und schließlich eine lateinische Übersetzung[16] erfuhr. Später folgten eine armenische[17], eine altslawische[18], eine äthiopische[19] und eine arabische Version[20]. Das belegt die enorme Verbreitung und Beliebtheit dieser Schrift.

Für Ephesus kommt nur der griechische Text in Frage, der ohnehin der ursprüngliche zu sein scheint. Dort liest man in § 7–9:

7 Und während Paulus so sprach in der Gemeinde im Hause des Onesiphorus, saß eine Jungfrau (namens) Thekla – ihre Mutter war

---

schichten und Apostellegenden, Bd. 1, Braunschweig 1883-1890 (Nachdruck: Amsterdam o.J.), 242f. und 424–467; *C. Schlau*, Die Acten des Paulus und der Thecla und die ältere Thecla-Legende, Leipzig 1877.

[13] So *Tertullian* um 200 n. Chr. in seiner Schrift »Über die Taufe«, die auch den *terminus ante quem* für die Thekla-Akten liefert. Der ganze Absatz lautet: »Wenn nun die Frauen, die die gefälschten Paulus-Akten zitieren, um am Beispiel der Thekla die Erlaubnis zu verteidigen, dass Frauen lehren und taufen dürfen, so sollen sie wissen: Der Presbyter in der Provinz Asia, der diese Schrift verfasst hat, als könne er dem Ansehen des Paulus etwas von dem seinigen hinzufügen, ist von seinem Amt zurückgetreten, nachdem er überführt war und gestanden hatte, die Fälschung *aus Liebe zu Paulus* begangen zu haben« (confessum id se *amore Pauli* fecisse) (Bapt. 17). Siehe auch *A. Hilhorst*, Tertullian on the Acts of Paul, in: J. N. Bremmer (Hg.), The Apocryphal Acts of Paul and Thecla, Kampen 1996, 150–163, und *W. Rordorf*, Tertullien et les Actes de Paul (a propos de bapt. 17,5), in: Hommages à R. Braun. Autour de Tertullien, Bd. 2, Nice 1990, 151–160.

[14] Vgl. *W. Wright*, Apocryphal Acts of the Apostles, London 1871, Bd. 1, XIIf. und Bd. 2, 116-145.

[15] Näheres bei *C. Schmidt*, Acta Pauli aus der Heidelberger koptischen Papyrushandschrift, Bd. 1, Leipzig 1904; *ders.*, Acta Pauli. Übersetzung, Untersuchungen und koptischer Text, Leipzig ²1905.

[16] Zu ihr siehe *O. von Gebhardt*, Die lateinischen Übersetzungen der Acta Pauli et Theclae, Leipzig 1902.

[17] *F.C. Conybeare*, The Apology and Acts of Apollonius and Other Monuments of Early Christianity, London 1894, 49–88.

[18] *F. Vyncke – J. Scharpé – J. Goubert*, Mučenye svetyje Thekli (Passio S. Theclae). Editio princeps e Cod. Gand. 408. Centrale Bibliotheek van de Rijksuniversiteit te Gent: Mededeling 10 (1967) 45–89.

[19] Bei *E.J. Goodspeed*, The Book of Thekla: AJSL 17 (1901) 65f.

[20] Nach *J.S. Assemani*, Bibliotheca orientalis Clementino-Vaticana 3/1, Roma 1725, 286 Bibl. Vat. cod. Beroeen 6,1, 586.

Theoklia –, die mit einem Mann (namens) Thamyris verlobt war, an einem dem Haus benachbarten Fenster und hörte Tag und Nacht das Wort vom jungfräulichen Leben, wie es von Paulus verkündet wurde. Und sie neigte sich nicht vom Fenster fort, sondern drängte sich im Glauben in unaussprechlicher Freude herzu. Da sie aber auch noch viele Frauen und Jungfrauen zu Paulus hineingehen sah, hatte sie das Verlangen, auch sie möchte gewürdigt werden, vor dem Angesicht des Paulus zu stehen und das Wort Christi zu hören. Denn sie hatte Paulus von Angesicht noch nicht gesehen, sondern hörte nur sein Wort.

8 Da sie aber nicht vom Fenster wich, schickte ihre Mutter zu Thamyris. Der aber kam höchst erfreut, als sollte er sie schon zur Hochzeit nehmen. Thamyris sprach nun zu Theoklia: »Wo ist meine Thekla, dass ich sie sehe?« Und Theoklia antwortete: »Eine neue Geschichte habe ich dir zu berichten, Thamyris! Drei Tage und drei Nächte nämlich ist Thekla nicht vom Fenster aufgestanden, weder zum Essen noch zum Trinken, sondern als ob sie sich einer großen Freude zugewandt hat, so hängt sie an einem fremden Mann, der trügerische und schillernde Worte lehrt, so dass ich mich wundere, wie eine Jungfrau [, die von so großer Schüchternheit ist?] wie sie, sich so peinlich belästigen lässt.

9 Thamyris, dieser Mensch bringt die Stadt der Ikonier in Aufruhr und deine Thekla noch dazu. Denn alle Frauen und jungen Leute gehen zu ihm hinein und lassen sich von ihm belehren. ›Man muss‹, sagt er, ›einen einzigen Gott allein fürchten und enthaltsam leben‹. Es wird aber auch noch meine Tochter, die wie eine Spinne am Fenster klebt, durch seine Worte (bewegt und) von einer nie gekannten Begierde und unheimlichen Leidenschaft ergriffen. Ist doch das Mädchen ganz auf seine Rede ausgerichtet und lässt sich davon gefangen nehmen. Aber gehe du zu ihr und sprich mit ihr; denn dir ist sie ja verlobt!«[21]

Dieses Geschehen gibt unsere Bildfolge in Ausschnitten wieder: rechts die empörte Mutter Theoklia, daneben den lehrenden Paulus mit der lauschenden Thekla in ihrem Haus.

Vergleichen wir kurz andere Bilder zu diesem Thema[22], so finden wir auch dort die Lehrszene des Paulus mit Thekla –

---

[21] Übersetzung *W. Schneemelcher*, in: *Hennecke – Schneemelcher*, Apokryphen, a.a.O. (Anm. 12) 217f.
[22] Bei *J. Leibbrand*, s.v. Thekla: LCI 8 (1976) 432–436; *Cl. Nauerth – R. Warns*, Thekla. Ihre Bilder in der frühchristlichen Kunst (GOF.K 3), Wiesbaden 1981; *Cl. Nauerth*, Nachlese von Thekla-Darstellungen

etwa auf einem Deckenfresko der sogenannten Friedenskapelle von El-Bagawat in Oberägypten oder auf einem Elfenbeintäfelchen aus den Jahren 420–430, das sich heute im British Museum[23] befindet und eine sehr gute Parallele zu unserem Bild darstellt. Allerdings scheinen beim Fresko von Ephesus mehrere verschiedene Details der Geschichte verschmolzen zu sein. So erinnert das dargestellte Haus an die sonst für das Lazarusgrab übliche Ikonographie, was Absicht sein könnte, um damit auf das in den »Akten« erwähnte Wohngrab des Onesiphoros zu verweisen, in dem dann später Paulus für Thekla gebetet hat (Act. Pl. et Thecl. 23-25). Dazu würde das auch beim Lazarusgrab vorhandene Schwarz hinter dem Kopf der Thekla in der Öffnung des Hauses passen. Möglicherweise ist aber mit dem doch sehr monumentalen Häuschen auf ein Heiligtum Theklas Bezug genommen, wie z. B. in der Exodus-Kapelle von El-Bagawat[24], auf deren Darstellung sieben Jungfrauen (ΠΑΡΘΕ- ΝΟΙ) mit Kerzen in ihren Händen wie in einer Prozession über Stufen zu einer tempelartigen *aedicula* hinaufziehen. Sie kommen von der ebenfalls rechts dargestellten Wohnhöhle, über der übrigens wie auf unserem Bild ein Baum wächst. Das entspricht Act. Pl. et Thecl. 23, wo es heißt: »Paulus befand sich mit Onesiphoros und dessen Frau und Kindern fastend *in einem geöffneten Grab* am Weg von Ikonion nach Daphne«[25].
Damit ist aber die Legende in sich widersprüchlich, denn sie spielt in Ikonion, während Onesiphoros laut 2 Tim 1,18 in

---

(GOF.K 6), Wiesbaden 1982, 14–18; *R. Warns*, Weitere Darstellungen der heiligen Thekla (Studien zur frühchristlichen Kunst 2), Wiesbaden 1986, 75–137; *E. Schurr*, Die Ikonographie der Heiligen: eine Entwicklungsgeschichte ihrer Attribute von den Anfängen bis zum achten Jahrhundert (Christliche Archäologie 5), Erlangen 1997, 205–220. – Außerdem vgl. *U. Fabricius*, Die Legende im Bild des ersten Jahrtausends der Kirche. Der Einfluß der Apokryphen und Pseudepigraphen auf die altchristliche und byzantinische Kunst, Kassel 1956.

[23] Genauer besprochen bei *Nauerth – Warns* (Anm. 22), bes. 1–4.
[24] Näheres bei *M.L. Thérel*, La composition et le symbolisme de l'iconographie du mausolée de l'exode à El-Bagawat: RivAC 55 (1969) bes. 259 bis 270, und *Nauerth – Warns* (Anm. 22) 12–21.
[25] Text nach *Lipsius – Bonnet* (Anm. 12) 251. Zur Lokalisierung von Daphne vgl. ebd. 456f.

Ephesus war[26]. Dieser unhistorische Ortswechsel ist aber typisch für eine apokryphe Schrift, die damit auch in Konkurrenz zur Apostelgeschichte tritt, deren Schweigen über die hier erwähnten Taten bereits Hieronymus[27] erstaunte. Offensichtlich konnten in Ephesus beide Überlieferungen mit- und nebeneinander existieren.
Zeit der Handlung der Legende ist die erste Missionsreise des Paulus (Ikonion: Apg 13, 51; 14,1–7), die gewöhnlich auf die Jahre vor dem »Apostelkonzil« (48/49 n. Chr.) datiert wird[28].

Warum wurde der Bilderzyklus angebracht?

Der Beweggrund für das Anbringen des Theklazyklus in der Höhle der Metropolis Asiae muss bis zu ihrer völligen Freilegung noch offen bleiben. War diese ein Versteck[29] oder gar das Gefängnis des Apostels? Vielleicht war es ähnlich wie beim Verfasser der Thekla-Akten bloß die Verehrung des Paulus, die zu den Wandmalereien geführt hat. Dann gälte es allerdings nachzuforschen, weshalb der Apostel in Ephesus gerade im Rahmen dieser hagiographischen Legende präsentiert wird[30].
Obwohl Thekla wahrscheinlich zwar ein Typos, letztlich aber eine fiktive literarische Figur ist, die niemals gelebt hat, muss man doch fragen, ob die Höhle in Ephesus nicht eine

---

[26] Der ganze Absatz des 2. Timotheusbriefs lautet:»Erbarmen möge der Herr dem Haus des Onesiphoros schenken, weil er mich oft erquickt und sich meiner Ketten nicht geschämt hat, sondern als er nach Rom kam, mich eifrig suchte und auch fand. Der Herr gewähre ihm, Erbarmen beim Herrn an jenem Tag zu finden; und *was er in Ephesus an Diensten leistete,* weißt du nur zu gut« (2Tim 1,16–18).
[27] Vir. ill. 7 (PL 23, 619).
[28] Vgl. *J. Becker*, Paulus, a.a.O. (S. 15 Anm. 9) 32.
[29] So *F. Miltner,* Ephesus – Stadt der Artemis und des Johannes, Wien 1958, 89.
[30] Vgl. hier auch *W. Rordorf,* In welchem Verhältnis stehen die apokryphen Paulusakten zur kanonischen Apostelgeschichte und zu den Pastoralbriefen?, in: T. Baarda u.a. (Hg.), Text and Testimony (FS A.F.J. Klijn), Kampen 1988, 225–241 (Reprint in: Ders., Lex orandi – Lex credendi. Gesammelte Aufsätze zum 60. Geburtstag, Freiburg 1993, 449–465).

ihrer Verehrungsstätten war, zumal da alle bisher bekannten Theklaheiligtümer[31] ursprünglich Höhlen waren.

Am wahrscheinlichsten bleibt nach dem zugrunde liegenden Text der Thekla-Akten und ihrer Verherrlichung der dort mit der παρθενία (Jungfräulichkeit) identifizierten ἐγκράτεια (Enthaltsamkeit)[32] Theklas die Gleichordnung dieser Schülerin des Paulus mit der Gottesmutter[33]. Dazu sei angemerkt, dass die angesprochene Thematik keineswegs häretisch war[34], vielmehr Anhalt an Paulus selbst besaß[35]; auch die Verkündigung der Auferstehung als Leitmotiv der Thekla-Akten zeigt deren Orientierung am Apostel.

Der historische Wert der Legende liegt, wie man sieht, darin, dass sie uns Einblick in die vielfältigen theologischen Probleme ihrer Zeit gibt.

---

[31] Dazu siehe vor allem den Reisebericht der aus Südfrankreich oder Nordspanien stammenden Nonne *Egeria*, Peregr. 23, 1–6, gegen Ende des 4./Anfang des 5. Jh.s (vgl. *H. Donner*, Pilgerfahrt ins Heilige Land. Die ältesten Berichte christlicher Palästinapilger [4.–7. Jh.], Stuttgart 1979); *E. Herzfeld – S. Guyer*, Meriamlik und Korykos, zwei christliche Ruinenstädte des Rauhen Kilikien (MAMA 2), Manchester 1930, bes. 1–89; *R. Kriss – H. Kriss-Heinrich*, s.v. Thekla, in: Volksglaube im Bereich des Islam 1. Wallfahrtswesen und Heiligenverehrung, Wiesbaden 1960, 345; *G. Dagron* (Anm. 10) 55–79; *Hennecke – Schneemelcher* (Anm. 12) 202, Anm. 22. Außerdem sei verwiesen auf *E. Benz*, Die hl. Höhle in der alten Christenheit (Eranos Jahrbuch 22), Zürich 1954.

[32] Vgl. hier auch *Y. Tissot*, Encratisme et actes apocryphes, in: F. Bovon u.a., Les actes apocryphes des apôtres. Christianisme et monde païen, Genève 1981, 109–119; *A. Jensen*, Thekla – Die Apostolin, Freiburg–Basel–Wien 1995, bes. 45–70; die ΠΑΡΘΕΝΟΙ in der Exodus-Kapelle von El-Bagawat und unsere Anm. 24.

[33] Dazu vgl. *Hieronymus*, Epist. 22 ad Eustochium, v.a. c.41, wo von Maria und ihrer Begleitung durch »jungfräuliche Scharen« (choris ... comitata Virgineiis) die Rede ist, in deren vorderster Linie Thekla steht. Siehe hier wieder *A. Jensen*, Auf dem Weg zur Heiligen Jungfrau. Vorformen des Marienkultes in der frühen Kirche, in: E. Gössmann u.a. (Hg.), Maria für alle Frauen oder über alle Frauen?, Freiburg 1989, 36–62. Im Deckenfresko der sogenannten Friedenskapelle von El-Bagawat ist Maria in der Tat mit dargestellt.

[34] So *G. Blond*, L'hérésie encratite vers la fin du IVᵉ siècle. Sciences religieuses, traveaux et recherches, Paris 1944, 157–210.

[35] Vgl. 1Kor 7,7: »Ich wünsche freilich, dass alle Menschen wären wie ich [unverheiratet], doch jeder hat seine Gnadengabe von Gott, der eine so, der andere so« (dazu s. oben S. 175!). Diesen Standpunkt des Paulus profiliert jüngst wieder *W. Harnisch*, Christusbindung *oder* Weltbezug? Sachkritische Erwägungen zur paulinischen Argumentation in 1 Kor 7,

Wann ist der Bilderzyklus von Ephesus entstanden?

Versuchen wir nun die ephesischen Bilder zeitlich einzuordnen, so scheinen nicht nur die Ikonographie, sondern auch der archäologische Kontext, d. h. vor allem die in die Malerei eingeritzten Graffiti, für das sechste oder maximal siebente Jahrhundert zu sprechen. Beachtenswert ist in diesem Zusammenhang des weiteren, dass keine der Figuren einen Nimbus (= Lichtscheibe) trägt und Paulus keinen *rotulus* (= Buchrolle), sondern einen Kodex in Händen hält.

Außerdem fällt auf, dass beide Augen und die Finger der rechten Hand Theoklias ausgekratzt sind, während die Hauptfigur des Paulus bis auf die später für die nächste Putzschicht nötigen Schläge völlig unversehrt blieb.

Daraus ergeben sich vorläufig folgende Arbeitshypothesen: die Anbringung der *ältesten* (nicht freigelegten) Malschicht im 4. Jahrhunderts und der *mittleren* (mit Paulus, Thekla und den Graffiti) im 5. Jahrhundert. Darauf folgten wohl das Ausschlagen der Augen und die *dritte*, wegen des unbärtigen Christus wahrscheinlich auch vorikonoklastische *Malschicht* und zuletzt das Aufbringen der *Tünche*, vielleicht durch Ikonoklasten (= Bilderstürmer) im 8. Jh.[36]

---

in: B. Kollmann – W. Reinbold – A. Steudel (Hg.), Antikes Judentum und Frühes Christentum (FS H. Stegemann) (BZNW 97), Berlin 1999, 457–473, 472: »Das Maß, an dem sich der Rang der ehelichen Lebensform bemisst, ist und bleibt für Paulus die Möglichkeit der Sexualaskese ... Als der deutlich bessere Weg erscheint der Verzicht auf die Ehe, weil auf diese Weise Aussicht besteht, *dass die christologische Bindung eschatologischer Existenz zu ihrem Recht kommt*«. Zur »Sachkritik« an dieser paulinischen Position vgl. Eph 5,21-33 in der Auslegung oben S. 169–175 sowie den Exkurs »Grundzüge einer Ehetheologie« S. 175–179, v. a. S. 177.

[36] Vgl. hierzu etwa den Chludov-Psalter im Historischen Museum von Moskau, wo bei der Kreuzigung Bilderstürmer (=Ikonoklasten) dargestellt sind, die eine Christusikone übertünchen (etwa in Abb. 115 bei *I. Hutter*, Frühchristliche Kunst. Byzantinische Kunst (Belser Stilgeschichte, Stuttgart 1991).

»Bald erschien er wie ein Mensch, bald hatte er eines Engels Angesicht« Zur Bedeutung des Fundes

Diese liegt auf der Hand: Wir haben jetzt den derzeit einzigen monumentalen ikonographischen Beleg für die Wirkungsgeschichte des Apostels Paulus in Ephesus vor uns. Bemerkenswert ist auch folgendes: Die Art und Weise, wie Paulus hier dargestellt ist, entspricht dem in den Act. Pl. et Thecl. in seinen Anfängen zu greifenden und dann über Jahrhunderte hinweg konstanten Bild-Typos[37]: Mit durchdringendem, scharfem Auge schaut Paulus, der überragende christliche »Philosoph«[38], den Betrachter an, von einem seiner vielen Verehrer liebevoll und kunstfertig ins Bild gebannt.

---

[37] Act. Pl. et Thecl. 3: »Und er (d. h. Onesiphoros) ging an die königliche Straße, die nach Lystra führt, stellte sich dort auf, um ihn zu erwarten, und sah sich (alle), die vorbeikamen, auf die *Beschreibung des Titus* hin an. Er sah aber Paulus kommen, *einen Mann klein von Gestalt, mit kahlem Kopf und krummen Beinen, in edler Haltung mit zusammengewachsenen Augenbrauen und ein klein wenig hervortretender Nase, voller Freundlichkeit; denn bald erschien er wie ein Mensch, bald hatte er eines Engels Angesicht«* (Übers. W. Schneemelcher).

[38] Vgl. *E. Dassmann*, Paulus in frühchristlicher Frömmigkeit und Kunst (RhWAW.G 256), Opladen 1982; in der Zusammenfassung der Diskussion zum Vortrag heißt es: »Von verschiedenen Seiten wurde die Frage nach der Herkunft des Paulusbildes gestreift. Herr Kötting wies darauf hin, dass die Paulusakten den Apostel als hässlich, klein, krummbeinig und glatzköpfig beschreiben, ohne das abwertend zu meinen. Eher entspricht der Verzicht auf äußere Schönheit dem zeitgenössischen Bild vom Philosophen. Auch Herr Schneemelcher war der Meinung, dass die negative Beschreibung der äußeren Erscheinung bewusst geschehen ist, um die Wirkung der Rede und der Person des Apostels herauszustellen. Herr Dörrie fügte hinzu, dass der Topos vom unscheinbar, vielleicht sogar komisch aussehenden Philosophen im Kontrast zur Wirkung seiner Rede steht und auf Sokrates zurückweist. Ikonographisch ist – worauf mehrfach hingewiesen wurde – das Bild des Paulus von der Spätantike bis ins Mittelalter hinein eine Übernahme der Darstellung Plotins« (S. 49) – was allerdings etwas zu modifizieren ist. Ebd. 39–41 in einem reichen Bildteil auch die hier besprochenen Zeugnisse aus El-Bagawat und dem Britischen Museum, London; der Höhlengang am Bülbüldağ von Ephesus im Zustand noch vor der Entdeckung des Paulus-Porträts.

Anhang

Abkürzungen

Die Abkürzungen für biblische Bücher folgen der »Einheitsübersetzung der Heiligen Schrift«, andere antike Werke werden in der Regel nicht abgekürzt.

Wichtige Abkürzungen sind:

ANRW	Aufstieg und Niedergang der römischen Welt
JSHRZ	Jüdische Schriften aus hellenistisch-römischer Zeit
LThK	Lexikon für Theologie und Kirche
NBL	Neues Bibel-Lexikon
RAC	Reallexikon für Antike und Christentum
THAT	Theologisches Handwörterbuch zum Alten Testament
ThWAT	Theologisches Wörterbuch zum Alten Testament
ThWNT	Theologisches Wörterbuch zum Neuen Testament

Zu sonstigen Abkürzungen, besonders für Zeitschriften, Reihen, Sammelwerke etc., vgl. *S. Schwertner*, Internationales Abkürzungsverzeichnis für Theologie und Grenzgebiete, Berlin–NewYork ²1992.

Zusätzlich finden folgende Abkürzungen Verwendung:

FiE	Forschungen in Ephesos
IvE	Inschriften von Ephesos
MiChA	Mitteilung zur Christlichen Archäologie

Literaturhinweise

Wer sich vertieft mit dem Epheserbrief befassen will, der greife zu einem der folgenden Kommentare. Ohne Griechischkenntnisse lesbar sind die knappen Auslegungen von Ernst, Hoppe, Lindemann, Luz, Mußner und Pfammatter.

Ausgewählte Kommentare zum Epheser- und Kolosserbrief

BEST, E., Ephesians (ICC), Edinburgh 1998.
ERNST, J., Der Brief an die Epheser (RNT), Regensburg 1974, 245–405.
GNILKA, J., Der Epheserbrief (HThK. NT 10,2), Freiburg ⁴1990.
HOPPE, R., Epheserbrief. Kolosserbrief (SKK.NT 10), Stuttgart 1987.
HÜBNER, H., An die Epheser (HNT 12), Tübingen 1997.
LINCOLN, A.T., Ephesians (World Biblical Commentary 42), Dallas 1990.
LINDEMANN, A., Der Epheserbrief (ZBK. NT 8), Zürich 1985.
LUZ, U., Der Brief an die Epheser (NTD 8,1), Göttingen 1998, 105–180.
MUSSNER, F., Der Brief an die Epheser (ÖTK 10), Würzburg 1982.
PFAMMATTER, J., Epheserbrief. Kolosserbrief (NEB), Würzburg 1987.
POKORNÝ, P., Der Brief des Paulus an die Epheser (ThH KNT 10,2), Berlin 1992.
SCHLIER, H., Der Brief an die Epheser. Ein Kommentar, Düsseldorf 1971.
SCHNACKENBURG, R., Der Brief an die Epheser (EKK 10), Zürich u. a. 1982.

Weiterführende Literatur zu einzelnen Problemen, Abschnitten und Stellen des Briefs findet man jeweils oben in den Anmerkungen. Einen Literaturüberblick bietet:
MERKEL, H., Der Epheserbrief in der neueren exegetischen Diskussion: ANRW II 25/4 (1987) 3156–3246.

Stellenregister

1. Altes Testament

Genesis
1: 145
1,3: 57
1,5: 108
1,8: 108
1,27: 144, 145
1,31: 175
2: 144,145
2,7: 145
2,16f.: 90
2,18-25: 172
2,24: 174, 177, 204
3: 144, 145
14,20: 39
15,7: 91

Exodus
4,22: 46
20,12: 28, 179, 204
20,15: 149, 204

Leviticus
19,18: 174

Deuteronomium
3,35: 46
5,16: 179, 204
5,19: 149
10,17: 184
30,5: 91
32,15: 46
33,5: 46
33,26: 46

2. Samuel
7: 88

Tobit
12,15: 55

Hiob
11,7-9: 110

Psalmen
2,7: 46
4,5: 28, 148, 204
8: 64
8,7ff.: 52, 56, 204
27,3-5: 191
41,2f.: 191
68,18: 125-130
68,19: 125-130, 204
90,2: 63
110,1: 52, 54
145,20: 199
147,4: 108

Sprüche
3,10f: 181
8,22-31: 63
23,31: 161
28,4: 87

Weisheit
1,7: 57
5,18: 188
13f.: 143

Jesus Sirach
24,3-12: 128
45,1: 46
46,13: 46

Jesaja
9,5: 204
28,16: 97
40,26: 108
44,2: 46
52,7: 85, 92, 189, 202, 204
55,8: 113
57,19: 85, 92, 204
59,17: 188, 204
62,5: 173
63,10: 148, 204

Jeremia
23,24: 57

Baruch
3,29ff.: 128

Ezechiel
16,1-14: 173
16,9: 176

Daniel
2,8: 162

Hosea
11,1: 46

Amos
5,12f.: 162

Micha
2,3: 162
5,1-4: 85
5,4: 85, 204

Sacharja
8,16: 148, 204

2. Neues Testament

Matthäus
4,23: 201
5,14-16: 159
5,21f.: 149
5,48: 153
7,7f.: 113
9,35: 201
10,2: 105

10,5: 104
15,8: 31
15,24: 104
18,19: 113
19,12: 177
19,21: 131
21,14: 201
26,28: 47
28,18ff.: 104

Markus
1,10: 45
7,27: 42
10,21: 131
11,24: 113

Lukas
1,68-79: 39
11,9f.: 113
11,13: 113
16,15: 31
18,22: 131
24,47: 47

Johannes
1,14: 128
2,27: 134
3,13: 128
10,1-18: 137
14,13f.: 113
21,16: 137

Apostelgeschichte
2,5-13: 164
2,33: 54, 125
2,38: 47
3,26: 42
5,32: 125
8,3: 101
9,1f.: 101
9,13: 83
9,21: 101
10,28: 87
13,1: 131

13,46: 42
13,51: 223
14,1-7: 223
16,14f.: 166
16,40f.: 166
17: 203
17,28: 203
19,13: 56
19,17-19: 56
20,4: 35
20,17: 137
20,18: 137
20,24: 201
21,8: 130
26,10: 83
28,31: 197

Römerbrief
1,7: 36
1,16: 42, 201
1,19-32: 143
1,21: 158
1,25: 39
2,5.11: 192
3,24: 47
3,27f.: 68
5,12: 72
7,14: 72
7,18: 72
8,3-9: 72
9,4f.: 46, 88, 91, 93
9,33: 97
10,6f.: 128
11,13: 99
11,16ff.: 209
11,17f.: 28, 93
11,18: 68, 93
11,36: 112
12,1: 21
12,2: 155, 160
12,3f.: 22, 100, 125
12,5: 22, 147
12,7: 127
13,12: 155, 188

15,15: 100
15,25: 83
16,1: 141
16,3-5: 166
16,23: 166
16,25f.: 102

1. Korintherbrief
1,1-3: 34
1,5: 133
1,7: 133
1,8: 147
1,30: 128
3,11: 105
4,12: 18
5,3: 147
7,31: 21
7,1f.: 21, 175
7,6-8: 21
7,7: 175, 224
7,26: 21
7,31: 21, 175
7,32f.: 175
7,32-38: 21
8,6: 116
9,1ff.: 102
11,3: 172
11,9: 172
12,28: 126, 131
12,5: 127
13,13: 50
15: 192
15,5-7: 102, 105
15,9: 18, 100, 101
15,24-28: 52
15,28: 53
15,25f.: 53
15,50: 199
15,54: 199
15,54-56: 20
16,22-24: 199

2. Korintherbrief
1,3ff.: 39

230

1,14: 108
1,22: 40
4,16: 108
5,10: 192
8,4: 83
9,1: 83
9,12: 83
11,16ff.: 102

Galaterbrief
1: 102
1,4: 152
1,12: 101
1,14: 101
1,15f.: 101
2,11ff.: 87
2,16: 68
2,20: 152
3,28: 169, 184, 205
5,19: 155, 160
5,22: 155, 160

Philipperbrief
1,1: 137
1,3ff.: 50
1,9-11: 50
2,6-11: 128
2,12: 183
3,6: 101

Kolosserbrief
1,1-2: 34
1,2: 36
1,3-8: 50
1,4: 50
1,6: 51
1,7: 19
1,8: 207
1,9: 207
1,9-11: 50
1,14: 47
1,15-20: 18
1,16: 55
1,18: 20, 58

1,20: 47
1,22: 76
1,24: 15, 17, 20, 102
1,26: 76
2,12: 67
2,8-23: 17
2,15: 130
3,4: 77
3,5f.: 155
3,7: 76
3,8: 150, 155
3,11: 184, 206
3,14f.: 118
3,15: 158
3,16: 163, 207
3,18: 169
3,20f.: 179
3,22: 168, 183
3,23: 183
3,24: 192
3,25: 184
3,18-4,1: 165, 166, 183
4,1-4: 195
4,1: 168
4,5: 76, 162, 166
4,6: 150
4,7-8: 195, 197
4,10-17: 196
4,12: 19
4,13f.: 19
4,16: 24
4,18: 195, 197f.

1. Thessalonicherbrief
1,1f.: 34
1,3: 50
4,10: 149
4,13-5,11: 192
4,16: 79
5,2: 147
5,5: 155

5,8: 50,188
5,27f.: 24

1. Timotheusbrief
2,5f.: 116,137
2,6: 152
3,1-7: 137
3,8-13: 137
3,15: 166
4,3: 131,175
4,4: 175
5,17-22: 137
6,10: 144

2. Timotheusbrief
1,16–18: 223
4,12: 35f., 196
4,5: 130

Titusbrief
1,7: 166

Philemonbrief
1,4ff.: 50

Hebräerbrief
5,12: 131
13,20: 137

Jakobusbrief
1,5-8: 113
3,1: 131
3,1-12: 149

1. Petrusbrief
2,6: 97
2,9: 155
2,18-3,7: 165
2,25: 137
3,3f: 108
3,15: 62
5,1-4: 137
5,2: 137

Offenbarung
1,5f.: 112
2,4: 173
3,14-22: 19
21,16: 109

3. Jüdisches Schrifttum

Aristeasbrief § 139: 87
§ 142: 87

4. Esra 5,26f.: 44

Äthiopischer Henoch
61,10: 55
87,2f.: 55
90,21: 55

Slavischer Henoch 20,1: 55

Joseph und Aseneth 8,10: 44,68

Josephus
Antiquitates XX 40–46: 95

Jubiläen 1,24: 46

Philo von Alexandrien
De aeternitate mundi 46: 55
17.19: 203
De opificio mundi 27: 55
Quaestiones in Exodum II 117: 57
De plantatione 7f.: 57
14: 71
9f.: 118
De ebrietate 44: 60
158: 60
Quis rerum divinarum heres sit
187: 205
De migratione Abrahami
39.48: 60
De mutatione nominum 3: 60
7-9: 60
De Abrahamo70: 60
137: 178
De specialibus legibus I 66: 71

II 45: 71
III, 180: 205
De gigantibus 7f.: 71
De somniis I 140ff.: 71
Legum allegoriae I 92.94: 90
I 31: 145
Quaestiones in Genesin I 8: 90
Legatio ad Gaium 118: 129
De Vita Mosis II 186: 144

Qumran
CD 7,2f.: 149
1 QH V,20ff.: 39
1 QS III 13-IV 26: 156
III 20–24f.: 71, 157

Test XII Levi 3,4–8: 55,59

4. Frühchristliches Schrifttum

Acta Pauli et Theclae 7–9: 220f.

Clemens von Alexandrien
Stromata III 69,3: 51

1. Clemensbrief
36,2: 60
59,3: 60

Didache 4,11: 184
16,1-8: 192

Eusebius von Caesarea
Kirchengeschichte III 37: 130
Praeparatio Evangelica III 9,2: 57

Hieronymus
Epistulae 22: 224
Viri illustri 7: 223

Hippolyt
Traditio Apostolica 2: 139

Ignatius
Philipperbrief 2,1: 137
Römerbrief 9,1: 137

Irenäus von Lyon
Adversus haeresis V17,4: 109

Justin
Dialogus 48,1: 129

Tertullian
De baptismo 117: 220

5. Paganes Schrifttum

Aristoteles
Metaphysik 1018a: 119
1023b: 119
1054b: 119
Nikomachische Ethik 9,2 (1164b): 180
Physik 222a: 119

Corpus Hermeticum
IV 11: 60
V 2: 60
VII 1: 60
X 4: 60
XIII 14.17: 60

Ovid
Metamorphosen I 73: 55
I 89-93: 90
I 128-131: 144
I 213: 129
VIII 626ff.: 129

Papyri Graecae Magicae 61,2: 56

Pausanias 2,38,3: 176

Platon
Nomoi 921c: 118
838e: 178
Politeia 519e: 118
520a: 118
589a: 108
Sophistes 254a: 60
Symposion 219a: 60
Theaetetus 176a.b: 145,153
Timaios 30b: 57
31b.c: 118

Plutarch
Moralia 523E: 144

Posidippus [bei Athenaeus] IX 20 (377c): 42

Proclus
In Platonis Timaeum Commentarius IIIp.588: 190

Seneca
Epistulae morales I 1,1-2: 162f.
XV 94,1: 167
XV 95,52: 57

Tacitus
Historiae IV 73-74: 189

6. Sonstiges

Johannes Kepler
Mysterium Cosmographicum: 164

Blaise Pascal
Pensées Frg. 277: 61

Wessobrunner Gebet: 63

Autorenregister

Adai, J. 207
Arnold, C.E. 56
Assmann, J. 109
Aune, D.E. 27
Barth, M. 79
Baumann, G. 173
Baumert, N. 175
Bausenhart, G. 138
Becker, J. 15, 141
Bendemann, R. von 14
Berger, K. 84, 145
Biesterfeld, W. 31
Bornkamm, G. 51
Böttcher, W. 176
Böttrich, C. 137f.
Bousset, W. 192
Bultmann, R. 42
Burkert, W. 108f., 196

Celan, P. 198
Clarke, K.D. 17
Cohn, L. 33, 79
Colpe, C. 33
Conzelmann, H. 78
Cullmann, O. 119, 132, 210
Delling, G. 144
Demandt, A. 88
Dihle, A. 88
Dölger, F.J. 156,
Dudrey, R. 165
Eder, G. 59
Elliger, W. 19
Ernst, J. 30
Fabry, H.J. 31
Faust, E. 13, 33, 42, 58, 60, 71, 80, 84, 85, 89, 189f., 190f.
Feldmeier, R. 87, 92
Fischer, K.M. 138
Fitzer, G. 118
Flaig, E. 185
Fleckenstein, K.-H. 170
Frankemölle, H. 201
Füglister, R.L. 110
Ganzer, K. 139
Gerhards. A. 142
Gese, M. 15, 17, 18, 204
Gielen, M. 165, 167, 182
Giesen, H. 28
Gnilka, J. 25, 30, 36, 49, 57, 110
Grillmeier, A. 177

Groß, W. 141
Grundmann, W. 201
Guardini, R. 48
Gülzow, H. 185
Günther, M. 20
Haag, H. 194
Hadot, P. 119, 205
Hahn, F. 132, 135
Hainz, J. 20
Harder, G. 200
Heckel, T.K. 109
Heinemann, H. 139
Hengel, M. 54
Hofius, O. 45
Holtz, T. 95
Holtzmann, H.J. 17
Hoppe, R. 207
Hübner, H. 35, 69, 71, 94, 109, 193
Jeremias, J. 97
Josuttis, M. 32
Jüngel, E. 11, 106
Kampling, R. 17, 30f., 75, 87, 95, 140, 208
Käsemann, E. 13 f., 80
Kasper, W. 11, 211f.
Keller, W. 93
Kepler, J. 64
Klappert, B. 88
Klauck, H.-J. 56
Koch, K. 45
Köster, H. 20
Krämer, H. 40
Kreitzer, L.J. 129
Kümmel, W.G. 33

Lehmann, K. 11, 135
Leipold, J. 201
Lemcke, M. 65
Lepsky, S. 97
Liebing, H. 96
Limbeck, M. 194
Lincoln, A.T. 165, 204
Lindemann, A. 26, 33, 50, 53, 76, 127
Lona, H.E. 76
Löser, W. 14
Lotz, J.P. 13
Lüning, P. 11
Luther, M. 48, 164f.
Luz, U. 14, 18, 21, 26, 35, 40, 58, 69, 72, 75, 110, 114, 117, 124, 135, 137, 140, 143, 163
Malina, B.J. 158
Markschies, C. 71, 109
Marquard, O. 48
Maurer, C. 40
Mehlmann, J. 72
Merkel, H. 214
Merklein, H. 17, 18, 132, 135
Miggelbrink, R. 11
Mußner, F. 12, 15, 30, 42, 70, 72, 84, 207, 209
Nieswandt, R. 92
Nietzsche, F. 101
Nussbaum, N. 97
Oberlinner, L. 140
Oepke, A. 188

Osten-Sacken, P. von der 126
Pannenberg, W. 11, 135
Pilhofer, P. 203
Pokorny, P. 35, 36
Pörnbacher, H. 63
Porter, S.E. 17
Potz, R. 139
Preisker, H. 164
Rader, W. 96
Rahner, K. 111
Rengstorf, K.H. 168
Roetzel, C. 89
Roloff, J. 16
Schaeffler, R. 48
Schlier, H. 13f., 25, 26, 35, 44, 46, 47, 60, 71, 72, 80, 110, 124, 157, 158, 159, 162, 163, 178, 181, 192, 212
Schmid, J. 17, 204
Schmid, U. 61
Schnackenburg, R. 14, 33, 35, 53, 56, 67, 72, 80, 84, 97, 106, 113, 117, 125, 131, 132, 141, 148, 156, 158, 192
Schnelle, U. 17
Schnider, F. 34, 96, 105
Schöllgen, G. 167
Schrage, W. 168, 175
Schröger, F. 19
Schürmann, H. 131
Schwankl, O. 60
Schweizer, E. 132, 134, 138
Seckler, M. 62, 64
Sellin, G. 22, 36, 153
Söding, T. 32
Sölle, D. 185
Standartinger, A. 18
Steinmetz, F.J. 76
Stemberger, G. 52
Stenger, W. 34, 96, 105
Stolz, F. 31
Strack, H.L. 52
Strecker, G. 95
Stuhlmacher, P. 85
Stutzinger, D. 87
Theobald, M. 68, 119, 120, 136, 170, 176, 211
Thiessen, W. 20
Torjesen, K.J. 141
Trebilco, P. 27
Urban, H.J. 11
Vögtle, A. 194
Wanke, J. 11
Warnach, V. 192
Wehrle, J. 31
Wild, W. 59
Wolff, C. 126, 199
Wolff, H.W. 31
Wolter, M. 130
Woyke, J. 165
Zanker, P. 202
Zeller, D. 129
Zuntz, G. 71

Sachregister

Amt (kirchliches) 11, 15 A8, 23, 104, 106, 115, 123, 124 A13, 126, 127, 130 A30, 131 A31, 132, 133–141, 163 A96
Androzentrismus 140, 141, 164–186
Anthropologie 31, 70, 72
– Mensch, alter bzw. neuer 86, 88 A110, 89 A111, 90, 142–145, 161, 187, 190, 205
– Herz 31, 60 A53, 109, 143
– Vernunft (s. a. Glaubenserkenntnis) 143
Apostel 12, 15–18, 19, 23, 27, 35, 37, 97, 99, 100–105, 106 A146, 126, 130, 133, 135 A38, 139, 140, 196, 197
Apostolizität 14, 97, 103–107, 139f., 197
Bilder (s. a. Kirche) 31, 44 A11, 59, 60 A53, 73, 80, 87, 108 A155, 118 A7, 137, 153, 156

A83, 157, 160, 162, 172–174, 176 A121, 189f., 193
- Bau 96 A128, 97 A129, 103
- Braut/Bräutigam (siehe auch Ehe) 96, 172, 173, 174, 176, 177 A122
- Leib Christi 33 A48, 44 A11, 57f., 75, 80 A92, 92, 96, 104, 116, 117, 119, 124 , 126, 127 A21, 130, 131, 136, 140, 149, 166, 205, 206, 207, 208
- Tempel 83, 96, 103

Credo (siehe Glaubensbekenntnis) 51, 52, 54, 56, 58, 62, 68, 75, 140

Christologie 205
- Präexistenz 45f., 56–58, 127–129
- Kreuz (Blut Christi) 47, 54 A38, 88f., 206
- Auferweckung 44, 47, 54, 88 A110, 89
- Inthronisation 47, 54f. 88 A110, 127-130

Dämonen (böse Geister) 56 A47, 59, 71, 187, 193

Ehe 21, 32, 152, 168 A109, 170–174, 175–179, 224f.

Ehelosigkeit 21, 175, 177, 224

Einheit (s. a. Kirche) 11–14, 23f., 47, 83, 84, 96, 97, 98, 103, 107, 115–122, 123, 126, 135, 205, 209, 210, 211

Eros 174, 175, 178

Eucharistie 25 A29, 135, 158, 199 A8

Evangelium 37, 93, 100, 106, 111, 132, 135 A39, 136, 145, 146, 148, 166, 162, 187, 193, 196, 201, 202, 204, 206, 212

Friede 13, 24, 34, 37, 78, 80, 83 A96, 85, 86, 88, 92, 93, 94, 96, 99, 118 A7, 120, 123, 187, 189, 193, 194, 198, 199, 201, 202, 204, 205, 206, 212

Gebet 22–25, 39, 40, 44, 48, 63–65, 78, 99, 107, 108, 111, 112–114, 195–198

Geist, Heiliger 11, 24, 40, 60, 64, 68 A65, 84, 86, 91 A116, 92, 102 A135, 106, 109, 116, 117, 120, 122, 123, 125 A18, 134 A37, 135 A39, 143, 144, 147, 148, 150, 164, 187, 193, 195–198, 205, 207 A9, 209, 212

Gesetz 89f., 91 A116, 94f.

Gestirne, Planeten 30, 47, 55 A40, 61–65, 71 A72, 103, 190f. A142

Glaube 12, 19, 32, 50–54, 62, 69, 74, 79, 81, 107, 109, 110, 116, 119, 120, 121, 122, 131, 135, 136, 147, 148, 166, 187, 193, 198, 208 A11
- Glaubensbekenntnis 51, 52, 121ff., 131, 209, 211
- Glaubenserkenntnis 23, 31, 50–52, 107, 109, 121

Gottesdienst 24f., 91 A116, 112, 116, 121, 156, 161–162
- Musik im Gottesdienst 161–162, 164

Haus, antikes 13, 24, 32, 96, 141, 152, 164–186

Hoffnung 12, 32, 50, 51, 52, 91, 116, 117, 147f. A68, 198

Imperium Romanum 13 A4, 92, 188, 193, 201–203

Israel 12, 27, 28, 42, 44–46, 83, 85 A102, 86, 88 A109, 90–95, 104, 128, 177, 202–206, 210

Kinder 13, 153, 164, 165, 167, 168, 172, 178 A125.126, 179–182, 183

Kirche 14, 17, 19, 22, 23, 26–28, 45, 47, 66, 69, 70, 73, 80, 86,

90–97, 103, 104, 111, 113, 117, 119, 122, 126, 131–133, 135, 141, 147–149, 152, 171, 193, 196, 197, 199, 204, 205, 208, 210–212
- Einheit 20, 23, 26, 32, 81–99, 102, 104ff., 115–124, 136, 143, 196, 206
- Ökumene 11, 12 A3, 32, 93, 138ff., 209–212
- Ortskirche 20,119, 210–212
- Universalkirche 20, 119, 210–212
- Zentralismus 211 A17

Krieg 28, 83, 189
Liebe 13, 19, 21, 24, 26f., 28, 32, 50, 70, 107, 110, 112, 116, 117, 120, 124, 126, 132, 150, 151–154, 160, 171–178, 198–200, 208, 212
Mächte und Gewalten 28, 52–65, 70–75, 80, 100, 102, 103, 108 A154, 122, 128 A25, 129, 130 A28, 147, 187, 190–192, 203
Metaphern s. Bilder
Militarismus 188 A137, 194
Mündigkeit 160
Propheten
- christliche Propheten 19, 97, 101–106, 126, 130, 133, 135 A38, 139f., 197
- alttestamentliche Propheten 85, 173 A113, 203

Schöpfung 52 A36, 56, 58 A48, 59, 61, 79 A88, 87 A106, 108 A154, 109f. A157, 118 A7, 157, 172
Schrift, Heilige 16 A12, 61 A54, 62, 91 A116, 106, 125, 131 A31, 156, 173, 177, 202, 204
Sklaven 13, 144f. A65, 164–169, 172, 182–186, 192 A146, 206
Sprache 150, 157f., 200
Taufe 12, 22–25, 27, 44, 60 A53, 65–75: 67 A64, 81, 83, 118, 121f., 147, 155f., 159, 173, 176 A121, 192 A146, 208
Teufel 30, 64, 147, 162, 187, 190–194
Theozentrik 207
Tod 20, 27, 43, 47, 53, 54 A38, 67, 70, 72, 75, 81, 88 A110, 89 A111, 121, 159, 160, 172, 192, 203, 208
Trinität 41 A6, 86, 90–92, 108, 116, 117 A6, 148, 207
Verheißung 12, 83f. A96, 85, 86, 91 A116, 92, 94 A122, 100, 102, 156, 181, 202
Weisungen, ethische 26f., 73 A79, 116–118, 143
Weltbild 30 A41, 55–58. 59f.